# CONVERSATIONS SUR L'INVISIBLE

JEAN AUDOUZE MICHEL CASSÉ
JEAN-CLAUDE CARRIÈRE

# CONVERSATIONS SUR L'INVISIBLE

PLON

ISBN 2.259.18.409-X

*A nos quatre filles,*

*Cécile, Céline*
*Iris et Valérie*

# 1

# FAIRE CONNAISSANCE

JEAN-CLAUDE CARRIÈRE – Depuis deux ans nous nous rencontrons, tous les trois, une fois par semaine. Nous n'avons rien enregistré mais nous avons pris des amas de notes. Et maintenant il faut écrire.

MICHEL CASSÉ – Quand on décide de faire un livre, en général il faut l'écrire.

JCC – A la vue de toutes ces notes, j'ai une première impression de désordre, de fourre-tout, plein de retours, de détours, de répétitions et de flou. Et je me dis : Comment mettre de l'ordre dans tout ça ? Un certain ordre ?

MC – L'arbitraire commence avec la mise en ordre.

JCC – Je sais bien. Mais l'ordre est nécessaire à toute lecture, sinon à toute pensée.

JEAN AUDOUZE – Je propose, puisque ces conversations se sont déroulées à l'Institut d'astrophysique, que nous parlions d'une expérience. Nous avons fait l'expérience d'une longue conversation. C'est tout. Nous avons parlé de choses et d'autres et nous allons essayer, comme on dit, de mettre ces choses « par écrit », dans l'espoir qu'on puisse les lire, comme on déchiffre un paysage au cours d'une promenade attentive.

MC – En gardant, si possible, l'allure générale d'une conversation.

JCC – La conversation a, sur la dissertation, l'avantage de s'éparpiller, de s'égarer, de s'attarder, et de repasser si nécessaire aux mêmes endroits.

JA – Et nous avons aussi parlé du fait que nous parlions. Souvent, même.

MC – Oui. Le sujet de notre conversation était par moments la conversation elle-même ; comment nous nous sommes rencontrés, par goût et un peu par hasard, un homme de spectacle et deux astrophysiciens.

JCC – Deux contre un.

MC – Deux avec un. Ces rencontres sont si rares, pour des scientifiques, qu'elles nous apportent une bouffée d'air, une respiration nouvelle. Nous avions besoin de parler, tout simplement, un besoin physique. Je sais bien que ce n'est pas le cas de tous nos collègues. Certains d'entre eux préfèrent le vase clos, le camp retranché, la solitude. Et il faut respecter ce choix. D'autres, de plus en plus nombreux, ouvrent les portes, tendent la main. Notre tâche est de chercher, si possible de découvrir, mais aussi de dire.

## *Déjà des monstres tibétains*

JA – Il y a chez les scientifiques un certain automatisme. Tu appuies sur un bouton, et je te raconte l'histoire de l'univers. Je te dis ce que je sais. Cet automatisme ne suffit plus. Il devient un peu mécanique et froid. Nous sentons le besoin de sortir, d'inviter, de marcher dans la rue. On pose sans arrêt des questions aux scientifiques, et ils doivent répondre puisqu'ils sont là pour ça. Mais de temps en temps, à leur tour, ils ont envie d'interroger.

MC – Et d'écouter, car la science n'est pas la seule à parler du monde.

JCC – Dans les vieux contes tibétains on évoque certains monstres qui apparaissent quelquefois, la nuit, au seuil des grottes lointaines. Ils sont les pires des monstres, les plus douloureux, les plus misérables, et pourtant ils sont sans aucun danger pour les voyageurs. Ils ont une forme humaine, mais leur tête et leurs membres ne paraissent pas rattachés à leurs corps. Ils semblent flotter dans l'air de la nuit, à peine retenus par quelques filaments blanchâtres. On les appelle les « nonréunis », les « séparés ». Et ils hurlent de peine, car ils voudraient se retrouver entiers. Vous n'en êtes pas là, j'espère ?

MC – Non, heureusement, mais l'homme de science est souvent esseulé, séparé du prétendu réel qu'il observe. Il a besoin de se réunir, avec lui-même et avec les autres ; d'autant plus qu'au vingtième siècle (nous en reparlerons souvent) cette séparation, dans la science même, n'est plus concevable. L'observateur est lié à l'observé, au niveau de l'infiniment petit, et cela commence à se savoir. Les atomes de nos yeux observent ceux de la matière. Et plus encore : nous pourrions te raconter l'histoire de l'univers et te dire que cette histoire est aussi la tienne.

JCC – Tu dis que l'homme de science est esseulé. Et pourtant on le voit partout, les astrophysiciens en particulier. Ils ont ouvert un nouveau ciel : on se les arrache. Il était autrefois de bon ton d'avoir un évêque à sa table. C'est aujourd'hui le tour des astrophysiciens.

MC – Mais la science est encore mal aimée.

JCC – Pourquoi, à ton avis ?

MC – Parce que nous sommes, à cause d'elle, inconsolables. Notre vérité, aujourd'hui relative et provisoire, ne peut pas nous consoler de notre chute dans la mort. Comment aimer une science qui proclame chaque jour que l'homme est tombé loin de la vérité immédiate ? Une science qui abolit le ciel ?

JA – Plutôt que mal aimée, la science est mal connue, et d'abord par les scientifiques. C'est pourquoi certains se voilent la face, refusent de parler, de s'interroger, de s'émerveiller, de s'inquiéter aussi. Ils semblent toujours dire que leur place dans la société est strictement définie, une fois pour toutes. Ils disent aussi qu'il existe des autorités supérieures, politiques ou morales, dont le rôle est de dire ce qui doit être fait.

MC – Ce sont les scientifiques aveugles et sourds au monde, soumis à la société et à ses représentants. Ils font leur travail, un point c'est tout. Ils ont la tête dans le sable.

JCC – Position commode, et qui même n'est pas sans charme. Tout dépend des tempéraments, là comme ailleurs.

Par malheur, dans les territoires qu'ils explorent et où ils se retrouvent seuls, les scientifiques, en faisant leur boulot, comme ils disent, peuvent mettre en grand danger l'espèce tout entière, et même la vie.

JA – Le débat est ancien, plus aigu que jamais. Il est sans solution visible. Et bien entendu nous y reviendrons.

MC – Disons ceci : au risque de n'aller nulle part, nous avons pris le risque de ce voyage ensemble.

JCC – Rappelons notre point de rencontre. Nous nous connaissions déjà un peu quand en 1986 le gouvernement a réduit les crédits de la recherche scientifique. Vous avez vivement réagi. Vous êtes même intervenus publiquement. On osait toucher à la sacro-sainte Science ! A la Recherche !

## *L'imagination menacée*

MC – Nous t'avons alors demandé d'écrire un article, qui parut dans *Le Monde*. Et dans cet article, tu attiras notre attention sur un point précis. L'image de la science en ce moment n'est pas excellente. Il s'en faut même de beaucoup.

JCC – Il est vrai que le désastre de Tchernobyl, l'explosion d'une navette américaine, les pluies acides, la mort annoncée de nos arbres, le rapport nouveau, fait de méfiance et même de peur, qui s'établit entre l'homme et la Terre, les armes terrifiantes qu'on continue de nous préparer, toutes ces obsessions ont derrière elles une image scientifique plus ou moins précise. Et le pouvoir politique, qui fait naturellement partie de l'opinion, s'appuie parfois sur cette crainte.

MC – Vis-à-vis des territoires artistiques, la méfiance du pouvoir est traditionnelle.

JCC – Bien sûr. Tout ce qui échappe aux catégories, et fait trembler les tables de la loi, répugne aux maîtres de l'immobilité. L'invention inquiète l'ordre. Et comme on peut vivre (mais quelle vie ?) sans peinture, sans littérature, sans pensée libre (c'est le cas des pays totalitaires), on marque les artistes à l'épaule – la marque signifie *superflu* – et on les parque dans un enclos conforme.

JA – Un enclos où, bizarrement, des scientifiques vont les retrouver.

JCC – Oui, les fameux géomètres, dont l'admission glorieuse dans la cité ne fut presque jamais discutée, sont eux aussi menacés aujourd'hui de relégation. Comme si la griserie scientiste dans laquelle nous vivons depuis deux siècles se dissipait soudain. Comme si le mur infranchissable contre lequel nous nous heurtons depuis dix ans (nostalgie, modes rétro, *no future*, etc.) fermait aussi la route à l'avancée de la science.

MC – Avec étonnement, accusés de frivolité dépensière, les scientifiques rejoignent les artistes dans leur enclos.

JCC – Et les artistes, en les accueillant, leur disent : C'est comme ça, bonjour, asseyez-vous, on sait bien ce qui vous amène ; car les mêmes qui ont humilié Galilée auraient condamné Baudelaire. On vous coupe les vivres et on vous dit : Débrouillez-vous. Comme si la science était bon marché. Comme si on découvrait les galaxies avec des jumelles de théâtre. Nous sommes exactement dans votre cas, avec cette différence que nous, nous avons l'habitude. A chaque « économie », à chaque frémissement de la société, à chaque fois qu'on demande des coupables, nous trinquons. Nous sommes peut-être là pour ça. Vous voici soudain dans le même sac : Buvons un verre et réfléchissons. Car l'essentiel, au moins pour nous, est de ne pas perdre l'esprit.

JA – On peut tout perdre, sauf ça.

JCC – Il fut un temps où les savants savaient, où Marcelin Berthelot, par exemple, au sommet de la pyramide sociale, écrivait (en 1887) : *L'univers est désormais sans mystère.* Cette assurance est morte. La connaissance a admis quelque chose sur elle-même, qu'elle est avant tout mouvement. Du même coup la statue du savant s'est brisée et nos gouvernements, l'ayant appris, en tiennent compte.

MC – Aujourd'hui les savants ne savent plus. Ils cherchent. Et ils ont du mal, de plus en plus de mal.

JCC – Mais de cette nécessité de chercher naît un état d'esprit nouveau, une sorte d'humilité joyeuse, une envie de parler, de sortir de la caverne fumeuse que protégeaient tant de jargons inextricables, de se mêler à la vie, d'écrire des livres lisibles, de se montrer à la télévision, d'entrer en contact avec d'autres imaginaires, d'autres rêveries. Il y a une science nouvelle, ou tout au moins une façon nouvelle d'en parler. Et au moment même où cette science prenait la parole les crédits lui furent coupés.

JA – Un pays qui se châtre de sa recherche est à peu près fichu. Il devient dépendant et amer. Si nous arrêtions, il resterait, dans quelques décennies, à entasser quelque part des machines pharamineuses, fabriquées dans d'autres pays, qui nous coûteraient tout notre champagne, tous nos parfums, et qui se rouilleraient dans des hangars délabrés faute de savoir les utiliser.

JCC – C'est ainsi qu'on entre dans le Tiers-Monde, le vrai, par paresse et par ignorance, en ne cherchant plus.

MC – Rien ne serait pire qu'une science devenue clandestine – sale, subversive et incontrôlée. Toute imagination éteinte, notre humanité ne serait qu'un puissant organisme dans un coma profond, vivant sans cœur et sans cerveau, alimenté et animé par tout un réseau d'artifices, sous la très haute surveillance de quelques infirmiers masqués.

JA – En fait, nous ne sommes pas venus sous ta tente, en dehors des murailles. C'est toi qui vins chez nous, à l'Institut d'astrophysique, très régulièrement.

MC – Pourquoi, au fait? Qu'est-ce qui t'intéresse dans l'astrophysique?

## *Le ciel est nouveau (lui aussi)*

JCC – Pour essayer de vous répondre, il faut que je remonte à un livre lu il y a une quinzaine d'années, les *Conversations avec J. L. Borges*, de Richard Burgin [1]. Borges parlait de Bacon. Il rappelait – ce que j'ignorais – que, si Bacon recommandait la pratique de la science pour l'étude de la nature, il en excluait radicalement l'astronomie, car il jugeait totalement superflu tout ce qui se passe dans le ciel. Je

1. Gallimard, 1972, pour l'édition française.

trouvais extraordinaire cette idée d'exclusion de l'astronomie. On ne s'occupe que de nous, de notre petit coin de terre.

MC – Comme Candide.

JCC – Oui, c'est assez voltairien, au fond, assez médiocre.

JA – Borges approuvait Bacon ?

JCC – Non, je ne crois pas. Ce n'était d'ailleurs pas son propos. Quelques années après la parution de ce livre je découvrais l'astrophysique – c'est-à-dire, je crois, l'étude des astres par les moyens de la physique – et cette discipline scientifique devenait vite populaire, grâce aux livres d'Hubert Reeves, surtout. C'est même une science à la mode, disons-le carrément : une star. Et ma question est simple : comme l'astrophysique affirme que la matière est la même dans tout l'univers connu, est-ce que les atomes qui nous composent composent aussi les étoiles ?

MC – Oui. Nous sommes les enfants des étoiles, c'est aujourd'hui notre plus haute affirmation. C'est même la découverte essentielle de ces vingt dernières années. Notre œil est formé de la même matière que celle qui constitue le Soleil. Il a été façonné par le Soleil, et c'est pour cela que nous voyons. Entre l'œil et le Soleil, le contact est constant, intime. Le même parle au même. L'atome de l'étoile parle à l'atome de notre œil le langage de la lumière.

JCC – Alors, Bacon ?

MC – Il faut lui relever la tête vers le ciel. C'est de là qu'il venait, lui aussi. Ses atomes, en tout cas, y étaient nés.

JA – A cela s'ajoute – mais les deux affirmations sont très intimement liées – que l'univers a son tour est entré dans le temps, et même dans l'Histoire. Il a cessé d'être un absolu, une permanence. Même si ses dimensions, dans l'espace comme dans le temps, se sont prodigieusement élargies, il porte maintenant, lui aussi, la marque du temporaire.

MC – Il a eu un début, il aura une fin. En attendant, il passe, et nous tous avec lui. Quelquefois je me dis que le concept le plus extraordinaire qui ait frappé la science, dans les deux derniers siècles, est celui d'*évolution*. La fin des formes immobiles, l'érosion de l'entier. Tu disais que la connaissance doit admettre qu'elle est mouvement, mais ce mouvement est double, et peut-être triple. L'objet de la connaissance évolue, comme la manière de l'étudier. La relation qui s'établit est nécessairement nouvelle, mais cette nouveauté, à son tour, se sclérose et tourne en poussière. Elle est passée, notre innocence. Nous n'avons pas fini de nous interroger.

JCC – A vrai dire, depuis longtemps déjà, et je suis pourtant de formation dite littéraire, les livres des philosophes me tombaient des mains (avec des exceptions superbes, comme Gilles Deleuze et Clément Rosset) car ces livres me paraissaient souvent composés de citations, et de commentaires de citations, et de commentaires de commentaires, avec toujours les mêmes vénérables à la mode, Lucrèce, Spinoza, Nietzsche, avec un rien de Schopenhauer de temps en temps, un soupçon de Kant. En revanche les ouvrages écrits par les scientifiques m'intéressaient de plus en plus. Je cite en désordre, pour ne parler que de la France, Jacques Monod, François Jacob, Jean Hamburger, Paul Caro, Hubert Reeves, Basarab Nicolescu, Bernard d'Espagnat et une bonne douzaine d'autres.

MC – Dans ce glissement de lectures, je ne crois pas que tu sois le seul.

JCC – Bien entendu, quand je parle d'ouvrages scientifiques, il ne s'agit pas d'ouvrages techniques. Ceux-là me sont inabordables. Je parle de livres destinés à un grand public, dont je fais partie.

MC – Qu'est-ce que tu appelles un ouvrage technique ?

JCC – Un ouvrage écrit par un scientifique à l'intention d'autres scientifiques. Impossible de m'y frotter.

JA – Ces livres que tu lisais t'ont donc apporté quelque chose ?

JCC – Oui, d'autant plus que ces « nouveaux savants », puisque tout est nouveau dans ce monde vieux...

MC – ... tout, même le ciel...

JCC – ... je les entendais à la radio, je les voyais à la télévision. Un jour même, dans son ancienne émission *Droit de réponse*, Michel Polac m'invita avec certains d'entre eux. Nous avons pu parler publiquement. Il se passait véritablement quelque chose, à ma modeste échelle. J'allais sur mes cinquante ans et je découvrais que le rapport de ces scientifiques avec le réel, disons plutôt avec l'objet de leur étude, changeait, s'adoucissait, m'apparaissait plus chaleureux, plus équitable. Pour reprendre quelques mots d'un écrivain du vieux Japon, Urabe Kenkô, ils me paraissaient découvrir *l'émouvante intimité des choses.* Oui, il s'est passé quelque chose d'extraordinaire dans la science du vingtième siècle et c'est de ça, surtout, que nous parlons.

MC – Même si certains scientifiques hésitent encore à la voir.

JCC – Sans parler des intellectuels professionnels, très attachés à leurs territoires antiques. Il me semble que la plupart d'entre eux n'ont pas encore vu l'essentiel, que les scientifiques, à leur propre stupéfaction, ont découvert une certaine limite aux représentations de l'esprit, à la connaissance classique. Que cette découverte inattendue, et qui pour certains fut bouleversante, n'est pas autre chose que le résultat d'une application rigoureuse des méthodes scientifiques. Que ces mêmes découvreurs étonnés ont senti le besoin de parler, de nous dire : Attention, l'esprit n'est pas ce que nous croyons, la matière non plus peut-être. Que cette attitude les a conduits à s'engager dans un nouveau chemin de sagesse, à écrire des livres qui nous touchent de près, qui nous parlent de nous, des livres secourables.

JA – Espérons que le nôtre sera du nombre.

JCC – Je salue avec tendresse, accordez-moi quelques secondes, le souvenir de Jean Rostand. J'ai eu la joie d'adapter pour le cinéma, au début des années soixante, son *Bestiaire d'amour*, que réalisa Gérald Calderon. Toute activité scientifique était à ses yeux inséparable d'une réflexion sur nous-mêmes.

JA – A mon tour, quand je parcours toutes mes notes, je vois qu'à chaque instant tu nous ramènes à des imaginations très anciennes, à des textes poétiques, à des constructions mythologiques effritées, oubliées. Ces citations ont parcellisé et aéré notre discours. Elles nous ont intéressés, surpris et parfois troublés, car le discours scientifique est comme les autres discours, il n'aime pas être interrompu.

MC – Et comme il se proclame un discours cohérent, il n'aime pas se mélanger à d'autres types de discours.

JA – Petit à petit il m'a semblé que ces rapprochements étaient pour nous comme une nourriture nouvelle, comme une compagnie de voyage, plutôt rassurante et amicale. Des voix venues de loin semblaient nous dire : Écoutez-nous, car nous avons cherché la même chose que vous.

MC – Quand on cherche, on cherche toujours la même chose.

JCC – Pour adresser un premier écho à ce que Michel Cassé disait de l'œil et du Soleil, voici un court passage d'un très vieux texte hindou, la *Bribad-Aranyatra Upanishad*, dans la traduction de Jean Varenne [1] :

*Le soleil que voici est du miel pour tous les êtres, et tous les êtres sont du miel pour ce soleil;*
*Quant à ce personnage fait de feu et d'ambroisie qui réside dans le soleil, personnage qui, du point de vue humain, réside dans l'œil,*
*il est l'âme en vérité, il est l'Ambroisie, il est le Brahman, toutes choses!*

JA – « Réside dans l'œil » est très étonnant. Quel âge a ce texte ?

JCC – Au moins trois mille ans. On ne sait pas au juste. Et je pensais aussi, en vous écoutant, à ces longs dialogues d'autrefois avec les étoiles, à ces vers d'un poète arabe du Moyen Age, par exemple Al Maa'ri [2] :

*Les étoiles, me semble-t-il,*
*Sont rets d'éternité*
*Jetés sur les hommes.*

1. *Sept Upanishads*, introduction et traduction de Jean Varenne, Le Seuil.

2. Abul Ala Al Maa'ri, *Rets d'éternité*, traduction d'Adonis et de Anne Wade Minkowski, Fayard.

MC – L'image est belle, mais elle est fausse. Les étoiles ne sont pas éternelles.

JA – Ce filet d'étoiles est incomparablement plus durable que les hommes, mais il est vrai qu'il n'est pas éternel.

JCC – D'ailleurs, un événement qui vous a beaucoup agités s'est produit au milieu même de nos conversations, en février 1987 : une étoile est morte.

JA – Ou plutôt, nous avons pu observer sa mort, cent soixante-dix mille ans après. C'est le temps que mirent les images lumineuses de cette mort à nous parvenir. Disons plutôt de cet écroulement, de cette fin.

MC – On l'appelle la Supernova 1987 A. Tous les astronomes attendaient cette lueur dans le ciel depuis près de quatre siècles. Tycho Brahé et Kepler furent les derniers à observer à l'œil nu ce type de phénomène, sans toutefois pouvoir l'interpréter correctement. Oui, c'est un événement considérable. De mémoire de rose, on n'avait jamais vu un jardinier mourir.

## *Le triomphe du subtil*

JCC – A cette occasion, nous avons vu apparaître un des personnages principaux de ce livre, et plus généralement des temps contemporains, le neutrino.

JA – L'invisible et subtil neutrino, qui nous vient des étoiles et des confins de l'univers, et qui traverse toutes choses. Rien ne l'arrête, ni une plaque de bronze, ni un corps humain, ni l'épaisseur d'une planète. Il traverse tout. Un poète dirait peut-être : comme les anges. Il traverserait comme en se jouant une épaisseur de plomb qui s'étendrait jusqu'à Alpha du Centaure.

MC – C'est le triomphe du subtil. A chaque pas, nous aurons l'occasion de reparler de lui. C'est grâce au neutrino que l'explosion de la supernova a été perçue, dans l'hémisphère nord, où n'arrive pas sa lumière. Pour recueillir les traces de son passage – des milliards de neutrinos, venus des étoiles, nous traversent continuellement, nous, notre stylo, ce livre, les lecteurs, la planète entière – on enterre très profondément d'énormes détecteurs sous d'épaisses carapaces protectrices. Non pas pour les freiner, car rien ne les arrête, mais pour arrêter les autres rayonnements qui nous viennent du cosmos, et observer le passage des seuls neutrinos.

JA – Il est plus exact de dire : pour observer les traces de son passage. Car la physique contemporaine en vient à étudier les traces des particules, et même les traces des traces.

JCC – Saluons au passage l'homme invisible.

JA – Pourquoi ?

JCC – Il est une des images les plus fortes, il me semble, de l'histoire du cinéma. Il existe, mais on ne le voit pas. On ne voit que ses traces, ses pas dans la neige et la forme de son corps quand il tombe mort ou blessé. On voit les clés qu'il tourne, les portes qu'il ouvre, les objets qu'il déplace, mais s'il veut apparaître lui-même il doit s'envelopper d'une autre matière que la sienne, d'un costume, d'un chapeau, de lunettes sombres et de ces bandelettes blanches qu'il défait lentement, dans une scène du film, dévoilant ainsi sa non-apparence. Le visage dont nous devinons les contours disparaît peu à peu tandis qu'il se débarrasse de son enveloppe de vêtements, ces vêtements qui sont là généralement pour nous cacher, nous qui sommes, croyons-nous, des créatures qui se voient. L'homme invisible, en se révélant, se masque. Sa plus sûre cachette est de se mettre nu.

MC – Hélas, nous n'avons pas de bandelettes à poser sur le neutrino.

JA – Cette particule est trop « fine », trop « petite » pour qu'on puisse l'observer. Je mets le mot « petite » entre guillemets, car les échelles dimensionnelles dont nous parlons défient nos idées de distance, de taille, de volume, et par conséquent notre vocabulaire. A l'échelle du cosmos, et surtout à l'échelle des particules élémentaires, les mots « petit » et « grand » n'ont plus aucun sens, ni les mots « immense » et « minuscule ». Ces mots ne représentent rien. Il faut les utiliser comme des signes conventionnels, sans essayer de visualiser ni d'imaginer ces dimensions.

JCC – Nous avons comme unité de mesure la durée moyenne de notre vie, soixante-dix ou quatre-vingts ans. Les passerions-nous à voyager sans interruption à la vitesse de la lumière, notre déplacement dans l'espace serait insignifiant ?

JA – Il serait, de notre point de vue de voyageurs, et par rapport aux dimensions que nous supposons à l'univers, négligeable : soixante-dix années-lumière. Mais pour un observateur qui resterait sur la Terre et qui nous verrait nous déplacer à la vitesse de la lumière, nous paraîtrions, selon la théorie de la relativité, immortels – et nous irions, de ce fait, infiniment loin.

MC – Comme le disait Jean, on ne peut pas visualiser les dimensions de l'univers. Sensoriellement, il nous échappe. Mais on peut dire quand même que nous affrontons divers degrés d'invisibilité. Nous nous armons d'instruments de plus en plus mirifiques pour appréhender le cosmos. Avec des yeux différents, des yeux énormes, autrement constitués que les nôtres, nous voyons les galaxies, alors qu'aucun instrument ne peut nous montrer le neutrino comme je vous montre cette étoile. Il reste invisible, mais il appartient maintenant à la catégorie des particules honnêtes, car il a signé sa présence en 1956 [1].

JA – On en a vu les traces, c'est-à-dire le résultat de l'interaction des neutrinos avec la matière ordinaire. On ne voit pas vraiment les neutrinos.

JCC – A quel niveau commence-t-on à « voir » ?

JA – Question complexe. Il faudrait d'abord se demander : qu'est-ce que « voir » ?

MC – Voir nécessite toujours d'éclairer. Mais avec quoi éclaire-t-on ? Dans les microscopes électroniques on éclaire avec des électrons, et non pas avec de la lumière. Voir, c'est surtout dévier. Chaque fois qu'on observe une déviation, on peut dire qu'on voit.

JA – Et on « voit » tout, jusqu'aux briques élémentaires, jusqu'aux quarks, mais grâce à des prothèses particulières et compliquées.

JCC – Premiers problèmes de vocabulaire.

JA – Dans l'infiniment petit, je le répète, on ne peut pas parler de « dimension », sinon avec prudence, avec une

1. Son découvreur, F. Reiners, obtint le prix Nobel de physique en 1995.

réserve mentale. Pour aborder les particules, pour les qualifier, les scientifiques utilisent plutôt le langage mathématique.

JCC – Cette précaution prise, je reviens à Michel. Il a dit une fois : « L'astrophysique est le mariage de la Terre et du ciel dans la pensée humaine. » Mais de quel besoin est-elle née ? Quelles fées se penchèrent sur son berceau ?

### *Naissance d'une science*

MC – L'astrophysique est née du mariage de la physique, science de l'expérience qui étudie la composition et les lois de la matière ici-bas, et de l'astronomie, qui est un regard porté sur le cosmos, sur le lointain, l'inaccessible. Sans la physique, l'astronomie n'a pas de tête. Sans l'astronomie, la physique n'a pas d'ailes. Le physicien de laboratoire conduit son investigation en trois étapes, l'expérience, l'observation, la déduction.

JCC – Tu oublies le doute.

MC – Ce n'est pas une étape. Il est au cœur même du processus de recherche.

JA – De ces différentes étapes, la première, l'expérience, est plus ou moins absente de l'astronomie.

JCC – En effet, comment manipuler les étoiles ?

MC – Les corps célestes ne sont évidemment pas maniables. Ils sont trop lourds et trop éloignés. L'astronome peut examiner le Soleil, et l'examiner en détail, car il est l'étoile la plus proche. Mais s'il veut examiner une étoile deux fois moins massive que le Soleil, il ne peut pas couper le Soleil en deux.

JCC – Alors que fait-il ? Il renonce ?

MC – Non, il regarde ailleurs et cherche dans le champ stellaire une étoile qui lui convienne, qu'il puisse comparer à la moitié du Soleil. L'astronome ne modifie en aucune manière le territoire de son observation. Les étoiles ne se troublent pas sous notre regard. En revanche, l'observateur peut affiner son regard, aiguiser sa sensibilité. A son détecteur personnel de photons, son œil, il peut substituer toute une batterie d'organes sensoriels artificiels, des télescopes par exemple, mais surtout, et de plus en plus, des récepteurs sensibles aux rayonnements qui échappent au regard humain, l'infrarouge, l'ultraviolet, le rayonnement gamma et d'autres encore.

JA – L'astronome, aujourd'hui, possède des yeux montés sur satellites et tournant autour de la Terre.

MC – Ces yeux artificiels scrutent en permanence l'invisible cosmique. Grâce à eux, l'astronome voit un ciel nouveau. Primauté à la vision. Voir d'abord. L'idée devient, selon la définition de Voltaire (encore lui !), *image qui se peint dans notre cerveau.* Pas besoin d'être philosophe pour emprunter ses métaphores à la perception visuelle. *Je vois* veut dire *je comprends* et cela dans beaucoup de langues. Je vois, c'est clair, la lumière se fait dans mon esprit. Le simple fait d'y regarder de plus près change mes idées.

JCC – Ce que fit Galilée.

MC – Exactement. Jusque-là, et depuis Aristote, le cosmos était strictement divisé en deux, le monde sublunaire, sujet au déclin et à la corruption, et le monde supralunaire, réputé incorruptible et par conséquent éternel. Ce cosmos supralunaire était peuplé de « sphères idéales », parfaitement lisses, sans aucun accident. Le jour où Galilée, en observant la Lune avec une lunette, y découvrit des montagnes, les sphères idéales volèrent en éclats, et avec elles se dissipa l'ancien système du monde.

JA – L'astrophysique était en train de naître. Cette jeune science, fille de l'astronomie qui observe et de la physique qui expérimente, proclame – entre autres affirmations – l'identité physique du ciel et de la terre.

MC – Une double identité, celle de la substance, de la matière, et celle des lois qui la régissent. Ce qui est ici est ailleurs, ce qui n'est pas ici n'est nulle part.

JCC – Pour le moment.

JA – Pour le moment, et à nos yeux. Mais cette identité chaque jour se confirme.

MC – Un autre point : le physicien de laboratoire, à chaque instant, peut modifier son équipement et varier les paramètres de son expérience, aussi souvent qu'il le désire, pour mettre une loi à l'épreuve des faits.

JA – « Aussi souvent qu'il le désire », c'est beaucoup dire. Son travail est limité par l'habileté de sa main, par l'acuité de son œil, mais surtout par son budget. La taille d'un accélérateur, le diamètre d'un télescope dépendent de ce budget.

MC – Mais l'univers met à notre disposition, et gratuitement, des expériences de physique observables.

JA – C'est vrai. C'est l'expérience à bon marché, le laboratoire cosmique où nous observons sans intervenir. Les exemples, nombreux, sont devenus classiques : la matière hyperdense et hypermagnétisée des étoiles à neutrons, les réacteurs nucléaires naturels que sont les étoiles, la catalyse chimique dans les milieux raréfiés que sont les nuages de gaz interstellaire, les sources de neutrinos énergétiques que sont les explosions de supernova...

JCC – Doucement, doucement...

MC – Dans le grand théâtre du ciel, l'astronome s'est entraîné à prévoir certains phénomènes. Il a confirmé ses capacités de connaître, il a pris confiance, il a cherché et trouvé dans le ciel la preuve de sa lucidité. Mais ces images lointaines, à jamais lointaines, il les perçoit grâce à des spectres qui ne concernent souvent que la peau lumineuse des objets.

JA – Le centre de l'étoile lui échappe, à moins d'apprivoiser le neutrino. Et pour longtemps, peut-être. Le cœur de l'étoile : un autre invisible.

## *Le désert de l'astronome*

JCC – Ses déductions reposent donc sur des données incomplètes et rares ?

MC – Et superficielles. C'est pourquoi l'astronome doit faire intervenir dans ses raisonnements une certaine part de spéculation. L'observation et l'analyse des données sont très difficiles, car elles se présentent sous une apparence extrêmement chaotique. La découverte du schéma organisateur, d'un fil rouge si tu préfères, requiert une large expérience, un scrupule particulier dans l'analyse et même, assez souvent, le regard d'une certaine foi. Foi en la physique.

JCC – Voilà un mot que je n'attendais pas.

MC – Bien sûr, il choque. Mais l'astrophysicien vit dans le désert des chiffres et des équations. Le grand vide est son attente. Sa foi de physicien l'aide à supporter cette austérité.

JA – Quand le schéma est découvert, quand le fil rouge est tendu, il revient au théoricien de l'expliquer en termes de principes premiers, de lois de la nature. A ce moment-là l'astronomie vire à la physique fondamentale.

JCC – Cet astronome-physicien, de quelles lois dispose-t-il ?

MC – Des lois de la science, extraites de la matière et de la lumière, qui sont accessibles à la pratique du laboratoire ; autrement dit des lois terrestres, qu'il suppose applicables (et non sans raison) ailleurs, là-bas, dans l'au-delà des cieux.

JA – Aussi loin que portent les télescopes, les mêmes atomes émettent la même lumière. Les très lointains quasars, qui gisent dans l'espace à plusieurs milliards d'années-lumière, émettent un rayonnement que peut recevoir et comprendre un physicien de la planète Terre.

JCC – C'est en effet une immense nouvelle. Matière et lumière sont les mêmes partout. Le monde est un. On s'en doutait depuis longtemps, mais tout de même...

MC – Et l'intelligibilité s'accroît. L'homme est cosmologiquement tout petit, mais sa pensée s'infiltre dans la jeunesse turbulente de l'univers, vers les jours orageux de son enfance. Il faut relever ici un trait fondamental de sa quête. Les conditions physiques des systèmes cosmiques, température, densité, champs magnétiques, etc., sont souvent plus extrêmes que celles que nous sommes capables de produire dans les expériences de laboratoire. Et pourtant, malgré ces différences considérables, la plupart de nos expériences de laboratoire semblent se prolonger naturellement jusqu'aux objets célestes. Ce qui s'explique chez nous s'explique aussi là-bas et cette extraordinaire continuité des lois est le support de notre recherche.

JA – Mais il existe quelques cas où cette extrapolation est un échec.

JCC – Par exemple ?

JA – Prenons la pomme légendaire de Newton, qui lui inspira (dit-on) la loi de la gravitation : cette loi a subi l'épreuve du laboratoire, à maintes reprises. On l'a trouvée satisfaisante et la valeur de la constante de gravitation (un nombre invariable) a été déterminée avec précision. Mais ces expériences en laboratoire ne concernent que des masses très limitées, parfaitement insignifiantes à l'échelle de l'univers. Le cosmologiste, s'il veut appliquer cette loi aux grandes structures, doit la modifier, il doit même lui substituer une autre loi, infiniment moins simple d'usage, relativiste pour tout dire et nécessaire à la cosmologie.

JCC – Il s'agit d'une spéculation ? D'un changement nécessaire de loi ?

MC – La physique et les sciences du ciel sont en constante interaction. Il en va ainsi non seulement de l'étude du mouvement, ou si l'on veut de la description externe des systèmes célestes, mais également de l'étude de la structure interne des astres et de la matière qui les entoure. Au premier niveau d'investigation que l'on pourrait appeler « expérience externe de la chose » – l'étoile vue de l'extérieur – s'ajoute une quête plus profonde de la « nature intime de l'objet », qui consiste en quelque sorte à s'immiscer en son sein pour y étudier les conditions physiques et même, suprême raffinement, la composition chimique de sa substance profonde.

JCC – Comment fait-on ?

### *Les bâtisseurs d'étoiles*

MC – Nous construisons *par la pensée* des étoiles vivantes, évolutives, qui dorment maintenant dans le cœur des grands ordinateurs et qu'on vient réveiller pour les mettre en présence de leur contrepartie réelle, observée. Certains dessinent des modèles de haute couture, d'autres des prototypes de voitures de course. Nous bâtissons des étoiles en chiffres, chiffres qui décrivent les étoiles non seulement dans leur structure mais dans leur devenir. Et ces étoiles sont transparentes. Scaphandriers stellaires, nous descendons au cœur de nos rayonnantes amies, qui ne sont à tout prendre que des réacteurs thermonucléaires à confinement gravitationnel, des « bombes » à hydrogène pour la plupart d'entre elles, mais qui ont la sagesse d'exploser – je parle pour les plus massives – en plusieurs millions ou milliards d'années. Des étoiles, nous prévoyons même le destin. Étoile, dis-moi ta masse, je te dirai combien de temps tu vivras, et comment tu succomberas.

JA – Nous parlions des extrapolations, maître mot de l'astrophysique. Quelquefois elles sont nettes et sans bavures, parfois plus ambiguës. Cela peut entraîner l'infiltration de certaines hypothèses vagues, ou de certains éléments spéculatifs, dans le corps même de la théorie. Pour cette raison, bien que l'astronomie new-look soit partie intégrante de la physique, elle a un statut particulier parmi les autres disciplines scientifiques.

JCC – Manque de rigueur ?

JA – Impossibilité d'expérimentation classique.

MC – Pour moi, la dernière aventure du siècle est semblable à une introspection. Il ne s'agit plus de peindre d'après nature avec des mots, il faut s'anéantir au cœur, au point focal où tout prend source et sens ; se voir naître, en quelque sorte, fruit de l'amour de la lumière, des nuages et des étoiles. Mais au-delà d'un certain horizon les idées se font brumeuses, comme celles qui s'agitent dans l'arrière-fond de l'inconscient, et la belle caravelle de la cosmologie se perd dans le brouillard des prétendus commencements.

JA – En d'autres termes, en un premier temps le cosmologiste voit clairement, quand il regarde autour de lui. Ensuite, quand il pénètre plus profondément l'espace et le temps, les objets deviennent flous, l'univers perd sa netteté.

MC – Cela fait penser aux différents niveaux de conscience.

JCC – Cela rappelle aussi les trois états du zen.

JA – C'est-à-dire ?

JCC – C'est un cheminement célèbre, qu'on peut résumer ainsi : « Avant d'étudier le zen, les montagnes sont des montagnes et les rivières des rivières. Pendant que vous étudiez le zen, les montagnes ne sont plus des montagnes, ni les rivières des rivières. Mais dès que vous avez atteint l'éveil, les montagnes sont à nouveau des montagnes, et les rivières des rivières. »

JA – Nous n'avons pas atteint le troisième état. Nous le cherchons.

MC – Et dans la course à l'origine, l'ultime tempête de l'espace-temps détruit l'armada théorique qui s'est égarée dans un brouillard brûlant – et cela à quelques encablures du mirage de l'origine, de cet instant paradoxal, instant dans un temps qui n'existe pas encore.

JCC – La physique est donc devenue folle ?

MC – Elle contient deux principes qui sont actuellement antagonistes. Le bras droit de la théorie, la mécanique quantique, en vient à affronter le bras gauche, en l'occurrence la relativité générale. Cette partie de bras de fer avec soi-même conduit à une faillite du langage. On ne peut plus utiliser le temps pour ordonner les événements. Le voici lui-même en passe de fluctuer. Silence donc sur ces origines hypothétiques.

JA – Mais il reste beaucoup à dire.

JCC – Nous avons à peine commencé et Michel nous dit déjà : Silence !

JA – Et nous parlons de mécanique quantique et de relativité générale comme si ces notions, étonnamment complexes, étaient monnaie courante. Il faudra bien tenter de les évoquer, à défaut de les définir.

JCC – Nous les évoquerons le moment venu.

MC – Oui, nous en parlerons. Nous essaierons d'en parler. Repoussons le silence. Orphée est de retour des enfers et il a besoin de parler. Car la nouvelle est bonne : la genèse des noyaux d'atomes dans les étoiles s'impose à la pensée et l'idée d'une alchimie céleste, aussi fantasmagorique qu'elle puisse paraître, est aujourd'hui parfaitement admise dans les cénacles des physiciens, à preuve le prix Nobel de physique attribué en 1983 à un des pères fondateurs de l'*astrophysique nucléaire*, notre maître William Fowler, qui a révélé les secrets de la transmutation des éléments chimiques au sein des étoiles. Les universités et les laboratoires les plus sérieux avec parmi eux, et en très bonne place, les instituts français, conjuguent leurs efforts pour élaborer une véritable généalogie de la matière.

JCC – L'astrophysique nous ouvre ainsi à l'histoire universelle des éléments premiers qui servent de support à toutes choses, et par conséquent à nous-mêmes ?

MC – Sans le savoir nous bâtissons nos citadelles – et même nos théories – avec la poussière des étoiles, apportée par les vents stellaires.

*Le ciel analogue*

JA – C'est tout notre rapport avec le ciel qui change.

MC – Le ciel est notre père et notre mère, et désormais nous le savons. Notre matière a été façonnée dans les étoiles, ce qui nous donne avec le ciel un lien de consanguinité, un lien génétique. Découverte fondamentale, qui bouleverse les idées anciennes, philosophiques et religieuses, les spéculations sur la « nature unique » de l'homme, sur notre spécificité.

JA – On ne regarde plus le ciel, la nuit, de la même façon. Ce n'est plus une voûte qui nous protège ou nous menace. Si infime que soit notre personne, elle est une partie du tout : nous sommes les enfants du ciel.

MC – Et nous y trouvons un bonheur. Ce ciel analogue est un enchantement. Il nous invite à la découverte. La « réalité » du ciel (un mot qu'il faut toujours utiliser avec la prudence des guillemets), cette « réalité » est aussi belle, aussi excitante que le fruit de l'imaginaire le plus ardent.

JA – Elle est même, je crois, plus belle.

JCC – De géomètres, vous voici devenus physiciens ?

JA – Sans cesser d'être géomètres.

MC – Pour faire avancer la physique, aujourd'hui, pour traquer l'invisible, il nous faut des outils qui sont parfois énormes. Et notre pensée n'a pas cessé de changer avec l'apparition de ces outils nouveaux.

JCC – La pensée façonne l'outil, et l'outil change la pensée ?

MC – C'est à peu près ça.

JCC – Mais comment la pensée peut-elle changer ? Vous dites : Nous sommes les enfants du ciel, et en effet nous ne le savions pas. Mais nous sommes inscrits dans le temps, mortels. Ça, du moins, nous croyons le savoir. Sommes-nous donc des mortels composés d'éléments immortels : nos atomes ?

JA – Quasi immortels. Nous avons tendance à prêter de l'immortalité aux choses et aux idées, un peu à tort et à travers. Nous sommes hantés par l'immortalité, notion par excellence humaine. Rappelons-nous l'Olympe, tous les élixirs de très longue vie, la résurrection, la vie éternelle... Mortels, nous rêvons avec persévérance de ce qui pourrait ne pas mourir.

MC – Mais même les étoiles « meurent ». Toute fuite dans le divin, toute idée, toute imagination d'une immortalité devient de plus en plus problématique.

JCC – Toute religion est sans doute la quête d'un refuge contre notre mort assurée.

MC – Mais le fait de donner Dieu comme réponse à toutes les questions peut paraître un refus de poser les questions.

JA – Naturellement. On raconte souvent l'histoire d'un scientifique qui meurt, et Dieu lui dit : « Maintenant, je vais tout te dire, tout t'expliquer. » Et le scientifique s'écrie : « Surtout pas ! Laisse-moi chercher encore ! »

JCC – La science doute, la religion affirme.

MC – C'est parce qu'elle affirme qu'elle a encore tant de fidèles.

JA – Une religion qui doute est inconcevable.

JCC – Comme une science qui affirme ?

JA – Qui se contenterait d'affirmer.

JCC – Revenons à l'astrophysique. Ce chemin qui nous conduit vers nos mères les étoiles, il a été long ?

MC – Il y a trois siècles, au temps de Galilée et de Newton, l'astronomie dominait la scène. La physique de laboratoire, s'intéressant à la composition de la matière, assez longtemps inexistante, fit de rapides progrès au dix-neuvième siècle avec la découverte des phénomènes électromagnétiques, l'étude systématique de l'optique et la thermodynamique.

JA – Au moment même où Auguste Comte, du haut de sa chaire, déclarait avec solennité qu'on ne connaîtrait jamais la température et la composition des étoiles (*je n'en persiste pas moins à regarder toute notion sur les véritables températures moyennes des différents astres comme devant nécessairement nous être à jamais interdite* [1]), un modeste physicien allemand, presque un artisan, Fraunhofer, mettait en évidence l'absence de certaines longueurs d'ondes dans le spectre lumineux du Soleil. Il fut bientôt démontré que ces carences correspondaient à l'absorption de la lumière par certains éléments chimiques bien particuliers.

MC – C'était le début de la spectroscopie stellaire. Plus tard, deux révolutions conceptuelles se déchaînèrent à l'aube du vingtième siècle, la mécanique quantique, entièrement fomentée dans les laboratoires et s'appliquant à l'étude de l'infiniment petit, et la relativité générale qui, elle, se réfère à la gravitation, laquelle gouverne le cosmos dans son ensemble. Au début du vingtième siècle, l'astronomie paraissait être le parent pauvre de la famille scientifique.

JCC – Tout a bien changé.

MC – Pour ma plus grande chance, alors qu'étudiant turbulent et peu assidu (dans faculté il y a facultatif), j'étais à mille années-lumière de me douter que la véritable révolution n'était pas au niveau de la rue, mais dans le ciel. Sous les pavés, le ciel. Et la floraison fut miraculeuse. Depuis vingt ans nous avons appris du cosmos plus qu'en deux millénaires.

JCC – Pour quelles raisons ?

MC – D'abord, à cause des progrès rapides de la technologie. L'observateur peut maintenant étudier l'univers de toute une variété de points de vue. L'émergence des *astronomies de l'invisible* – comme la radio-astronomie, les astronomies infrarouge et sub-millimétrique, pour nous en tenir aux rayonnements de la douceur qui entourent les nuages et les naissances stellaires, et des astronomies UV, X et gamma, plus sèches et rudes, qui signalent les déchirements, les colli-

1. *Cours de philosophie positive*, 1835.

sions et autres explosions –, cette apparition soudaine est à mettre au compte de la mutation de la sensibilité dont je parlais plus haut (désirée par l'observateur et non induite par quelque accident de la nature). Les détecteurs optiques eux-mêmes ont atteint un degré de sophistication inouï et les voici satellisés !

JCC – Donc, ce n'est plus l'objet qui se transforme, c'est l'œil ?

JA – L'œil est l'avant-garde de notre cerveau, désormais sensible à d'autres signaux.

## *Le nouveau bestiaire du ciel*

JCC – Je sais bien qu'il n'y a rien de plus vieux que la nouveauté. Le neuf remplace le neuf. Mais cette fois c'est vrai, on peut le dire : il y a un nouveau ciel ?

MC – Un ciel de tempête et de création (au sens de la dernière mode : l'étoffe de l'univers est recoupée et recousue), un ciel de chimère. Le bestiaire astrophysique s'enrichit de nuit en nuit. Pulsars, trous noirs, galaxies en furie hantent aujourd'hui la pensée astrophysique. Violences régénératrices : née, semble-t-il, d'un épanchement titanesque, la matière est brassée, déchirée, broyée, éjectée, reconcentrée, calcinée, encore et toujours, jusqu'à ce qu'elle s'isole de ce cycle de morts et de résurrections, à l'abri sur une (plusieurs ?) planète(s) et se mette à penser et à reconstruire son passé de lumière, d'étoiles et de nuages.

JCC – C'est de notre matière que tu parles, ou de toute matière ?

JA – En tout cas de la nôtre.

MC – La seconde raison de cette poussée est une avancée théorique sans précédent, sans laquelle les vagues de spectres et d'images que font déferler nos instruments resteraient stériles. Les physiciens du ciel puisent délibérément dans les théories fondamentales d'avant-garde, ciselées par leurs frères, pour expliquer les phénomènes inusités. Le fossé creusé entre l'astronomie et le reste de la physique est en train de se combler. Les cosmologistes et les physiciens des particules se tendent enfin la main. Le laboratoire n'a plus de parois et le Big Bang fournit, de tous les accélérateurs de particules, le plus somptueux.

JA – Et qui échappe aux restrictions budgétaires.

MC – Mais les techniques galopent et les mentalités cheminent. Les physiciens tiennent colloque, alors que les poètes parlent à tous.

JA – En principe.

JCC – André Breton disait : « Un philosophe que je ne comprends pas est un salaud. » Pour un poète, je me demande. Il est ouvert à tous, oui. Mais « comprendre » est un mot si souvent réducteur. Les poètes troublent, éveillent, évoquent, confondent, appellent. Quelquefois aussi ils parlent, c'est vrai.

MC – Ils essaient, en tout cas.

JCC – Avec parfois d'étonnantes rencontres. Voici un texte d'Henri Michaux, écrit en 1940, extrait de *Passages* :

*Va-t-on bientôt bombarder les anges ?*

*S'ils existent, qu'ils s'attendent à être bientôt traversés de décharges, de fragments atomiques, de nocives vibrations.*

*Il est improbable que dans l'énorme mise en train d'infimes et variées perturbations physiques, il n'y ait rien qui les gêne.*

*Préparons-nous à entendre l'espace crier.*

JA – J'ai envie de m'écarter pour un instant de l'astrophysique – nous y reviendrons, évidemment, nous y revenons toujours, et de voyager un peu dans le passé. C'est souvent reposant, le passé. Tout danger s'est évanoui. Les hommes ont vécu et ils ont disparu. Le passé est une matière qui semble inerte. J'aimerais que Jean-Claude fouille un peu dans ses notes et nous parle de quelques rêves anciens.

## *Le zéro était dans l'air*

JCC – Quand on trouve dans les textes d'autrefois le récit d'un exploit technique, ou fabuleux, qui ressemble à l'ébauche d'une réalité scientifique ou technologique de notre temps, il est bon de s'attarder un moment en se débarrassant de deux attitudes contradictoires qui toutes les deux sont stériles. La première est de se dire : Voilà, c'est prouvé, les Mayas lançaient des fusées interplanétaires et les anciens habitants de l'Inde connaissaient la bombe atomique. J'exagère à peine. On a connu ça. C'est s'abandonner, pour parler du passé, à un état d'esprit naïvement magique – à moins qu'il ne soit très subtilement commercial –, c'est croire, ou affecter de croire, que l'histoire des premiers hommes a connu toute une série de révélations, dont les effets ont été, pour des raisons nécessairement mal connues, anéantis, enfouis dans l'immense fosse des vieux secrets. Je ne crois pas nécessaire de nous attarder sur ces bobards. Mais il fallait y faire allusion.

JA – Et la deuxième attitude ?

JCC – Elle est exactement à l'opposé de la première. Assez parfaitement illustrée par certains scientistes du dix-neuvième siècle, elle consiste à regarder le passé – ces âges barbares et crédules – comme une lointaine préparation du présent. Tout n'était qu'erreur et brouillard et la lumière de la raison moderne est venue, finalement, grâce à ce que l'on appelle *le progrès des connaissances*, chasser les ténèbres anciennes. Cette deuxième attitude, qui vous guette particulièrement, vous hommes de science, repose en réalité sur un sentiment de supériorité qu'il est permis d'appeler un complexe. Or, si cette supériorité est évidente dans les domaines de la science proprement dite, et à plus forte raison de la technique, rien ne permet de dire que notre « esprit » et notre « cœur » – ces deux principes indéracinables et pourtant si vaguement localisés – sont meilleurs aujourd'hui qu'ils n'étaient autrefois.

JA – Les travaux des archéologues, des historiens, des sociologues disent assez clairement que l'intelligence humaine n'a pas progressé depuis vingt-cinq ou trente mille ans. Ni le volume ni le fonctionnement du cerveau n'ont apparemment changé. Pas de *progrès* depuis les peintures de Lascaux, les raffinements de Platon, les trouvailles des mathématiciens indiens qui inventèrent le zéro.

JCC – A peu près au même moment que les Mayas. Et ils étaient sans contact possible, croit-on.

MC – Le zéro était dans l'air. Les hommes avaient besoin du zéro.

JA – On confond toujours le progrès des techniques, le fameux progrès des connaissances, avec le progrès de l'esprit humain.

JCC – D'où ce hiatus menaçant entre un esprit qui s'admire, qui même s'idolâtre, qui est émerveillé par son propre exercice, qui se pâme devant ses réalisations, mais qui est rigoureusement incapable de changer la vie, et par conséquent de se changer lui-même.

JA – Nous pouvons détruire le monde et nous ne pouvons rien contre la difficulté d'être. Nous ne pouvons rien – ou presque rien – contre la bêtise, le chagrin, la vieillesse, la violence, l'avidité. Les soupçons qui se braquent sur la science et la haine qu'elle soulève viennent vraisemblablement de ce hiatus.

## *La science, fille du temps*

JCC – Est-ce qu'un jour nous serons des ancêtres ? Des chaînons d'une espèce à venir ? Est-ce qu'on étudiera nos vestiges, nos mœurs, nos outils, notre habitat ? C'est une des questions qu'oubliait de se poser le scientisme. Il paraissait croire à un arrêt, à une stabilité de la connaissance, à la vertu de la phase fatale, si souvent démentie par les lendemains sans pitié : « Nous savons aujourd'hui que... »

JA – Le scientisme d'aujourd'hui dirait plutôt : La démarche scientifique est supérieure à toute autre, car elle est la seule qui nous permette d'améliorer notre connaissance du monde.

MC – Mais elle est limitée. Elle est même limitée par définition.

JA – Et ses limites font aussi ses vertus.

JCC – Je parlais du scientisme du siècle dernier qui oubliait que la science, plus que toute autre discipline peut-être, vit désormais dans le temps. Elle est soumise au mouvement du temps qui l'emporte, qui la confirme et qui quelquefois la dément. Il est hors de doute que vos connaissances scientifiques d'aujourd'hui seront un jour des connaissances du passé. La connaissance scientifique, fille du temps, se dépasse sans cesse elle-même, s'autodétruit, s'immole sur son propre autel. La vérité est toujours à venir. Les théories qui vont vous démentir sont déjà à l'œuvre et certains d'entre vous les pressentent.

JA – C'est vrai, mais c'est la condition du célèbre progrès.

JCC – Tandis que la connaissance intuitive, celle qui ne prétend à aucun progrès, la sensibilité, la pensée, traversent les épreuves du temps avec une grâce supplémentaire. Non pas que le temps les épargne. Il n'épargne personne. Tout sentiment et toute idée portent sa marque inévitable. Mais cette marque est parfois plus légère. Elle peut même avoir un charme. Certains textes anciens nous apparaissent avec une fraîcheur et une force immédiates. Ils ont échappé, par leur qualité sans doute, au gouffre où se perdent les idées mortes et les émotions passagères. Ils nous parlent de près et demain, quand nous serons objets d'études historiques, ils accompagneront encore nos descendants sur leur chemin.

JA – Le rapprochement entre les époques est un exercice périlleux.

JCC – Je sais bien. C'est un aller simple. Impossible d'avoir l'avis des anciens sur nous.

JA – Un exercice parfois même facile et ne menant à rien; sinon à la fameuse « illusion archaïque ».

JCC – Si nous relisons le *Phédon*, de Platon, nous pouvons peut-être nous désintéresser du problème de l'immortalité de l'âme, et des arguments donnés par les uns et les autres. Mais nous pouvons admirer, toujours très vivement, la subtilité des échanges, le pathétique de la situation.

MC – Les disciples de Socrate, qui l'interrogent, voudraient en effet, de tout leur cœur, que leur maître démontre cette immortalité. Le jour même où il va mourir.

JCC – Autrement dit : l'âme de Socrate n'est sans doute pas immortelle, mais Socrate est immortel.

JA – Comme ses atomes.

JCC – Et puis, pourquoi notre conversation devrait-elle mener à quelque chose ? Nous parlons, c'est tout, nous racontons, nous n'enseignons pas. Nous ne construisons aucun système, aucune discipline nouvelle.

MC – C'est l'attitude que devrait avoir le chercheur.

JCC – A ce propos, nous devons citer un livre original, écrit par un physicien à la fin des années soixante, en pleine période « hippy ». Livre qui fut un grand succès, même si beaucoup de scientifiques le rejettent.

MC – Le livre de Capra ?

JCC – Oui, *Le Tao de la physique*[1], de Fritjo Capra, complété et republié récemment. Dans ce livre, un physicien établit des relations précises, à l'aide de citations, entre les derniers développements de la science et quelques « vérités », très anciennement exprimées. Et même si son livre est évidemment trop systématique et trop schématique (comment résumer l'hindouisme en huit pages, le bouddhisme en sept ?), même s'il est encore trop marqué par la mode d'un temps (comme le nôtre le sera), il suggère qu'une intuition, ou une réflexion solitaire, peut quelquefois rejoindre les conclusions les plus sophistiquées de l'expérience scientifique.

MC – Peut-être. N'est-ce pas lui qui a raconté la visite de Niels Bohr en Chine ?

JCC – Oui, en 1937, alors qu'il avait déjà élaboré sa vision quantique. Au cours de cette visite, le physicien danois fut si frappé par les anciens textes chinois qui parlent des pôles opposés et de la résolution des contraires, que dix ans plus tard, lorsqu'il fut anobli par le gouvernement danois, il choisit comme blason le célèbre symbole du Yin et du Yang avec la devise « *Contraria sunt complementa* ».

MC – Oppenheimer lui aussi était fasciné par les cultures orientales.

JCC – Capra cite ce texte de lui, extrait de *Science and the Common Understanding* : *Quand nous nous demandons, par exemple, si la position de l'électron reste la même, nous devons répondre « non ». Quand nous nous demandons s'il en est*

1. Éditions Sand.

*mouvement, nous devons répondre « non ».* Capra place ce texte à côté d'un passage de la *Ishâ Upanishad*, vieux texte hindouiste, qui dit ceci :

*Cela s'active, et ne s'active pas;*
*Cela est loin, cela est près;*
*Cela est intérieur à tout,*
*Cela est extérieur à tout.*

## *Un salut à Bergamin*

MC – Les deux textes, en effet, sont proches, mais tout aussi lointains.

JA – Proches au moins dans la forme.

JCC – Et il en existe d'autres qui semblent traverser le temps. Nous en citerons nécessairement quelques-uns au cours de notre conversation. Mais il ne s'agit ni d'établir une sorte de prééminence de ceci par rapport à cela, ni de dire : Nous n'avons rien appris. Entre les Anciens et nous, il s'agit en fait d'une sorte d'entraide, de consolidation réciproque. Ils nous rassurent et nous réconfortent, pour avoir parcouru les mêmes chemins que nous, et connu sans doute les mêmes troubles. Mais à leur tour les scientifiques d'aujourd'hui les illuminent et les renforcent, car ils aident à les connaître.

MC – J'aime cette idée d'un trouble commun.

JCC – Mettons de côté, si on peut dire, les textes purement littéraires, poétiques, ce qu'on appelle généralement « les œuvres d'art ». Je crois que nous pouvons faire l'économie d'une digression là-dessus, parce que c'est tout simplement évident. Je mets aussi de côté ce qu'on pourrait appeler les connaissances brutes, populaires, primitives, qui contiennent d'éclatantes vérités. Je me rappelle un mince ouvrage d'un homme que j'ai beaucoup aimé, le poète et philosophe espagnol José Bergamin. Ce livre s'appelle *La Décadence de l'analphabétisme*[1]. L'idée même de Bergamin – contenue

1. Publié en 1988 aux Éditions La Délirante, traduction de Florence Delay.

dans le titre – est irrecevable sur notre terre de prétendue clarté. Je me rappelle à ce propos une phrase d'André Malraux, qui préfaça en 1972 un autre livre de Bergamin, *Le Clou brûlant*[1], que j'eus la joie de traduire : *Lorsqu'un chef-d'œuvre proclame que la Vérité suprême est inséparable de l'irrationnel, il est espagnol ou russe.*

JA – Mais pas français.

JCC – Non. Et pourtant Bergamin disait aussi, mais en privé : Vous autres, les Français, vous vous flattez de vivre dans une pensée cohérente et lumineuse, et pourtant toute votre culture repose sur deux livres incohérents et remarquablement obscurs.

MC – Quels livres ?

JCC – Bergamin répondait : « Le *Discours de la méthode*, évidemment, où Descartes, après un début prudent, se met assez vite à divaguer, divagations qui se prolongent jusqu'à l'onirisme dans les *Méditations métaphysiques.* » Et le deuxième livre est le *Contrat social* de Rousseau, qui commence par une affirmation extravagante *(L'homme est né libre)* et se continue par toute une série de songes et de développements incongrus. Il est curieux de remarquer – disait Bergamin – que l'idéal français de la loi juridique, claire, immédiatement reconnue comme nécessaire et universelle, est né dans la tête ou dans le cœur d'un poète étrange, loup solitaire chassé de terre en terre et parfois menacé de mort.

MC – Petit retour aux exemples anciens. Qu'est-ce qu'ils ont à nous dire, en dehors de la simple beauté et parfois de cette intuition primitive, indéfinissable ?

### *La reine au bandeau noir*

JCC – Je plonge dans le *Mahâbhârata* indien. Par la force des choses, car j'ai travaillé sur ce texte pendant quatorze ans et il ne me quittera plus. A un certain moment la reine Gandhari, qui a juré de passer toute sa vie avec un bandeau noir sur les yeux, est enceinte. Une rivalité de reines l'oppose à

1. Plon.

une autre femme, Kunti. Elles peuvent toutes les deux prétendre faire un roi de leur premier fils. Or c'est Kunti qui accouche la première, et ce premier enfant, tout l'indique, sera roi. Par une obscure décision du destin, le fruit de Gandhari reste dans son ventre pendant deux ans. Prise de rage, elle s'en délivre à coups de barre de fer que lui administre une servante, et il naît une sorte de boule, qui ressemble à du métal. La reine s'apprête à jeter la boule quand l'auteur du poème, le vénérable Vyasa, lui conseille de couper cette boule en cent morceaux, de mettre chaque morceau dans une jarre et de l'arroser d'eau fraîche. Ce que fait Gandhari, et il lui naît cent fils.

MC – Faut-il y voir un rêve prémonitoire d'insémination *in vitro* ?

JCC – On peut même y apercevoir une sorte de fabuleux clonage. Mais dire que les Indiens, au premier millénaire avant le Christ, connaissaient l'insémination artificielle, serait absurde, comme il serait absurde de hausser les épaules devant tant de stupidité, tant de barbarie, sans s'arrêter un moment en face de cette scène étonnante. En réalité, pour le dire trop simplement, on a parfois l'impression que les rêves anciens sont parents des nôtres et même que la science, dans certains territoires précis, n'a fait que courir follement, à travers la forêt d'obscurité, à la poursuite de ces rêves, pour les réaliser enfin. Un lien invisible et puissant unit nos laboratoires de génétique à la rage visionnaire de la reine au bandeau noir.

JA – Pourrait-on dire la même chose de la rage de détruire ?

JCC – Je le crains. Nous touchons là un des rêves les plus secrets, qui est le désir de détruire, et même de nous autodétruire, comme une sorte de défi délirant lancé par l'homme à la création qu'il appelle lui-même divine. Toutes les cultures anciennes ont, à des degrés différents, connu et exprimé ce désir profond et très effrayant, mais c'est certainement la civilisation hindoue qui l'a manifesté avec la plus grande persévérance ; d'abord en imaginant le dieu le plus surprenant et le plus complexe jamais sorti des cervelles humaines, le dieu Shiva, qui veille de très près à la destruction des mondes et qui en même temps, adoré sous la forme du lingam générateur, qu'on arrose de beurre clarifié, préside à la renaissance des univers au rythme de sa danse inlassable ; et aussi, dans le poème épique du *Mahâbhârata*, en inventant toute une panoplie d'armes de dévastation dont la plus terrible, nommée Pasupata, peut exterminer toute vie sur la surface de la Terre. C'est Shiva lui-même qui la donne à Arjuna, le guerrier parfait, après une très longue et dure pénitence dans les montagnes. Mais posséder cette arme ne suffit pas. Encore faut-il en connaître le fonctionnement. C'est pour l'apprendre qu'Arjuna se risque à un immense voyage céleste et qu'il passe cinq ans auprès du roi des dieux, Indra, qui par chance est son père.

## *Un vieux rêve de destruction*

MC – C'est une arme dont les effets peuvent se comparer à ceux d'une bombe thermonucléaire ?

JCC – De très près. Ces effets sont décrits à plusieurs reprises au cours du poème. L'arme est toute-puissante, même lancée « avec une très faible lumière ». Elle brûle la terre, anéantissant toute vie. Elle peut, comme le dit Shiva, se lancer avec la main, mais aussi « avec la parole et avec la pensée », ce qui semble annoncer les techniques les plus tragiquement raffinées des guerres électroniques de demain. Car le rêve est ancien et redoutable, mais précis. L'arme totale s'accompagne d'une très large flamme et de nuages aux couleurs rouge et jaune qui ressemblent « à des monstres marins, à des villes fracassées ». Impossible pour nous, à la lecture, de ne pas évoquer d'autres nuages, trop bien connus.

JA – Et comment ne pas évoquer d'autres destructions célèbres, comme celles de Sodome et de Gomorrhe ?

JCC – Ce qui montre que le rêve d'effacement était partagé par plusieurs peuples. Il serait évidemment insensé d'imaginer que les guerriers du *Mahâbhârata* ou les anges de la Bible possédaient des armes nucléaires – nous ne serions peut-être pas là pour en parler – et tout aussi fou de parler d'une destruction divine, d'une manifestation du « courroux » de Dieu ou d'une intervention, qui serait dans ce cas absurde et scandaleuse, de guerriers-voyageurs venus des autres mondes. La réalité, je crois, est plus simple et plus mystérieuse à la fois : la science est un désir que nous portons en nous depuis très longtemps. Par un brillant travail d'imagination, par une hantise poétique infatigable, par une intuition constante et profonde, ce désir de suprématie technique sur une création indocile s'est, ici et là, exprimé. Et les formes imaginées trouvent des contreparties, quelques millénaires plus tard, dans les produits de la science, formes à peine modifiées, apparemment naturelles et probablement inoubliables.

JA – Existait-il une parade, dans le poème, à l'arme d'extermination ?

JCC – Oui. Une parade tout aussi imaginaire, et nous pourrions dire aussi « fantastique » que l'arme elle-même et presque aussi terrifiante. Car cette arme est finalement lancée au cours de la grande bataille où se décide la survie de la Terre. C'est alors que Krishna intervient. On pense qu'il est une des incarnations, un des « avatars » du dieu Vishnu qui, lui, a pour fonction de maintenir, de faire durer les mondes. Pour remplir sa mission, Krishna est prêt à tout. Quand l'arme de mort est lancée, Krishna recommande, ordonne à Arjuna, son ami, de ne pas user de son droit de riposte, de ne pas lancer la terrible Pasupata, car il sait que dans ce cas-là toute existence serait anéantie. Et tandis que la flamme ennemie s'approche, ravageant tout, il conseille à ses amis de se coucher sur le sol, sur la bonne vieille Terre qui se sent menacée comme eux, et de faire le vide absolu dans leurs esprits, sans essayer de se défendre (car l'arme, dans ce cas, n'en devient que plus ravageuse). Il leur demande de ne « penser à rien », de se reporter au temps où ils n'existaient pas encore. Étonnant exercice de yoga collectif, comme si la suppression de la pensée supprimait du même coup l'objet menaçant qui s'approche.

JA – Et ça marche ?

JCC – Ça marche. L'arme passe par-dessus leurs corps étendus et va se perdre inutilement dans le grand espace. A quoi se rapporte ce très ancien passage, cette subtile esquive de l'esprit ? Je ne le vois pas bien. Car les Indiens, comme tous les peuples qu'on appelait, jusqu'à une date récente, « civilisés », ont placé la pensée sur un piédestal incomparable. L'*Atharvaveda*, il y a très longtemps, l'appelait *la divine, le prodige sans précédent.* Mais ce culte de la pensée ne va pas sans une défiance, sans même une vague terreur. Car la pensée est force et faiblesse. Force, puisqu'elle crée les monstres qui l'épouvantent et qui n'existent que grâce à elle. Faiblesse, puisque son libre jeu nous mène aux portes de la mort et que nous ne pouvons nous sauver qu'en ne pensant plus.

JA – Je suppose que nous reviendrons sur ce point limite de la pensée, ce *penser-rien*, que pour l'instant notre recherche scientifique ne peut pas admettre.

JCC – Nous y reviendrons, mais pas tout de suite.

MC – Avant de conseiller aux gens de jeter tous les livres, il faut au moins écrire le nôtre.

## *Sainte Thérèse d'Avila et Paul Caro*

JCC – Je remarque une autre rencontre, très récente. En lisant *L'Oiseau-Jardinier*, de Paul Caro [1], j'ai appris (entre cent autres choses) que pour lutter contre la douleur et contre l'émotion le cerveau sécrète lui-même des substances opiacées, qui s'appellent des endorphines, lesquelles peuvent être aussi puissantes, dit Paul Caro, que des morphines pharmaceutiques. L'auteur ajoute : *Il se développe dans la société moderne des techniques qui favorisent l'autoproduction des endorphines cérébrales. Ce qui ne va pas sans effet d'accoutumance, ni sans les frustrations du manque. Il suffit de s'infliger avec persévérance quelque souffrance pour déclencher la sécrétion apaisante, voire s'installer la douce euphorie.*

MC – Et ça te rappelle quoi ?

1. Belfond, coll. « Belfond/Sciences ».

JCC – Caro lui-même fait allusion aux macérations des anciennes pratiques religieuses, à la flagellation, au cilice. On ne peut pas ne pas y voir surgir le fantôme de Sacher-Masoch, et le bonheur dans la souffrance. Mais, avant tout, ce passage d'un ouvrage scientifique me rappelle le cri fameux d'une grande mystique, Thérèse d'Avila :

*! Ay! Que no puede faltar*
*En el padecer deleite!*

Qui peut se traduire, assez mal, par :

*Hélas! Que ne puisse être absent*
*Dans la douleur, le délice!*

Autrement dit, dans le secret de sa perception particulière, qu'on peut imaginer très aiguë, la religieuse espagnole avait senti, et magnifiquement exprimé, ce que la science d'aujourd'hui démontre. La persévérance avec laquelle elle châtiait son corps ne faisait qu'accroître son délice – ce qui la conduisait au désespoir, comme le dit son *Ay!* – car elle ne pouvait évidemment pas deviner que ce délice venait clandestinement d'elle-même, de ce corps méprisé et parfois même haï qui prenait ainsi sa vengeance.

JA – Cela prouve en tout cas que les endorphines de sainte Thérèse fonctionnaient admirablement.

JCC – Sans nuire à son expression poétique. Peut-être même en la provoquant parfois, ou en l'aidant.

MC – Notre premier voyage dans le passé se termine. Nous y avons pris certains contacts. Nous en provoquerons probablement d'autres. En attendant, Jean, toi qui es l'esprit méthodiquement raisonnable, que proposes-tu maintenant ?

JA – Je reviens un instant à tes envolées de langage. Entre cette approche lyrique de la science et les évocations de Jean-Claude, j'exprime une crainte. Par exemple, Michel, tout en savourant tes métaphores, j'ai peur que tu ne fournisses des arguments à des gens malintentionnés, à ceux qui utilisent frauduleusement un langage scientifique pour abuser ceux qui les écoutent ou les lisent.

## *Les marchands de planètes*

JCC – Les astrologues, par exemple ?

JA – Par exemple.

JCC – L'astrologie actuelle, peut-on la considérer comme une science ?

JA – Il faut répondre non. Très clairement. Comme le dit Jean-Claude Pecker, « ce n'est pas l'horoscope qui est contestable, c'est son commentaire ». L'idée que la position des planètes, au moment de notre naissance, puisse jouer un rôle sur notre caractère et notre destin est tout à fait contestable. En effet, des études statistiques très poussées, qui ont été publiées en décembre 1985 dans le journal britannique *Nature*, démontrent, entre autres, l'absence totale de relation entre le caractère d'un individu et la position des astres à sa naissance.

MC – Il faut ajouter que les astrologues se contentent, en regardant le ciel, d'une géométrie à deux dimensions. Ils ignorent totalement la profondeur prodigieuse de l'espace et le fait que les étoiles qui forment les constellations sont en réalité situées à des distances considérables les unes des autres.

JCC – Et la Lune ?

JA – Elle est à l'origine des marées. Agit-elle sur notre caractère ? Je ne crois pas.

JCC – De toute façon, le cosmos agit sur nous, puisqu'à vous entendre nous en faisons partie.

MC – Tout à fait. Nos atomes sont nés dans le cœur des étoiles. Nous commençons à peine à l'entrevoir.

JA – Mais faire dépendre notre sort de la position des planètes et d'un prétendu « ascendant », c'est remonter au temps où l'on croyait que la Terre était plate, immobile, et qu'elle formait le centre d'un univers aux dimensions restreintes. Les astres du ciel n'étaient que des luminaires de petite taille. On ne soupçonnait pas la nature et la multitude des étoiles, à plus forte raison les dimensions cosmiques. Tout était construit autour de la Terre et tout lui était destiné. L'astrologie est une croyance archaïque, aujourd'hui caduque et utilisée par des commerçants sans vergogne qui flattent la crédulité humaine. C'est un acte de charlatanisme qui pour moi est inadmissible. Quand je vois dans le métro, ou dans un aéroport, de la publicité pour l'astro-flash Machin, je ne peux pas m'empêcher de me demander : Mais dans quelle époque vivons-nous ? Et à quoi sert d'explorer l'univers ?

JCC – Vous faites progresser la connaissance, vous ne changez rien aux mentalités, ou presque rien.

MC – Mille fois d'accord. Mais quelle pourrait être notre réponse à ceux qui nous disent : Oui, vous avez raison, l'astrologie n'a aucune espèce de support scientifique, mais elle aide des gens à vivre ? Je ne parle pas des astrologues. Pour eux, c'est évident, elle est leur gagne-pain. Je parle des esprits enfantins qui cherchent dans l'astrologie un réconfort, une façon d'être moins seuls.

JCC – Ou même simplement une façon de parler, de communiquer. On a souvent dit que les cartes, le marc de café ou les thèmes astrologiques ne sont que le support d'un langage, une incitation à parler, une sorte de vocabulaire.

JA – C'est possible. Mais que dire des directeurs d'entreprises, aujourd'hui, qui embauchent en tenant compte des thèmes astrologiques des candidats ?

MC – Je suis d'accord là-dessus, évidemment. Mais en supprimant les astrologues, on ne supprimera pas l'astrologie. Elle prospère, elle jouit toujours d'un grand succès populaire. Es-tu sûr de ne pas être jaloux ?

JA – Je te réponds honnêtement : Non, je ne suis pas jaloux, pas une seconde. Irrité, oui, mais jaloux, non.

MC – L'astrophysicien lui aussi peut mentir, ou en tout cas déformer la vérité, n'en montrer qu'un aspect. Il peut se laisser envahir par l'obsession de sa propre gloire et refuser de voir ce qui le contredit.

JA – Nous sommes plus prompts à admettre nos faiblesses que les astrologues à reconnaître l'arbitraire de leurs prétendues prédictions.

JCC – Je reviens un moment à ce que disait Michel : l'astrologie peut aider des gens à vivre. On peut dire la même chose de tout un tas d'autres croyances et bien entendu des religions. Assez étrangement, et c'est sans doute la marque principale de sa faiblesse, et même de sa condition, l'espèce humaine a toujours eu horreur du vide et de la solitude. Elle a toujours exigé une explication à sa présence mortelle sur une terre d'abord gigantesque, et qui semble aujourd'hui de plus en plus égarée et imperceptible dans le cosmos. Et ces explications lui ont été fournies, et lui sont encore aujourd'hui fournies, par un réseau extraordinaire de croyances que vous appelez des erreurs. Peut-on imaginer notre espèce sans ces croyances ? Ou s'agit-il de douces erreurs sans lesquelles notre situation serait parfaitement intolérable, et notre existence impossible ?

MC – La science ne pose pas le problème de cette façon. Elle ne s'intéresse pas à l'utilité, mais à la vérité.

JA – A sa vérité.

JCC – Quand je rencontre un chrétien qui est bien dans sa peau, un Tamoul qui se prosterne avec ferveur devant Shiva ou quelqu'un qui va se confier à sa cartomancienne une fois par mois et qui en revient soulagé, je n'ai pas vraiment envie de les détromper.

JA – Nous ne voulons priver qui que ce soit de la caresse qui le réconforte. Ce que je récuse, c'est d'accoler le terme scientifique à une pratique qui devrait s'appeler astromancie et non astrologie.

JCC – Oui, mais que peut-on offrir à la place ? Qu'avons-nous à faire de votre science ? Il est bien difficile d'imaginer ce que serait une espèce humaine totalement pénétrée de vérités scientifiques et rejetant ses erreurs de crédulité « dans les ténèbres extérieures ». Nos descendants y parviendront peut-être, dans quelques centaines de siècles, si nous n'avons pas tout détruit avec les fruits pervers de vos découvertes. Mais d'ici là, il faut bien faire avec. Sans parler des fruits merveilleux de ces croyances, que nous apprécions tous les trois, je pense, et qui s'appellent les œuvres d'art ; lesquelles œuvres d'art, très souvent nées de ce que vous appelez des erreurs, et par conséquent d'origine impure, vous aident à mieux vivre, vous les purs.

MC – Et comment !

JCC – Qui est le plus à blâmer ? L'astrologue qui se fait bien payer pour un discours de fumée (sur ce point nous sommes d'accord, cela va de soi) mais qui renvoie son client rasséréné, moins solitaire et hésitant dans une vie de toute manière inexplicable ? Ou le scientifique pur et dur, enchaîné à sa vérité, qui ne nous apporte aucun appui moral ou sentimental et qui met en danger chaque jour la petite planète qui a de plus en plus de mal à nous supporter ?

MC – On peut le regretter, mais la science ne peut envisager les problèmes dans un contexte moral ou sentimental. L'utilité sociale n'est pas un critère scientifique, ni la beauté (sauf dans certains cas, car il y a des équations séduisantes). Et nous devons bien nous en tenir à la vérité ; à notre vérité, dont nous avons défini les contours. Les scientifiques ne sont pas aveugles à ce qui se passe autour d'eux, et souvent en leur nom, mais ils sont en réalité pris dans un double mouvement et exposés à une double déception. D'un côté, la vérité que nous recherchons activement, et parfois même avec passion, persiste à nous échapper. Et de l'autre côté, depuis Hiroshima, l'image sociale de la science se dégrade. Elle devient mystère et terreur, et les chercheurs scientifiques sont de plus en plus tenus pour des hallucinés fanatiques, enfermés dans une tour d'ivoire synthétique et préparant l'apocalypse. C'est contre cette malédiction que nous parlons, c'est pour cela que nous écrivons ce livre.

JCC – Nous savons tous qu'il y a des vérités non scientifiques. Quand j'écris une scène, pour une pièce ou pour un film, quand je fais agir et parler des personnages, je recherche moi aussi une vérité. C'est la moindre des choses. Mais il s'agit d'une vérité qui relève de mon domaine, dramatique ou psychologique. Vérité de théâtre, passagère par définition, mais vérité quand même.

JA – Je ne dis pas que toute vérité est scientifique. Cela n'aurait pas de sens. Mais je suis bien obligé de dire que toute science a pour objet la vérité, sinon je ne vois plus de raison à ce que je fais. Et c'est le point précis qui m'irrite quand je vois l'astrologie s'emparer de notre discours et se proclamer scientifique. Il s'agit d'une usurpation véritable, d'un mensonge et d'un vol. Je n'ai pas l'âme d'un censeur, encore moins d'un directeur de conscience, je ne veux interdire à personne de chercher son soulagement dans telle ou telle chimère, mais je ne veux pas que ceux qui vendent ce soulagement se réclament de ce que je fais.

MC – Depuis deux ou trois siècles, en Occident, une seule forme d'intelligence a été promue. Mais la science, répétons-le, n'est pas la seule à parler du monde. Comment pourrait-elle s'ouvrir, s'entrouvrir même, sans que s'engouffre par cette brèche la cohorte bruyante des charlatans ?

JCC – La « croyance » existe, dans les sciences ?

MC – Aucun homme de science ne peut aborder un territoire de recherche sans une hypothèse de travail, une supposition tacite, qui a bien le caractère d'une croyance. Je peux citer Kepler ?

JA – Nous t'en prions.

MC – Il a écrit, dans son *Mysterium Cosmographicum* : *Il y avait alors trois choses particulières dont je cherchais avec obstination pourquoi elles étaient ainsi et pas autrement, à savoir le nombre, la grandeur et le mouvement des orbes. Ce qui me poussait à m'attaquer à ce problème, c'est la belle harmonie des choses immuables, Soleil, étoiles fixes et espace intermédiaire, avec Dieu le Père, le Fils et le Saint-Esprit, similitude que je poursuivrai à fond dans ma cosmographie.*

JCC – On n'imagine pas plus aberrant.

MC – Kepler réussira pourtant, par des méthodes indéniablement scientifiques, à démontrer l'éternelle fertilité d'un concept antique, celui de l'harmonie, de la musique des sphères. La conscience humaine est un tout. On ne peut pas la subdiviser. La science serait impossible, comme la vie, si nous nous limitions à des données assignables par l'esprit. Souvent, nous avons même établi d'abord le transcendant, l'inatteignable, pour en faire dériver, comme Kepler, le connaissable.

JCC – Il existe tout de même une frontière entre croyance et connaissance.

MC – Mais cette frontière évolue, elle se déplace, au fur et à mesure de notre appréhension du monde.

JCC – Y aurait-il un décalage historique, chronologique, entre la fabuleuse percée de la science au vingtième siècle et l'étonnante inertie des croyances ? La science a-t-elle cru qu'il suffirait de briller pour que les « ténèbres » disparaissent ?

JA – Sans aucun doute, elle l'a cru. Et dans la plupart des cas elle le croit encore. La fameuse vérité scientifique reste notre souci, notre obsession majeure. Ces deux mots ont été si longtemps accolés l'un à l'autre qu'il paraît impossible de les dissocier.

MC – Et pourtant...

JCC – Peut-être pourrait-on rappeler la drôle de phrase de René Daumal : « Un couteau n'est ni bon ni mauvais. Mais celui qui l'empoigne par la lame est dans l'erreur. »

MC – A moins qu'il ne désire se tromper, se blesser.

JA – Et faire l'expérience de cette blessure.

## *Les étoiles parlent notre langage*

JCC – Une question me brûle : avez-vous des problèmes de vocabulaire ?

MC – Évidemment. A commencer par le mot « réalité », qui est parfaitement impropre. C'est un mot sans humour, sans rêverie possible, un mot tyrannique et plat.

JA – Et il y en a d'autres. Un *trou noir* n'est pas un trou et il n'est pas noir. De même on a longtemps parlé du *système planétaire de l'atome.* C'est tout simplement faux.

MC – Ces mots ne veulent rien dire. Ils procèdent de très vagues analogies. Mais il faut bien parler, écrire avec des mots, même si ces mots sont limités et inexacts. Nous parlons de façon malhabile.

JCC – Pour ne rien dire de la langue de bois scientifique. Car je suppose qu'elle existe.

MC – Une langue de plomb.

JA – Mais un discours répétitif, même imprécis, même maladroit, possède une certaine efficacité. Il ne suffit pas de dire. Il faut redire.

MC – Redire, comme si rien n'avait été dit.

JCC – N'y aurait-il pas d'autres moyens ? Des sons ? Des gestes ? Une musique ?

MC – Pour l'instant nous appliquons aux étoiles notre langage alors qu'elles nous parlent avec leur lumière.

JCC – Vos mots composent parfois un langage très singulier. Un *espace courbe*, par exemple, qu'est-ce ?

MC – C'est facile à visualiser. Regarde cette boule de verre. Mais cela ne nous avance guère car nos images sont aussi conventionnelles que notre vocabulaire. On ne peut parler des mots qu'avec d'autres mots, et des images qu'avec d'autres images.

JA – Imagine une scène de théâtre qui n'existerait qu'au moment où entrent les acteurs. Et la présence de ces acteurs courbe la scène.

MC – L'espace-temps se courbe autour des objets au point que, s'il se referme sur lui-même, ces objets deviennent trous noirs.

JA – La scène a avalé les acteurs.

MC – Et la pièce continue, pourtant.

JA – On constate aussi que la lumière minimise le temps de son trajet. Dans un espace courbe, elle courbe sa trajectoire.

JCC – Le trajet le plus court est donc la courbe ?

JA – Oui... si l'espace n'est pas plat.

## *Nuages noirs sur l'intelligence*

JCC – Je me dis quelquefois que notre vie est vraiment trop courte, car le champ du savoir ne cesse de s'accroître. Il nous faudrait quarante ou cinquante ans de formation (pour les esprits curieux, bien sûr) et le même temps d'activité.

JA – C'est peut-être le contraire qui nous attend. Car plus le savoir s'élargit, plus les « choses à connaître » sont multiples et plus notre vie, comme notre intelligence, sont menacées.

MC – On voit partout des signes du déclin.

JCC – Un de ces signes me fait peur. Des éducateurs américains ont récemment constaté que les possibilités de concentration de leurs élèves ne dépassaient pas neuf minutes et demie, en moyenne. Après quoi, pour un moment, ils étaient frappés de distraction. Après enquête, on vit que ces neuf minutes et demie correspondaient à l'intervalle moyen qui, sur les chaînes de télévision, sépare deux messages publicitaires. Leur esprit s'était en quelque sorte façonné sur le rythme moyen de la télévision.

JA – Très alarmant.

MC – Les professeurs de physique et de mathématiques viennent à manquer, car ceux qui pourraient enseigner sont attirés ailleurs par de meilleurs salaires.

JA – On a dévalorisé la fonction de professeur. C'est une catastrophe.

JCC – Sur le chapitre des alarmes, nous n'en finirions pas. Une cousine, qui dirige une école d'enseignement primaire à Nîmes, me racontait récemment ceci : « Quand on demande aux enfants de dessiner un poulet, ils dessinent maintenant un poulet mort, plumé et cuit. » J'ai passé mon enfance dans une vraie campagne et ces choses-là m'épouvantent.

MC – Tous les éducateurs s'en effraient.

JCC – Mais ne nous attristons pas davantage. Il est si facile d'être pessimiste : le monde nous y aide beaucoup. Laissez-moi glisser quelques phrases de Rilke dans une lettre à Lou Salomé : *Je ne sais absolument rien... Rien, je le sens, de ce que je devrais savoir... Il est tant de choses dont un vieil homme devrait vous parler quand on est petit; une fois adulte, les connaître devrait aller de soi. Le ciel étoilé par exemple.*

MC – Un vieil homme apprenant le ciel à un enfant : et pourquoi pas, aujourd'hui, le contraire ?

JCC – Je vous propose une autre pause poétique. Voici un extrait du *Livre de la pauvreté et de la mort*, du même Rilke, dans la belle traduction d'Adamov :

*Fais, Seigneur, qu'un homme soit saint et grand*
*et donne-lui une nuit profonde, infinie,*
*où il ira plus loin qu'on ait jamais été;*
*[... ]*

*Fais qu'il parvienne enfin à la maturité,*
*qu'il soit si vaste que l'univers suffise à peine à le vêtir;*
*et permets-lui d'être aussi seul qu'une étoile*
*pour qu'aucun regard ne vienne le surprendre*
*à l'heure où son visage change, bouleversé...*
*Fais qu'il lui soit permis de veiller jusqu'à l'heure*
*où il enfantera sa propre mort,*
*plein d'échos comme un grand jardin*
*ou comme un voyageur qui revient de très loin.*

### *De l'importance de la vie (au moins pour nous)*

MC – Après cette évocation d'une mort parfaite, que dire ?

JCC – Un jour, à la télévision, j'écoutais l'anthropologue Yves Coppens parler de la vie. On lui posa la question, qui vient aujourd'hui sur toutes les lèvres, d'une disparition de la vie sur notre planète.

JA – De la vie humaine ?

JCC – Oui, je crois. Il répondit avec un sourire, comme si la question lui semblait superflue. Il dit que la vie humaine n'était peut-être qu'une étape, une étape très courte dans une très longue évolution, et que d'autres vies nous suivraient sans doute, ici ou ailleurs.

MC – Il relativisait la vie humaine ?

JCC – A l'extrême. Notre disparition ne l'intéressait pas. En un sens je le comprends. Nous ne sommes rien, ou très peu de chose. Et nous n'avons de l'importance que pour nous-mêmes. D'un autre côté il me faisait penser à ces rationalistes qui disent, en parlant d'un chrétien fervent : « Comme il va être déçu, après sa mort ! » Oui, de son point de vue, le rationaliste a raison. Mais il a tort en même temps, car (toujours selon son point de vue) c'est cette vie qui compte, et non pas l'autre.

MC – Sans compter que, dans le néant qui nous attend, même la déception sera absente.

JA – La Terre, à notre connaissance, est le seul endroit habitable dans le système solaire. Si on veut garder la vie, la

Terre est essentielle. Et rien pour le moment ne peut la remplacer.

MC – Elle est à nos yeux ce que l'univers a produit de plus beau, de plus intéressant.

JCC – L'univers que nous connaissons.

JA – Bien entendu. Cette réserve de pensée doit être automatique chaque fois qu'on parle de l'univers.

MC – Contentons-nous de l'univers observable. Des étoiles, il y en a partout. Par milliards de milliards. Ce qui a été fait pour nous a peut-être été fait ailleurs et pour d'autres. Mais la seule forme de vie connue est la nôtre. Connue de nous, en tout cas.

JA – Et il vaut mieux préserver la seule vie que l'on connaisse.

MC – Les molécules interstellaires les plus évoluées sont des molécules aromatiques, benzéniques. Récemment on a même découvert entre les étoiles des molécules organiques, c'est-à-dire les briques fondamentales des molécules biologiques.

JCC – Le tout premier pas vers la vie ?

MC – Oui, mais pas la vie elle-même.

JA – Pour le moment nous sommes seuls. Attendons encore. Car tout laisse à penser qu'il y a d'autres vies, dans l'immensité.

MC – La question de la vie sur d'autres corps célestes reste du domaine de la spéculation.

JA – La science actuelle ne peut pas clairement y répondre. Rien n'exclut, ailleurs, la possibilité d'une vie intelligente. Chaque galaxie est composée de centaines de milliards d'étoiles. Et nous comptons des milliards de galaxies. Même si les distances qui les séparent sont si larges que toute « communication » entre elles semble impossible, tout nous laisse à penser, l'arithmétique et la raison, qu'il y a ailleurs des vies intelligentes. Mais nous avons de la peine à trouver une définition de la vie.

MC – Et aussi de l'intelligence.

JA – Les rencontres entre biologistes et astrophysiciens, dans la recherche de cette vie hypothétique, sont encore rares et difficiles. Elles ressemblent au chemin que parcourent ensemble l'aveugle et le paralytique. Cela dit, ils avancent ; lentement, péniblement, mais ils avancent.

JCC – A condition que, par mégarde ou par ambition, l'aveugle ne monte pas sur les épaules du paralytique.

## *Science et fiction*

MC – Cette hantise de la vie sur les autres planètes me rappelle une histoire vraie. Un Papou fut mis en présence, un jour, d'un astronome qui expliqua que son grand rêve était de trouver de la vie sur Mars. « Pourquoi ? demanda le Papou. Votre vie est donc un échec ? »

JCC – Une autre histoire de « sauvages » : on tournait sur le territoire des Pygmées le film tiré des *Racines du ciel* de Romain Gary. Pour des raisons imprécises – querelles entre comédiens et producteurs, je crois – on décida de tourner en studio, à Billancourt, certaines scènes où la présence des Pygmées était indispensable. On les invita donc à faire le voyage en France. Leur chef exigea de venir d'abord, accompagné de son sorcier, pour savoir si l'on pouvait sans danger respirer l'air et boire l'eau de Billancourt. Ils vinrent tous les deux, firent les essais qu'ils jugèrent nécessaires et conclurent qu'ils ne pouvaient pas exposer leur peuple à de pareils périls. En conséquence ils refusèrent tout net le voyage en France. Et il fallut changer le scénario.

MC – Sans doute vaut-il mieux, dans l'état actuel des choses, laisser les extraterrestres dans le territoire de notre imaginaire. Car c'est là qu'ils ont le plus de beauté.

JCC – Leur rencontre serait évidemment l'événement le plus considérable de l'histoire de notre planète. Mais cette rencontre aurait-elle la même importance pour eux ?

JA – La souhaitent-ils ? L'imaginent-ils ?

MC – S'intéresseraient-ils à nous ?

JCC – Nous avions esquissé, avec Buñuel, un début de film qui en est resté là. Deux astronautes arrivent sur une autre planète, assez semblable à la Terre. Ils se sont égarés dans l'espace. En s'approchant d'une ville ils entendent des cris, puis ils aperçoivent une foule qui monte le long d'une colline. Cette foule encercle un individu qui monte péniblement, entouré de soldats, en portant une lourde croix sur les épaules. Alors les deux astronautes se précipitent en criant : « Non ! Non ! Arrêtez ! Vous êtes fous. Ne le crucifiez pas ! Vous ne savez pas ce que vous faites ! »

MC – On les crucifie à leur tour ?

JCC – Je ne sais pas, peut-être.

JA – Ils deviennent le bon et le mauvais larron ?

JCC – Et malgré eux, ils se retrouvent au paradis. L'un des deux, en tout cas.

MC – Il y a deux façons d'aborder la vie dans les autres mondes. Il y a celle des poètes ou des romanciers, qui imaginent toute autre vie par rapport à la nôtre et qui d'ailleurs, parfois, sont techniquement bien informés. Et puis il y a l'autre approche, disons pour simplifier la méthode scientifique, qui recherche dans l'espace des manifestations de la vie *elle-même*, de la vie sans *a priori*.

JA – Un programme gigantesque est mis en œuvre, aussi bien aux États-Unis qu'en Europe. C'est le programme SETI (Search for Extra Terrestrial Intelligence). On envoie des messages sous des formes diverses, en permanence, vers les cinq mille étoiles les plus proches. Et plusieurs radiotélescopes, comme celui de Nançay en Sologne, passent de longues heures à « écouter » le ciel.

JCC – Et pour l'instant, rien ?

JA – Rien, aucun retour.

JCC – Cela me rappelle une nouvelle de Tristan Bernard. Des signaux sont perçus, venant d'un astre lointain. Aussitôt, tous les savants de la Terre se réunissent, se concertent, et décident de creuser, dans le Sahara, d'immenses lettres, longues de plusieurs centaines de kilomètres, destinées à être visibles de loin. C'est un énorme chantier.

JA – Ils envoient un message, finalement ?

JCC – Qu'ils veulent aussi court que possible. Ce message dit simplement : « PLAÎT-IL ? » Après quoi, les Terriens attendent la réponse, dans l'angoisse. Et la réponse arrive, sous forme de signaux lumineux : « Non, nous ne parlons pas avec vous. Nous sommes en train de communiquer avec les gens de la planète Mars. »

MC – Ah ! que la science manque d'humour...

JCC – Quelquefois j'imagine que sont au travail, quelque part, de majestueux historiens de l'univers, dont les dimensions, la substance et les facultés mentales sont telles qu'ils échappent totalement à notre observation.

MC – De grands archivistes invisibles ?

JCC – Organisés en corporation depuis plusieurs milliards de nos années, ils ont pour mission d'enregistrer scrupuleusement tout ce qui se passe de notable dans l'univers, c'est-à-dire dans « ce qui existe ». Si par un cataclysme soudain, par une rencontre éclatante avec une météorite titanesque ou par suite d'une explosion retentissante qu'elle aurait elle-même provoquée, la Terre venait à disparaître, les historiens cosmiques en seraient-ils informés par leurs rapporteurs ? Et s'ils étaient informés, jugeraient-ils l'événement notable ?

JA – A leurs yeux, ce serait bien peu de chose.

MC – Une goutte d'eau dans un orage d'été.

JA – Peut-être même tiendraient-ils pour parfaitement négligeable les efforts, à nos yeux énormes, que nous déployons vers le ciel, pour entrer en contact avec eux.

MC – Pour eux, nous serions peut-être imperceptibles. Peut-être même inconcevables.

JA – Nous devons perdre tout sentiment de proportion, de dimension. Ces mots eux-mêmes n'ont peut-être de sens que pour nous.

JCC – Au cours de la grande bataille du *Mahâbhârata*, un des personnages, je vous le disais, lance l'arme absolue, qui va détruire toute vie. Krishna sauve la Terre en opposant à cette arme le *penser-rien*. Mais celui qui l'a lancée, un personnage qui s'appelle Aswatthaman, est frappé par une sorte de vision. Au moment où il lance son arme sans pardon, sans retour, il voit *en même temps* les guerriers morts et vivants, la Terre détruite et sauvée. Il ne comprend pas et il demande : « La fin des mondes, est-ce beaucoup, ou n'est-ce rien ? »

MC – Nous ne pouvons pas lui répondre.

### *Être ouvert et prêt*

JA – Plus nous avançons, plus il me semble que nous avons en commun plusieurs choses, la recherche d'abord, la vérification ensuite. L'expérience nous permet de vérifier nos hypothèses. Et vous, vous avez le public. Je te pose une question ordinaire : Comment les idées viennent-elles ? Qu'est-ce que l'inspiration ?

JCC – Tu te doutes bien qu'il n'y a pas de réponse. Pas de recette, en tout cas.

JA – Dans le domaine scientifique non plus. Mais on peut dire que les idées ne viennent qu'à ceux qui les cherchent.

JCC – J'ai envie de dire : C'est pareil pour nous. Et puis je me rappelle le mot fameux de Picasso : « Je ne cherche pas, je trouve. »

JA – Mais celui qui trouve n'est pas n'importe qui. Il est très soigneusement préparé. Il possède sa technique, et même son style, son territoire. Picasso ne trouvait pas des idées scientifiques, ni des idées de pièces de théâtre, ou de films.

JCC – Ce qu'il voulait dire peut-être, c'est qu'une certaine partie du travail consiste à ne rien faire ; à attendre, à regarder, à s'allonger dans la pénombre, à faire confiance aux longs passages mystérieux qui nous traversent. Beaucoup d'auteurs fréquentent la nuit, et surtout le premier réveil, au petit matin, cette heure qu'aimaient les surréalistes où la machine rationnelle hésite encore à se remettre en marche, où traînent encore des lambeaux de rêves, où l'imagination pour quelques instants reste fraîche et fragile. J'ai lu quelque part qu'un grand nombre de découvertes scientifiques auraient été faites à cette heure première, indécise.

JA – Il y a aussi des endroits propices. Je me sens bien, par exemple, quand je travaille à Berkeley. Je suis loin de chez moi, loin de mon bureau parisien, et le fait de vivre dans une autre langue fait de moi un autre homme. J'en ai l'impression, en tout cas.

JCC – Je connais des auteurs qui ne peuvent travailler que dans des circonstances particulières, parfois bizarres. Depuis longtemps, par nécessité, je travaille n'importe où, dans des hôtels, des cafés, des avions ou des trains. Beaucoup d'auteurs du vingtième siècle ont aimé écrire dans des cafés, dérangés par les voisins, par les garçons. Peut-être à cause de ce contact irremplaçable avec la vie.

MC – Mais l'essentiel, c'est quoi ?

JCC – L'essentiel, c'est d'être prêt. Sinon l'inspiration passe sans s'arrêter. Être prêt, ça veut dire être ouvert, en alerte, et rien n'est plus difficile. C'est une lutte de chaque jour. Tant de contraintes tentent de nous fermer, notre éducation, nos petits problèmes, la lourdeur minutieuse de la vie contemporaine, la prolifération des divertissements, plusieurs tyrannies culturelles ; sans parler des menaces sur la Terre et de la détresse de certains peuples. Sous tant de charges, nous avons tous tendance à resserrer notre chemin, au lieu de l'élargir ; à nous fermer, les épaules basses et les yeux fixés sur le sol.

JA – Quelquefois j'ai l'impression que nous ne faisons que redire.

JCC – Mais il faut redire (redisons-le) car tout s'oublie. Rien n'est jamais dit une fois pour toutes. Je crois même qu'on oublie plus vite qu'avant. On oublie de plus en plus vite. La télévision par exemple, où une information, où une image mange l'autre, est une fantastique machine à oublier.

MC – On oublie à l'instant même où l'on regarde.

JA – Avec quelques exceptions, tout de même. Je n'oublierai jamais Georges Dumézil tel que Bernard Pivot nous a permis de le voir, de l'entendre. Et quelques autres.

JCC – En regardant avec passivité la télévision, comme tout le monde, je pense quelquefois à une des formules brillantes de Valéry, « la multiplication des seuls ».

MC – Les temps difficiles précipitent les gens dans les abris. Et il y a des abris de la pensée.

JA – On mesure à ce moment-là le privilège de posséder, si limité soit-il, un territoire de savoir. Il y a tant de gens qui ne savent rien, qui n'ont plus aucune technique, ni agricole ni artisanale, et qui ne font que suivre les opinions ou les gestes des autres.

MC – Ce sont ces gens-là, malheureusement, qui en général haussent le ton. Ils ont des opinions sur tout et ils affirment tout savoir. Alors que la véritable connaissance, qui conduit nécessairement à l'humilité, est celle qui permet de dire : « Je ne connais pas cela. »

JA – Oui. Seuls ceux qui connaissent quelque chose peuvent dire qu'ils ne connaissent pas autre chose.

JCC – Dans le poème original du *Mahâbhârata*, un très beau passage nous dit que les hommes se plaignent souvent de leur condition, de la faiblesse de leur corps ou de leur mauvaise santé. Mais aucun homme, jamais, ne se plaint de son esprit. Chacun pense et affirme que son jugement est le meilleur du monde.

JA – En réalité, plus on sait de choses et plus on mesure les limites de son savoir. Le plus grand privilège de l'esprit est de douter de lui-même.

JCC – Ils sont rares, ceux qui l'admettent.

MC – Nous avons même dans certains territoires de la physique contemporaine l'*obligation* de douter de la certitude.

JCC – Et nous aussi, à chaque instant. Car nos personnages de chair et de cœur, s'ils sont vivants, n'obéissent à aucun schéma strict. Pour reprendre votre terminologie, on pourrait dire qu'il y a chez les très grands, Shakespeare, Tchekhov, un « principe d'incertitude ». Aucun personnage n'obéit exactement à un caractère tout tracé. A chaque instant il est capable d'une soudaine bouffée d'irrationnel, d'imprévisible.

MC – Ces bouffées nous sont salutaires, car nous avons tous tendance à nous calfeutrer, à déployer nos paravents.

JCC – Je m'arrête un instant pour citer un auteur japonais, Shunryu Suzuki, qui décida dans les années soixante de porter aux États-Unis sa parole bouddhiste et qui écrivit un livre bref et acéré dont je relis souvent quelques pages [1]. Je cite quelques phrases du début. Ça s'appelle *L'Esprit de débutant* : *Le but de la pratique est de garder toujours notre esprit de débutant... Notre « esprit originel » embrasse tout en lui-*

1. *Esprit zen, esprit neuf*, Le Seuil.

*même. Il est toujours riche et se suffit à lui-même. Ce qui ne veut pas dire un esprit fermé, mais en fait un esprit vide et un esprit prêt. Si votre esprit est vide, il est toujours prêt pour quoi que ce soit, il est ouvert à tout. L'esprit du débutant contient beaucoup de possibilités, l'esprit de l'expert en contient peu... C'est aussi le vrai secret des arts : soyez toujours un débutant. Faites très, très attention à ce point.*

## *Classicisme du fanatisme*

JCC – L'homme politique en est resté à une conception classique. Il dit connaître le réel – qui est distinct de lui – et il cherche à le dominer. Il affirme qu'il fera, qu'il ferait, qu'il a fait plus qu'il aurait pu faire si.

MC – Et la plupart du temps, sachant que son adversaire, par définition, dira très exactement le contraire, il frappe au plus bas, et au plus banal.

JCC – Faut-il souhaiter dans le domaine politique, qui nous paraît parfois si étonnamment retardé, l'éclatement d'une relativité générale, d'une mécanique quantique ?

JA – On a du mal à l'imaginer.

MC – Que serait une politique quantique ?

JCC – Il y a moins de gens stupides qu'on pense. Ignorants, oui, et maintenus dans l'ignorance ; mais stupides, sûrement pas. Avec mon ami Guy Bechtel, nous avons passé des années à composer des livres de contre-culture, en particulier le *Dictionnaire de la bêtise* [1], pour en arriver à cette conclusion : la bêtise n'est pas chez les autres, elle fait partie de nous. Nous avons tous, plus ou moins ensommeillée dans nos profondeurs, une grosse bête qui aime être flattée.

MC – Et que certains n'hésitent pas à flatter dans le sens du poil.

JCC – Inlassablement. D'ailleurs nous avons quelquefois l'impression que ces tribuns criards travaillent avec assiduité pour les éditions ultérieures du *Dictionnaire de la bêtise*. Tout y est, l'idée stupide et l'art de la claironner. Car la bêtise

1. Robert Laffont, coll. « Bouquins ».

s'affirme toujours hautement. Elle se proclame. C'est à l'hystérie qu'on la reconnaît.

JA – Elle soulève malheureusement des échos.

JCC – Bien sûr. Elle réveille la sale bête en chacun de nous. Cette bête peut prendre des proportions énormes. Elle peut devenir le serpent de feu de Nuremberg. Et ces monstres conduisent toujours les peuples au désastre. Nécessairement. Tous ceux qui brandissaient des torches à Nuremberg sont morts dans les années suivantes. Et avec eux, des millions d'autres.

MC – Nous avons aussi en nous l'amour de la mort. Un amour fou.

JCC – Je me sens très ému, chaque fois, quand je vois à la télévision les jeunes intégristes iraniens, dans la guerre contre l'Irak, se précipiter au massacre, la clé du paradis autour du cou. Apparemment, c'est le sommet de la stupidité, l'horreur du crime contre soi-même, l'appel incontrôlable du néant. Et pourtant secrètement, par instants, je me reconnais. Je relis les stances de *Polyeucte*. C'est le même enfer.

MC – Nous vivons dans des eaux menaçantes.

JCC – Et ça aussi, cette menace, nous la partageons.

### *De la beauté des équations*

JA – Je sais bien qu'il s'agit d'un sujet sans limites, aux frontières imprécises. Mais parlons un peu de la beauté, de l'émotion esthétique. Avons-nous là aussi quelque chose en commun ?

JCC – J'ai entendu Michel proclamer que certaines équations sont belles.

MC – Sans doute. Cette beauté peut être saisissante.

JCC – Mais c'est une beauté réservée. Ne peuvent la goûter que ceux qui comprennent ces équations.

JA – Certaines femmes ont pourtant une beauté évidente, étourdissante – Salvador Dali dirait « pythagoricienne ». Les équations, je me demande.

JCC – C'est une discussion à n'en plus finir.

JA – Partons d'une constatation précise. La compréhension d'une équation aide à en saisir la beauté. C'est même une condition indispensable. Peut-on dire la même chose de l'émotion qui naît d'une œuvre d'art ?

JCC – Vieux débat. Les uns répondent affirmativement. Léonard de Vinci est du nombre. On connaît sa fameuse phrase sur la peinture, qui est *cosa mentale*. Si la peinture est une chose mentale, une activité de l'esprit, alors une pensée bien exercée permettra d'apprécier pleinement cette peinture. C'est l'apologie de la connaissance.

MC – Valéry va dans le même sens.

JCC – D'ailleurs, il a écrit sur Léonard de Vinci. Et n'oublions pas ses paroles illustres, inscrites en lettres d'or au fronton de Chaillot (qui donc disait que Valéry avait subi, non sans dommage, « l'épreuve du fronton » ?).

JA – Cette inscription où il parle de la main et de la pensée de l'artiste ?

JCC – Oui, de sa main, « égale et rivale de sa pensée ». Et il ajoute ces quelques mots, qu'on peut trouver très restrictifs : « L'une ne peut rien sans l'autre. »

MC – Mais il existe évidemment une autre tradition, qui se situe tout à l'opposé.

JCC – Pour simplifier on peut l'appeler l'activité surréaliste. Elle a été longuement formulée par André Breton, par Max Ernst, mais elle est évidemment beaucoup plus ancienne. Elle fuit la pensée, considérée comme paralysante et castratrice. Elle appelle le jaillissement, l'automatisme, tout ce qui peut surgir directement de l'obscurité, de la profondeur, sans subir la moulinette de l'analyse. La voix de l'artiste, presque malgré lui, passe par ce que Victor Hugo appelait « la bouche d'ombre ». Le cerveau du poète ou des peintres paraît assoupi. La main échappe à la pensée. Elle espère, par réflexe, et presque à l'aveuglette, guidée par une nécessité imprécise, exprimer une trace de l'inconscient collectif, donner un signe vif de nos secrets communs.

MC – Picasso, lui aussi ?

JCC – Bien sûr. Il a eu des mots très durs pour Bonnard, par exemple, qui s'interrogeait longuement sur la qualité, sur la nature d'une couleur. Toute recherche technique ou théorique de cet ordre lui paraissait scandaleuse. Rien de plus éloigné de Picasso que la lente application de Cézanne qui, après quarante séances de pose patiente, disait à Ambroise Vollard : « Je commence à ne pas être trop mécontent de la chemise. » C'est peut-être à cause de cette aversion de la patience, de la méticulosité, que Picasso appelait Matisse « la modiste ». Seuls comptaient pour lui l'élan, l'éclat.

JA – Mais qui reposaient sur une technique très sûre.

JCC – Cela va de soi.

MC – Je me sens attiré par les deux traditions, mais surtout par la seconde.

JA – Et moi par la première. La connaissance ajoute à la jouissance. C'est vrai en cuisine, par exemple. J'aime savoir ce que je mange.

MC – Tu te prives de saveurs inconnues.

JCC – Vous êtes deux, vous avez presque le même âge, la même formation, vous pratiquez la même discipline, et vous êtes de part et d'autre de la barrière. Imposer une règle au goût, formuler dans ce domaine une moindre loi, quelle blague ! C'est le contraire qui est souhaitable, les frictions, les querelles, les haussements d'épaules, les véhémences, les errances, aussi bien que les poussées d'ensemble. Ouvrir, permettre, encourager : les mots phares.

MC – Trop souvent on impose, on interdit, on décourage.

JA – Une longue histoire grise.

JCC – On peut encore constater ceci : les partisans de la première tradition – réflexion, clarté, connaissance – sont généralement attirés par une action dans la cité même, un engagement politique, social. Ils recherchent mille contacts entre la science, la technique et l'art. Et ils sont la plupart du temps optimistes. Ils croient aux bons résultats d'une action intelligente. Les autres, les sombres, les intuitifs, les illimités, sont souvent solitaires, hors des règles communes, et leur vision du monde est sans issue vers la lumière. Quelquefois ils sont la lumière.

MC – Encore un mot. Un certain nombre d'artistes, dans différentes traditions, ont essayé d'éliminer la réflexion, la pensée, de la laisser de côté, de faire sans. Ils ont essayé, débarrassés (croyaient-ils) de cet agent de police, de chercher hors des normes, dans les terrains vagues, dans les friches. Ce qui paraît à jamais interdit aux scientifiques.

## *Apparition d'une chimère*

JA – L'étalage de connaissances est haïssable et dangereux, comme tous les excès quand il mène à la cuistrerie. Que dire de l'excès d'ignorance ? Mais ce n'est pas en disant « je vais essayer de comprendre » que je suis dans le faux. Il se trouve qu'à un certain moment de notre marche la nature paraît soudain se dérober. Là commence la science.

MC – Ou l'art.

JA – Mais la science, à la différence de l'art (peut-être), comporte sa propre limitation. Permettez-moi de souffrir un court instant, de me mutiler. Je ne peux faire de la science que si je me limite. Si je vais toujours au plus subtil, je vais assez rapidement atteindre l'indécidable, et même l'indicible. Je ne pourrai plus avancer.

MC – Mais avancer vers quoi ? Vers la clarté sublime ? Vers le simple à tout prix ? Alors que la science aujourd'hui nous entraîne parfois, malgré nous, vers le contraire de l'évident ?

JA – Une des conditions de mon travail est de pouvoir en faire connaître les résultats. Je veux partager ce que je crois savoir. Et pour employer un des grands mots chimériques des temps contemporains, comment pourrais-je *communiquer* ce qui est trouble et indicible ? C'est peut-être même la plus précise définition du trouble : ce qui ne peut pas se dire.

MC – L'exigence absolue de raison peut conduire à la déraison, et l'excès de simplicité au mensonge. La nature n'a aucune raison d'être simple et claire.

JCC – La France s'est toujours glorifiée de sa voracité de clarté, mais il est bon de dire que toutes les cultures ne partagent pas notre adoration. Répondant malicieusement à la fameuse phrase de Rivarol : « Ce qui n'est pas clair n'est pas français », le Japonais T. Suzuki a pu dire : « Ce qui est clair n'est pas japonais. »

JA – Chacun de nous a un point de vue sur l'univers. Nous ne pouvons pas faire autrement. Ce qui revient à dire que chaque univers est différent. Mais cela ne vaut évidemment pas pour la science.

MC – Car nous approchons l'univers matériel avec une méthode commune, la physique.

JA – Nous ne sommes pas absolument sûrs que nous regardons le même opéra. Mais nous utilisons les mêmes jumelles.

JCC – Avec l'espoir, un jour, de lever le grand rideau ?

MC – Le rideau est déjà levé, je te l'ai dit. La pièce se joue. Et nous sommes à la fois sur la scène et dans la salle, à notre très grande surprise.

JCC – Avec des commentateurs, des critiques ?

MC – Avec des sifflets et des bravos. Mais nous sommes comme des acteurs qui découvriraient leur texte à l'instant où ils doivent le dire.

JA – Ou comme des spectateurs qui connaissent la pièce, et qui pourtant la redécouvrent chaque soir.

MC – Que nous révélera l'acte suivant ?

JA – Y aura-t-il un acte suivant ?

MC – Et s'il y a un acte suivant, ou plusieurs autres, les acteurs seront-ils les mêmes ?

JA – Je m'aperçois peu à peu avec un sentiment de réconfort, et non pas de déception, que certaines des idées très aiguisées, très subtiles et troublantes autour desquelles nous tournons sont déjà dans l'inconscient collectif, sous d'autres formes.

MC – Nous gravissons des sommets différents sans nous apercevoir que c'est probablement le même.

JCC – Dans un de ses derniers livres, *Le Regard éloigné* [1], Claude Lévi-Strauss s'interroge une fois de plus sur une apparente identité des structures dans des domaines aussi radicalement distincts, croyons-nous, que la biologie cellulaire, la linguistique, l'étude des mythes. « Immense question », dit-il.

JA – Hélas, nous ne pouvons pas confirmer ce sentiment.

---

1. Plon.

Les analogies révélées par le structuralisme sont surprenantes, les mêmes motifs prolifèrent partout, mais cette démarche est incomplète. Par exemple, dans le domaine qui est le nôtre, on peut le dire plusieurs fois, l'infiniment grand n'est pas structuré comme l'infiniment petit.

JCC – Pour le moment, en tout cas.

JA – Pour le moment et pour longtemps.

MC – Nous avons tous de vastes rêves d'unité. Nous aimons le un. Mais notre quête est souvent déçue.

## *Éloge de l'obscurité*

JCC – Le rationalisme lui aussi est une chimère ?

MC – La raison est sans doute une nécessité, mais l'impérialisme de la raison est à coup sûr un danger. La raison gouvernant le monde, ou bien le monde réductible à la raison, c'est une utopie de notre raison. Une utopie qui pourrait même devenir dangereuse. Comme toutes les utopies. Ce qui compte avant tout aujourd'hui, plus fortement et plus sûrement, c'est la relation entre les uns et les autres, faite de tolérance et aussi de logique. Dans les phénomènes que nous observons d'abord, mais aussi en nous-mêmes : nos rapports avec nos étudiants, avec nos lecteurs, avec un public de télévision.

JCC – La science aurait-elle de plus en plus besoin de bons acteurs ?

MC – Une certaine science se cache. La science militaire, par nécessité ; et même dans la science ordinaire, civile, les chercheurs aiment le secret.

JA – Si la science veut « communiquer », elle a besoin d'acteurs, de bons acteurs. Et la communication, c'est un métier. A la fin de certaines conférences, je sens bien que l'essentiel n'est pas passé. Le public reste sur sa faim, et moi aussi. Pourquoi ? Je ne sais pas. J'ai souvent envie de recommencer. Ce qui compte, c'est sans doute l'élan, la chaleur et un certain oubli de soi.

MC – Alors que certains esprits resserrés, c'est bien connu, n'ont que le désir de prouver aux autres qu'ils ont tort.

JCC – Je me demande assez souvent si une certaine obscurité n'est pas une voie de la connaissance. Nous avons trop cru à la clarté et la phrase de Rivarol nous a trop facilement aveuglés. Pourquoi la clarté serait-elle nécessaire ? Ni le monde ni notre cerveau ne sont clairs.

JA – Elle est une façon de parler, d'avancer.

JCC – L'obscurité aussi ; celle des pythies, des oracles, des poètes énigmatiques. Les poètes mystiques parlent quelquefois d'un « nuage d'inconnaissance », qu'il leur faut traverser pour atteindre la lumière suprême. Car il y a de fausses lumières, un peu partout. L'audace métaphorique de Michel par exemple, quand il tente d'aller là où la clarté des autres renonce à s'aventurer, de peur de se perdre. Quand il parle de la « nostalgie » de la lumière il me semble entrevoir ce qu'il veut nous faire entendre [1].

JA – Qu'entrevois-tu, Michel ?

MC – Je ne peux pas le dire clairement, puisque je ne fais que l'entrevoir. Les étoiles déversent dans l'espace des tonnes et des tonnes de vie future. Elles ne savent pas ce qu'elles font, et je ne trouve pas cette inconscience particulièrement joyeuse.

JA – J'ai une réaction différente. Comme Hubert Reeves, je suis tenté de voir dans l'univers quelque chose de jubilatoire. Une étoile est barbare mais elle enfante Mozart.

JCC – Cette absence de conscience, ou de pensée, que vous prêtez aux corps stellaires, est-elle certaine ?

JA – La pensée est en nous. Nous n'avons pour l'instant aucune preuve qu'elle soit ailleurs. Et nous ne savons pas la définir strictement.

MC – Amoureux du cercle, tu raisonnes en cercle.

JA – Pour nous, une pensée suppose toujours une société, une culture et surtout la conscience du temps, comme nous le disions. Ce qui nous est à jamais inconcevable – sauf par les procédés anthropomorphiques de la science-fiction, qui nous ramène toujours à nous-mêmes, c'est d'ailleurs son but – ce que nous pouvons difficilement imaginer, c'est par exemple la

1. Michel Cassé, *Nostalgie de la Lumière*, Belfond, coll. « Belfond/Sciences ».

pensée d'un nuage stellaire, encore que Fred Hoyle s'y soit exercé avec humour dans un livre de science-fiction [1].

JCC – Notons une fois de plus au passage la limitation de notre langage. Car si les nuages stellaires exerçaient une pensée, sans doute lui donneraient-ils un autre nom. A supposer même qu'ils éprouvent le besoin, si obstinément humain, de la nommer.

MC – Les protons communiquent à leur manière. Ils se heurtent.

JA – Comme les galaxies, qui se déchirent.

MC – Et les galaxies échangent aussi des phrases de lumière. Elles brillent.

JCC – Nous voici revenus à la lumière, qui nous accompagne avec constance dans notre voyage vers l'invisible. Je vous propose une autre pause, avant de nous attaquer à plus difficile. Et puisque nous avons parlé de Valéry, laissons-lui la parole un instant. Dans un dialogue assez peu connu de *L'Âme et la danse*, définissant la vérité et le mensonge comme les deux remèdes de l'âme, il fait dire à Socrate : *Ne sont-ils pas entre eux comme la veille et le sommeil ? Ne cherches-tu pas le réveil et la netteté de la lumière, quand un mauvais rêve te travaille ?... Mais en revanche, n'est-ce point au sommeil et aux songes, que nous demandons de dissoudre les ennuis, et de suspendre les peines qui nous poursuivent dans le monde du jour ? Et donc, nous fuyons de l'un dans l'autre, invoquant le jour au milieu de la nuit ; implorant, au contraire, les ténèbres, pendant que nous avons la lumière ; anxieux de savoir, trop heureux d'ignorer, nous cherchons dans ce qui est, un remède à ce qui n'est pas ; et dans ce qui n'est pas, un soulagement à ce qui est. Tantôt le réel, tantôt l'illusion nous recueille ; et l'âme, en définitive, n'a point d'autres ressources que le vrai, qui est son arme – et le mensonge, son armure.*

---

1. Fred Hoyle, *The Black Cloud*, Penguin Books.

## 2

# IL N'ÉTAIT QU'UNE FOIS

*Le début d'une longue histoire*

MC – Je crois le moment venu, pour Jean, de nous raconter l'émergence de l'univers.

JA – Le moment d'appuyer sur le bouton.

JCC – Autrement dit, nous voici enfin au commencement.

MC – Il faut bien y venir.

JCC – Je constate une chose. C'est fou le nombre de gens qui racontent l'origine de l'univers. Dès qu'un scientifique prend la plume, c'est pour raconter le Big Bang.

MC – Ça tient à quoi, à ton avis ?

JCC – Au fait que l'univers est à la mode ?

MC – Ce n'est pas une réponse. L'univers est toujours à la mode, sauf en période de famine, de guerre ou de menaces d'apocalypse.

JCC – On s'intéresse en effet assez peu à l'univers physique dans les terres désolées de l'Éthiopie, ou dans les camps du Bangladesh. En ce sens, l'univers est un luxe, que seuls certains pays peuvent s'offrir. Mais pourquoi, dans ces pays-là, raconte-t-on si souvent, en ce moment, l'origine de l'univers ? Serait-ce parce que nous ne la connaissons pas encore ? Si nous la connaissions, il suffirait de la raconter une seule fois.

MC – Tu as peut-être raison. Nous la racontons souvent parce que nous ne la connaissons pas vraiment. Cette origine n'est qu'une tentation de l'esprit.

JA – Un mirage irrésistible, un moment dans un temps qui n'existe pas encore. Que serait un endroit dans un espace inexistant ?

MC – Nous te souhaitons très bon courage, voyageur [1].

JCC – Pour fleurir son départ, je lui propose un viatique. C'est une phrase des *Fragments* d'Héraclite, dans la traduction nouvelle d'un tout jeune homme, encore un lycéen, Frédéric Roussille [2]: *Parmi les choses répandues au hasard, la plus belle : le Cosmos.*

MC – Le mot fatidique était déjà là : hasard.

JCC – Pour ne pas effrayer d'éventuels compagnons de route par la menace d'un exposé académique, je propose que nous le prenions, là encore, comme un exercice. Il ne s'agit pas de faire un cours, ni de traiter un après l'autre différents sujets scientifiques. Au contraire. Nous prenons l'univers comme un exemple.

MC – Un exemple de taille.

JCC – Et je me permettrai d'arrêter Jean chaque fois que je ne comprendrai pas. Voyons jusqu'où nous pouvons aller avant que je sois perdu – et avec moi beaucoup d'autres.

JA – Très bien. Jouons le jeu.

JCC – Sans équation et sans croquis. Sans la moindre montée au tableau noir !

MC – C'est presque impossible

JCC – Non. Je parie que c'est possible. Commençons : il s'agit donc de l'origine de tout et par conséquent de nous-mêmes.

JA – En effet. Alors que les archéologues et paléontologues ne s'intéressent à l'histoire de l'humanité que sur une période de trois à cinq millions d'années, les astrophysiciens étudient des phénomènes qui se sont déroulés il y a quinze milliards d'années – naissance de l'univers dans son ensemble – ou quatre milliards et demi d'années – naissance de notre système solaire.

JCC – Il semble raisonnable de commencer, mais je sup-

---

1. Jean Audouze, *Aujourd'hui l'univers*, Belfond, coll. « Belfond-Sciences ».
2. Éditions Findakly.

pose que c'est loin d'être simple, par l'origine de l'univers dans son ensemble.

MC – C'est d'autant moins simple que notre destin est scellé dans la première seconde.

JCC – Je croyais qu'on ne pouvait pas parler d'une « première » seconde, puisque le temps n'existe pas encore.

MC – Il s'agit d'un repère conventionnel. Nous y reviendrons. Le temps zéro est un véritable abus de langage. Mais nous ne devons pas frapper d'inexistence les choses que nous ne pouvons pas concevoir, et dont nous ne pouvons pas parler.

JA – Étudier l'univers dans son ensemble, c'est une gageure prométhéenne. L'immensité de l'univers nous écrase, dépasse nos possibilités de description. Son existence précède très largement la nôtre et à plus forte raison l'émergence de la science. Et pourtant, non sans arrogance, nous nous donnons le droit de traiter l'univers, et même de le décrire comme un échantillon de laboratoire.

JCC – Dans une observation, ou une expérience scientifique ordinaire, le sujet qu'on étudie est distinct de l'observateur.

MC – Ce que tu dis n'est vrai que dans le cadre étroit de la physique classique. La mécanique quantique nous apprend, et nous y reviendrons, que l'observateur-manipulateur agit inévitablement sur l'objet de son étude.

JA – Cette affirmation a révolutionné la première partie du vingtième siècle, et plus généralement l'ensemble de la science. Quant à l'étude de l'univers, qui nous semble aujourd'hui inévitable (adieu Bacon !), il est évident que nous ne pouvons pas nous séparer de notre objet d'étude. Comment se situer *hors de l'univers* pour l'observer ? Nous sommes en lui, intimement soudés par des liens plus subtils qu'on ne peut sans doute le dire. Et quand nous racontons son histoire, par la force des choses, c'est aussi de la nôtre qu'il s'agit.

JCC – Le plus clairement possible : où en est-on, depuis que nous vivons et travaillons ensemble, où en sont les recherches sur les premiers événements ?

*Les premiers indices*

JA – Il n'y a rien de nouveau dans le ciel. L'astronome n'est pas un inventeur, c'est un détective [1]. A partir d'indices très fragiles, il tente de reconstituer non seulement l'image de l'univers, mais surtout son histoire. Les qualificatifs qui conviennent le mieux pour décrire nos activités sont *archéologue, paléontologue, alchimiste, devin.* Archéologue et paléontologue, l'astrophysicien reconstruit l'histoire de l'univers grâce à quelques indices comme la fuite des galaxies les unes par rapport aux autres. Alchimiste, il explique les transmutations des différents éléments chimiques à l'intérieur des étoiles. Devin, il prédit le futur d'une étoile, comme le Soleil, ou celui d'une galaxie, parfois même le destin glacé ou impétueux de l'univers son ensemble. Il y a à la fois de l'humilité et de l'orgueil dans sa démarche.

JCC – Commençons par les indices. C'est l'usage.

JA – Ils sont très peu nombreux. Il s'agit :

1. De l'expansion de l'univers, qui se traduit par la fuite des galaxies les unes par rapport aux autres et plus prosaïquement par le noir du ciel la nuit.

2. De la découverte d'un rayonnement électromagnétique fossile dont le maximum de puissance se manifeste sous la forme d'une onde-radio et qui serait le cri d'accouchement du monde (émis un million d'années environ après sa naissance !). Ce rayonnement emplit tout l'univers observable.

3. De la formation des éléments chimiques les plus légers, le deutérium qui est le frère de l'hydrogène, et l'hélium.

4. De la formation des grandes structures, galaxies et amas de galaxies.

5. De l'absence apparente d'antimatière dans l'univers observé.

6. De la prépondérance de la lumière sur la matière. (Il y a, dans chaque centimètre cube de l'univers, trois milliards de fois plus de particules de lumière, de photons, que de particules de matière ordinaire.)

---

1. Voir *Enquête sur l'univers* de J. Audouze et J.-P. Chièze, Nathan.

7. Enfin de notre propre existence, qui a inspiré à certains cosmologistes des réflexions improprement désignées par l'expression de « principe anthropique ».

JCC – Voilà un bon début de rapport. Certains éléments paraissent très simples, comme le noir du ciel nocturne. D'autres me semblent compliqués comme le rayonnement fossile et le mystérieux principe anthropique. Comment reconstruire l'histoire du monde à partir de faits aussi disparates ?

MC – En procédant comme un paléontologue, qui reconstruit un dinosaure avec trois dents, un bout de vertèbre et un os carpien.

### *Preuves de l'expansion*

JA – Revenons sur chacun de ces faits pour les rendre aussi clairs que possible. Commençons par l'expansion de l'univers. La fuite des galaxies les unes par rapport aux autres a été mise en évidence en 1925 par l'astronome américain Edwin Hubble. Il a montré que les galaxies (assemblage de plus d'une centaine de milliards d'étoiles, pour certaines, et donc de taille comparable à notre propre Voie lactée) avaient une vitesse de fuite proportionnelle à leur distance.

MC – Pour le démontrer, Hubble s'est servi du fameux effet Doppler, qui rend le bruit des voitures plus aigu quand elles s'approchent, et plus grave quand elles s'éloignent. Par un effet comparable – mais cette fois dans le domaine de la lumière – les galaxies qui s'écartent de nous paraissent plus rouges qu'elles ne le sont, et leur vitesse de fuite est d'autant plus grande que les galaxies sont loin de nous.

JCC – Mais comment établir une proportion entre la vitesse d'échappement des galaxies et la distance qui les sépare ?

JA – C'est un des sujets les plus brûlants de la cosmologie observationnelle. Deux groupes s'affrontent depuis de nombreuses années : les uns trouvent une vitesse relative deux fois plus grande que les autres. « L'âge de l'univers », déterminé en faisant fonctionner à l'envers la caméra qui enregistre le mouvement d'expansion de l'univers, leur apparaît deux fois plus court. Pour les tenants de la première école (forte vitesse), l'âge de l'univers serait de l'ordre de dix milliards d'années, alors qu'il est de vingt milliards d'années pour les autres [1].

JCC – Tu parles d'une caméra qui fonctionnerait à l'envers. Mais comment visualiser ce mouvement ? Copernic a détrôné notre anthropomorphisme, la Terre n'est plus au centre du monde, beaucoup de gens commencent à le savoir. Cette caméra imaginaire dont tu parles, qui doit faire rebrousser chemin aux galaxies pour les rassembler en un point, comme dans un film prodigieusement accéléré, où la placer ? Ne sommes-nous pas obligés de la mettre dans notre propre galaxie, dans la Voie lactée ? N'y a-t-il pas là un risque nouveau d'anthropomorphisme ?

JA – Si. Il y a un risque à utiliser cette image. Nous en choisissons quelquefois une autre, celle d'une baudruche qu'on gonfle. Chaque galaxie constituerait un point sur l'enveloppe de la baudruche. Ainsi, au fur et à mesure que la baudruche-univers gonfle, chaque galaxie s'éloigne de ses voisines.

JCC – Les galaxies s'éloignent. L'univers est donc en expansion. Mais quel rapport avec le noir du ciel nocturne ?

## *Pourquoi le ciel est noir*

MC – L'observation enfantine que le ciel est noir après le coucher du Soleil a de profondes résonances cosmologiques.

JA – En effet, imaginons que l'univers soit infini et qu'il obéisse, comme on l'a cru pendant longtemps, à la géométrie d'Euclide, que les parallèles restent parallèles aussi loin que notre pensée nous porte. Supposons en outre qu'il soit unifor-

---

1. Le débat reste vif, nous en parlons dans *Regards sur le visible*. Certains journalistes, influencés par les tenants de l'âge court, vont jusqu'à écrire que les mesures qui conduisent à des âges moindres que celui des plus vieilles étoiles, mettraient en péril le scénario du Big Bang. Pour Jean Audouze, ces difficultés ne sont vraisemblablement qu'apparentes.

mément rempli d'étoiles identiques : le nombre d'étoiles serait infini et le ciel serait uniformément brillant et brûlant. Il ne serait qu'une immense broderie de lumière.

JCC – Le ciel, en quelque sorte, serait l'enfer.

MC – Précisément. Partout où se poserait le regard il serait ébloui par une étoile.

JCC – Or, la nuit est noire.

JA – Si on imagine que l'univers est euclidien, qu'il est infini dans l'espace et éternel dans le temps, qu'il y a des étoiles partout (de plus en plus faibles à nos yeux mais de plus en plus nombreuses), il n'a aucune raison d'être noir. Le ciel serait, la nuit, aussi brillant que le soleil. Kepler le premier, dès 1610, puis Halley, et plus tard le Suisse de Chézeaux, réfléchirent sur cet apparent paradoxe, auquel s'est attaché le nom de l'Allemand Olbers, qui le fit connaître à un large public. Pour sortir de ce paradoxe, il fallait renoncer à l'infini de l'espace, imaginer à l'univers une limite et, par-delà, un inconnaissable néant. Admettre cette limite, depuis les Grecs, était impossible à la raison, pour un très grand nombre d'esprits.

MC – Ce fut un poète qui vint à bout de ce paradoxe, Edgar Poe, dans *Eureka* qu'il publia en 1848, deux ans avant sa mort. Voici ce texte, qu'un autre Américain, l'astrophysicien E. Harrison, exhuma : « *Si la succession des étoiles était sans limite, le fond du ciel se présenterait à nous avec une luminosité uniforme, comme celle que manifeste la galaxie, puisqu'il ne pourrait y avoir strictement aucun point dans tout ce fond, où n'existerait pas d'étoile. La seule façon, par conséquent, dans cet état de choses, d'appréhender les vides que nos télescopes découvrent dans d'innombrables directions, serait de supposer que la distance de l'arrière-fond invisible est si immense qu'aucun rayon de lumière, de cette provenance, n'a encore pu nous atteindre.* »

JCC – Implicitement, Edgar Poe reconnaît donc que, si l'univers est infini, le noir de la nuit est inséparable d'un univers créé et daté.

JA – Oui, puisque cette lumière lointaine, dit-il, n'a pas encore eu le temps de nous atteindre. Si l'univers était éternel, la lumière aurait évidemment eu tout le temps.

JCC – A condition que les étoiles soient immortelles.

JA – Ce qui n'est pas le cas, nous le savons, puisque nous en voyons mourir.

MC – Une frontière temporelle est donc équivalente à une frontière spatiale. Les religions révélées qui, comme le judaïsme et le christianisme, ont affirmé la non-éternité de l'univers, ont admis ou proclamé un début, une création. Du même coup, elles ont créé la nuit.

JCC – Dieu commence par séparer l'ombre de la lumière.

MC – Mais il ne nous dit pas encore pourquoi.

JA – L'astrophysicien américain Edward Harrison démontra que deux conséquences du Big Bang se conjuguent pour lever définitivement ce paradoxe.

MC – Il s'agit de l'expansion de l'univers et de l'âge qu'on en déduit. Ces deux effets assombrissent le ciel.

JCC – Comment cela ?

JA – Écoute bien, c'est difficile à saisir comme toutes les choses très simples. L'observation attentive du ciel, et plus particulièrement la mesure de la vitesse à laquelle les galaxies s'écartent les unes des autres, autrement dit l'étude de l'expansion de l'univers, nous amène à donner à cet univers un âge qui est, en général, de l'ordre de quinze milliards d'années.

MC – Ce chiffre peut varier, selon les modèles d'univers, mais que l'âge de l'univers soit de dix, quinze ou vingt milliards d'années, cela ne change rien : l'univers, tel que nous le voyons, a émergé à un certain moment de notre connaissance. Il a donc un âge.

JA – Choisissons le chiffre moyen, quinze milliards d'années. Nous pouvons donc dire que nous voyons aujourd'hui les étoiles situées à quinze milliards d'années-lumière de nous ; ou à des distances moindres, bien entendu.

MC – S'il y a des étoiles au-delà de cette distance fabuleuse, leur lumière n'a pas encore « eu le temps » de nous parvenir. Et voilà pourquoi le ciel est noir.

JCC – On transforme le temps en espace ?

MC – Exactement. Nous voyons toutes les étoiles situées dans un « rayon » de quinze milliards d'années-lumière. S'il y en a d'autres, si l'univers est infini, nous ne les voyons pas encore.

MC – Si par ailleurs l'univers est limité, il n'y a donc pas d'étoiles au-delà d'une certaine distance, et le noir, dans ce cas, s'explique aisément. En revanche, si l'univers est infini, il lui faut une limite temporelle, un âge, un début, pour expliquer le noir de la nuit. Dans chacune des deux hypothèses, il faut une limite.

JA – Autre chose : puisque l'univers se dilate, la lumière des étoiles lointaines est tellement rougie qu'elle passe dans l'infrarouge et sort de la gamme visible. On ne voit plus cette lumière.

MC – Mais le ciel, dans cet invisible-là, n'est pas noir.

JCC – J'ai lu quelque part qu'un Anglais, au dix-neuvième siècle, avait passé la plus grande partie de sa vie à essayer de comprendre la nature fondamentale de la nuit.

JA – Nous pourrions lui dire ceci : si la nuit est noire, c'est soit parce que l'univers n'est pas éternel, soit parce qu'il n'est pas infini. A moins que ce ne soit pour les deux raisons. Il faut en tout cas lui trouver une limite, soit dans l'espace (la cosmologie relativiste, celle de l'espace courbe, admet la possibilité d'un univers fermé), soit dans le temps. Dans cette seconde hypothèse, il faut admettre un commencement. Et c'est de ce « commencement » que nous avons tant de peine à parler.

## *Les bras noirs de Krishna*

JCC – Cette spéculation sur le noir me rappelle une allégorie indienne. On allume une bougie dans l'obscurité. Cette bougie dessine une zone de lumière. L'ombre a reculé, mais elle est toujours là. On allume une deuxième bougie, puis une troisième : à chaque fois, le cercle de lumière s'élargit et l'ombre recule. On allume des milliers, des millions de bougies. Le cercle de lumière devient immense, et l'ombre l'entoure toujours.

MC – On allume alors un soleil ?

JCC – Un soleil, dix soleils, mille soleils, des millions de soleils : la lumière paraît remplir tout l'espace, et pourtant, comme la nuit chaque soir nous le rappelle, l'ombre est toujours là. Les bras noirs de Krishna (le mot *krishna* signifie noir), qui peuvent s'élargir à l'infini, continuent d'enserrer la lumière. L'ombre est autour de la lumière pour toujours. On lit dans Plutarque, dans sa *Vie d'Alexandre,* que celui-ci, au moment où il envahissait l'Inde, confronta des philosophes grecs qui l'accompagnaient à quelques sages indiens, dont la réputation était déjà considérable. Une des questions posées – des plus classiques – fut celle-ci : « Qui apparut le premier, le jour ou la nuit ? » Et la réponse d'un sage indien, profonde et drôle, fut la suivante : « Le jour, mais il n'a précédé la nuit que d'un jour. »

MC – Inséparables, et inéluctables.

JCC – Je vous entends souvent parler de la vitesse de la lumière, et je me demande quelquefois : Quelle est la vitesse de l'obscurité ?

MC – Question inquiétante.

JA – Elle est probablement la même que la vitesse de la lumière. En tout cas, rassure-toi, selon nos calculs, elle ne peut pas être plus grande.

## *Le noir ne suffit pas*

JCC – Reprenons le chemin des origines. Cette expansion de l'univers, qui nous a permis de connaître son âge, suffit-elle à prouver le Big Bang, la brûlante densité originelle ?

JA – Non, ce n'est pas suffisant. D'ailleurs, au cours des années cinquante, trois astrophysiciens, H. Bondi, T. Gold et le célèbre Fred Hoyle, ont lancé une autre hypothèse, celle d'une création continue. Selon cette théorie, la densité de l'univers resterait constante malgré ce mouvement d'expansion, qui dilue la matière.

JCC – Comment la densité resterait-elle constante dans un univers en expansion ?

JA – Il suffit d'imaginer un « petit démon » (ou une divinité) capable de compenser cette dilution par une création de matière *ex nihilo*.

JCC – C'est ça, la création continue ?

JA – C'est ça. Le petit démon compensateur.

JCC – Ces trois astrophysiciens ont-ils inventé cette histoire parce qu'ils ne pouvaient pas accepter le Big Bang, trop proche d'une image de création ?

MC – C'est la raison probable.

JCC – Par refus du grand Dieu, ils en viennent au petit démon ?

MC – Exactement.

JCC – Que d'imagination dans ces scénarios d'hommes de science !

MC – Le mot scénario est effectivement utilisé en cosmologie. Nous ne pouvons remonter le temps que par la pensée. D'où la nécessité d'imaginer.

## *Autour du Big Bang*

JCC – L'idée du Big Bang, d'où vient-elle ?

JA – L'idée de cette phase originelle très chaude et très dense est due à un cosmologiste belge, l'abbé Georges Lemaître, qui interpréta à la fin des années vingt les observations d'un autre cosmologiste, Hubble. L'abbé Lemaître fut rejoint une vingtaine d'années plus tard par George Gamow, Américain d'origine russe, célèbre pour ses livres d'initiation scientifique. S'il y a eu Big Bang, dit Gamow, l'ensemble des éléments chimiques dont la matière est formée – toute la matière du monde – a été synthétisé au cours de cette première phase. Il imagina aussi que si l'univers est né d'un Big Bang très chaud, le monde dans son ensemble (dont nous faisons partie) doit baigner dans un rayonnement radio qui serait comme la relique du vagissement primordial de l'univers. Lorsque celui-ci refroidit au-dessous d'une température de l'ordre de 10 000 kelvins, il cesse d'être ionisé. Par conséquent, il cesse d'être opaque.

JCC – Je t'arrête. Je ne comprends pas.

JA – Je dois donc entrer dans le détail.

JCC – Entrons-y.

JA – L'atome d'hydrogène est le plus simple des atomes. Il est constitué de deux particules, d'un proton et d'un électron. Or, au-dessus d'une certaine température, par exemple autour de 10 000 kelvins, dans la phase originelle, ce proton et cet électron sont dissociés, séparés. Ils voyagent séparément, sans parvenir à se réunir pour former l'hydrogène. On dit que l'hydrogène est ionisé. Tu me suis ?

JCC – Ça peut aller.

JA – Quand la température baisse, en dessous de cette valeur, nous arrivons à ce que nous appelons un moment critique. Dans ce cas précis, à 10 000 kelvins, le proton et l'électron, pourrait-on dire, cessent de s'ignorer. Ils s'associent. L'électron se met à tourner autour du noyau. L'atome d'hydrogène se forme. La matière devient « visible ».

JCC – Et cette opacité, dont tu parlais ?

JA – Dans le premier état, aux très hautes températures, l'univers est opaque.

JCC – Pourquoi ?

MC – Parce que l'électron libre, qui n'est pas encore associé au proton, dévie les photons de la lumière. Quand la température baisse, quand l'électron s'associe au noyau, il laisse passer les photons, il ne retient plus la lumière. L'univers devient transparent et donc observable.

JCC – Une fois de plus, méfions-nous des généralisations, des simplifications. C'est en entrant dans le détail qu'on devient clair.

JA – Je continue ?

JCC – Je t'en prie. Tu parlais du vagissement primordial, qui serait comme une relique de l'origine.

JA – Gamow imagina que le rayonnement électromagnétique émis lors des phases denses et chaudes, au tout « début », s'est dilaté et refroidi comme le reste de l'univers. Ses calculs, dans les années cinquante, l'amenèrent à penser que tout l'univers devait être immergé dans un rayonnement radio correspondant à une température de 8 kelvins. Une quinzaine d'années plus tard, en 1965, deux ingénieurs américains, A. Penzias et R. Wilson, mettaient en évidence ce rayonnement, qui correspondait à une température de 3 kelvins.

JCC – C'est ce qu'on appelle le rayonnement fossile ?

JA – Précisément. Le Big Bang de l'abbé Lemaître se voyait confirmé par l'observation. Du même coup, le scénario statique de Bondi, Gold et Hoyle, reposant sur une création continue, se trouvait anéanti.

JCC – Fini le petit démon ?

JA – Abandonné. De ce point de vue, l'année 1965 marque une vraie révolution cosmologique.

MC – Dans cette histoire, il faut cependant remarquer que Gamow a eu tort sur le premier point : les éléments chimiques n'ont pas tous été formés lors de la première phase. Cette formation s'arrête à l'hélium 4 et au lithium 7. Les autres éléments ont été synthétisés beaucoup plus tard dans le creuset des étoiles. Fred Hoyle, père avec William Fowler de la théorie de la formation des éléments chimiques dans les étoiles, a donc raison sur un point : nous sommes tous poussière d'étoiles. En revanche Hoyle s'est trompé sur la création continue. La découverte du rayonnement radio lui a porté un coup fatal. Gamow et Hoyle restent donc à égalité : 1 partout.

JCC – En vous écoutant, j'ai l'impression que la cosmologie est une sorte d'arène où se mesurent des champions et qu'une partie de leur argumentation semble extérieure à la science.

### *La métaphysique cachée*

MC – Les idées *a priori* métaphysiques dissimulées se retrouvent aussi dans la pensée scientifique.

JCC – Par exemple ?

JA – La théorie du Big Bang reste encore aujourd'hui en partie subjective. Il est assez facile de voir pourquoi certains astrophysiciens, secrètement hantés par le mythe de la création divine, se sont ralliés à cette théorie, car elle n'exclut pas le doigt de Dieu. D'ailleurs elle a été proposée par un cosmologiste qui était aussi un religieux, le père Lemaître. Ces esprits-là ont besoin d'un début.

MC – En revanche, si on nie l'expansion de l'univers, on n'a pas besoin d'un début. C'est probablement à cause de leur athéisme que certains astrophysiciens rejettent le Big Bang, en essayant par tous les moyens de construire une théorie où il n'y aurait pas de mouvement de l'univers, pas d'expansion.

JA – Le Big Bang porte une sorte de signature. Les objets les plus éloignés dans l'espace sont ceux dont la lumière est la plus rougie. Cette rougeur est due à une relation entre leur vitesse et leur distance. Si on dit le contraire, si on dit que cette rougeur n'a rien à voir avec la vitesse et la distance des objets, mais que les photons qui les composent ont une « propriété intrinsèque » qui les fait rougir (propriété qui est un principe supposé, une virtualité, assez proche du petit démon), alors on n'a plus besoin d'expansion ni de création. Et le rêve d'un univers stable, permanent, incréé, vieux rêve où se retrouve un zeste d'athéisme soigneusement caché sous une enveloppe scientifique, adopte une forme nouvelle, un vocabulaire nouveau, mais il est sauvé !

JCC – Une part d'irrationnel se glisse donc encore dans la théorie scientifique ?

JA – A l'évidence. La vérité de référence, à laquelle nous aspirons tous, n'existe pas. Ou plutôt, elle n'existe plus. Elle existe de moins en moins.

MC – Dans les années cinquante, Fred Hoyle fut le grand novateur, un vrai génie. Il a compris que la plupart des éléments chimiques sont formés dans les étoiles. William Fowler, qui a développé et précisé cette idée, et qui en porte aujourd'hui toute la gloire (il fut le seul à recevoir le prix Nobel, que Hoyle méritait lui aussi), a souvent rendu hommage à Hoyle. Mais l'athéisme fondamental de Hoyle lui interdit d'accepter l'idée d'un univers en expansion et d'un commencement du monde.

JA – Il est resté l'homme du cosmos incréé, de la théorie de la « création permanente », théorie qui fut mise à bas par la découverte du rayonnement fossile.

JCC – A-t-on d'autres exemples au vingtième siècle d'entêtement scientifique reposant sur des préjugés philosophiques ou religieux ?

JA – On en connaît bien d'autres.

JCC – N'oublions pas la phrase de Bergson, selon qui l'univers est une machine à faire des dieux.

MC – L'attitude d'Einstein offre sans doute l'exemple le plus célèbre. Ayant sous les yeux la solution des équations qui lui indiquait que l'univers n'était pas statique, qu'il était en expansion ou en contraction, sa première réaction fut de refuser cette indication. Il affirmait lui aussi avec obstination que l'univers est stable alors que *sa propre théorie* lui disait le contraire. C'est un Russe, Friedmann, qui dès 1922, sur la base des mêmes équations, fit la démonstration que l'univers allait se dilatant ou se contractant. Le père Lemaître pour sa part y vit l'origine du monde, l'« œuf originel » d'une densité prodigieuse ou l'« atome primordial ». Mais Einstein fit la grimace.

JCC – Son attitude à l'égard de la mécanique quantique et sa longue polémique avec Niels Bohr s'expliquent aussi par des raisons personnelles et secrètes ?

MC – Sans doute.

JCC – Le fameux « Dieu ne joue pas aux dés », était-ce une boutade ?

MC – On ne le saura jamais. Mais cette phrase exprimait de toute évidence un très impérieux besoin d'ordre.

JA – La cosmologie ne peut venir au secours d'aucune pensée religieuse ou philosophique, et je souris de voir que c'est dans les domaines où la science a le plus de mal à rassembler des faits pertinents que les passions les plus fortes se lèvent et en viennent à déformer le discours des scientifiques. C'est là aussi que la recherche de la reconnaissance des pairs, voire d'un plus large public, est exacerbée.

JCC – Par exemple ?

JA – Lors d'un de mes séjours à Cambridge, j'étais invité à un dîner en même temps que Jo Weber, un physicien expérimentateur américain qui a passé de nombreuses années à tenter de détecter les ondes gravitationnelles émises par les astres très denses (trous noirs stellaires, étoiles à neutrons...). Il me dit sur un ton mi-plaisant mi-sérieux, où j'ai senti une certaine déception : « Étudiant, j'avais comme directeur de thèse George Gamow et je continue à lui en vouloir de ne pas m'avoir proposé comme sujet la recherche de la signature du rayonnement fossile. » C'est en effet par hasard que Penzias et Wilson découvrirent ce rayonnement. Ils étaient en train de mettre au point une nouvelle antenne et ils furent gênés par un énorme bruit parasite.

JCC – Un hasard, vraiment ?

JA – Le hasard tint à la proximité de leur laboratoire avec l'université de Princeton, où travaillaient les astrophysiciens R. Dicke, D. Wilkinson et P. J. E. Peebles, qui avaient eu vent de l'idée de Gamow, et qui firent le rapprochement avec le bruit qui affectait l'antenne de leurs voisins. Dès que cette découverte fut comprise par la communauté scientifique, il n'y eut plus de doute : l'univers avait nécessairement dû passer par une phase chaude (au moins 10 000 kelvins). Le Big Bang, qui était soutenu uniquement par Lemaître et Gamow, devenait alors en 1965 *la* théorie cosmologique. Vingt-cinq ans plus tard, cette théorie reste encore ce que les scientifiques ont trouvé de mieux pour décrire le « début » du monde. Et Jo Weber garde la rancœur d'être passé « par hasard » à côté de cette grande découverte.

JCC – Je demande une petite pause pour résumer ce que je crois avoir compris. La thèse du Big Bang, qui affirme que l'univers a été très chaud et très dense il y a quinze à vingt milliards d'années, est actuellement le meilleur scénario possible. Elle repose sur deux faits apparemment irréfutables, *l'expansion de l'univers,* que renforce la découverte de ce *rayonnement radio,* qu'on interprète comme la signature d'une émission de lumière intense, qui serait devenue radio par un refroidissement, dû précisément à cette expansion.

JA – Bien.

JCC – J'espère que mon langage, à votre contact, n'est pas en train de devenir obscur.

MC – Une petite précision technique : dans chaque centimètre cube de l'univers observable, il y a quatre cents grains de lumière, quatre cents photons qui constituent ce rayonnement fossile. Par comparaison, en moyenne, il n'y aurait qu'un proton dans dix mètres cubes d'univers, en tenant compte des régions intergalactiques.

JCC – C'est le quasi-vide ?

MC – L'univers actuel est d'une densité infime.

## *Le rasoir d'Occam et autres méthodes*

JA – Poursuivons notre exploration prudente des premiers instants. L'univers a donc connu une phase dense et chaude. Gamow a eu tort en ce qui concerne la formation des éléments les plus lourds (depuis le carbone, élément qui conditionne notre vie, jusqu'à l'uranium, élément qui pourrait présider à notre disparition), lesquels se sont formés dans les étoiles. En revanche, les éléments chimiques les plus légers (le deutérium, l'hélium et l'isotope de masse 7 du lithium) se sont certainement formés au cours des premiers instants de l'univers.

JCC – Parlons précisément des premiers instants.

MC – Le physicien Weinberg a utilisé la jolie formule des *trois premières minutes de l'univers,* qui a servi de titre à son livre [1]. Selon ce titre légèrement fallacieux, il existerait un temps zéro à partir duquel on compterait les minutes. Il faut, répétons-le, considérer ce temps zéro comme une convention, un fantôme utile.

JCC – Comme le zéro du thermomètre ?

MC – En deçà de ce « zéro », l'univers n'est pas intelligible.

JA – Disons qu'une centaine de secondes, environ, après ce début conventionnel, après ce que nous appelons le « début » (qui n'est rien d'autre qu'un instant singulier, non situé, mystérieux), l'univers a connu une température à la fois suffisamment faible et suffisamment forte pour que les éléments les plus légers (deutérium, hélium et lithium) puissent être forgés.

MC – La première seconde est le règne de la physique très

1. Le Seuil.

spéculative, échevelée. Dans les trois premières minutes, c'est déjà la physique nucléaire qui est en place. Les noyaux d'atomes les plus simples sont formés.

JCC – Vous donnez l'impression de vivre, vous et vos collègues, une époque assez fabuleuse. Vous disposez d'instruments de plus en plus puissants, de télescopes sur orbite. Seriez-vous en train de pousser la porte du grand mystère ?

MC – A supposer qu'il y ait un grand mystère ; que l'univers soit une énigme à déchiffrer, avec une clé, une solution.

JCC – Un sphinx ?

MC – Nous ne l'avons pas rencontré.

JA – Il est vrai que, de plus en plus, nous nous approchons de phénomènes qu'on croyait inabordables dans le passé. Cela étant, même si certaines portes s'entrouvrent, elles conduisent le plus souvent à des couloirs fermés, et à d'autres portes.

JCC – Revenons au tout début. J'ai l'impression qu'il faut un temps fou pour raconter ces premières secondes.

JA – Il faut d'abord rappeler les règles du jeu et le fameux « rasoir d'Occam ». Cet ecclésiastique anglais du Moyen Age a inventé l'image du « rasoir de la simplicité ». Entre deux hypothèses également plausibles, mais de complexité différente, le scientifique choisit nécessairement la plus simple, aussi longtemps qu'elle n'est pas contredite par l'observation ou l'expérience.

MC – Apparente schématisation de l'esprit, qui n'interdit pas à l'imagination scientifique d'être féconde, tout au contraire. La méthode du rasoir d'Occam, au fait, pourrait-on la transporter dans le territoire artistique ?

JCC – Elle y ferait des ravages. En fait, l'artiste, je crois, essaie de ne s'imposer aucune règle, aucune méthode de ce genre. Assez souvent, rasoir en main, il choisirait la complexité, l'obscurité. Dali déclarait volontiers que s'il est une chose qu'il déteste ou qu'il fuit, en tous lieux, en toutes circonstances, c'est la simplicité. D'ailleurs les esprits simples se trompent toujours, vous le savez bien. Et pour une raison toute bête, c'est que le monde est compliqué. La simplicité elle-même est très compliquée. Dans les discussions de tous les jours ou dans la vie politique élémentaire (ce qu'elle est presque toujours), c'est la méthode du « Y'a qu'à » qui illustre aujourd'hui l'usage du rasoir d'Occam. Y'a qu'à faire ceci, y'a qu'à interdire cela... Les résultats, vous les connaissez. Imaginez les mêmes simplifications dans le territoire esthétique, quelle épouvante !

MC – Même dans l'art dramatique ?

JCC – Ah, peut-être... Oui, il vaut mieux, souvent, choisir la voie la plus simple, pour dénouer une situation, par exemple. On peut même trancher le nœud gordien. Molière le fait souvent, avec une surprenante désinvolture. Si la complexité des personnages n'a plus rien à perdre, une action claire et forte (et par là même fausse) est souvent préférable à de longs tunnels ambigus. Au cinéma, surtout.

MC – Nous parlons de « scénarios », en cosmologie. Tu commences à comprendre pourquoi.

JA – Pour la recherche de l'action claire et forte.

JCC – Un homme qui a travaillé avec Niels Bohr m'a raconté cette anecdote : un jour, Bohr reçoit des journalistes pour leur faire une importante communication scientifique. Il est avec son fils, physicien comme lui, qui prend part aux entretiens. Venus pour quelques heures, les journalistes restent finalement toute la journée. On s'arrange pour les faire dormir. Le lendemain matin, la discussion reprend. Niels Bohr demande à son fils de leur rappeler, en une quinzaine de minutes, les thèmes traités la veille. Le fils (lui-même futur prix Nobel) s'exécute. Bohr l'écoute attentivement. A la fin, il lui dit : « Court, clair... et faux. »

MC – Un exposé exact devrait-il être long et confus ?

JA – Peut-être, au fond.

JCC – La longue phrase-scalpel de Marcel Proust semble vouloir se glisser, comme un serpent articulé, jusque dans les derniers méandres de nos émotions, de nos réflexions, de nos décisions. En même temps, il se rend compte des limites de cette « recherche ».

MC – C'est le mot qu'il emploie, lui aussi.

JCC – Aussi parle-t-il sans cesse d'une œuvre à faire, qui n'est pas celle qu'il est en train d'écrire, une œuvre rêvée, dont l'auteur serait élevé au rang des bienheureux. Il sent bien (et il le dit) qu'il lui faut renoncer à certains détours du labyrinthe. Sinon, il s'y perdrait, et nous perdrait avec lui.

JA – Ce serait dommage.

JCC – Revenons à ces premières secondes, dont nous avons du mal à décoller, décidément. Serait-ce que nous nous y trouvons bien ? Essayez de me dire maintenant les règles du grand jeu et apprenez-moi à jouer.

JA – Fondamentalement, ce sont des règles simples. Mais elles conduisent à un formalisme mathématique malheureusement très austère.

JCC – Essaie de me l'épargner.

*Les règles du grand jeu*

JA – N'en parlons plus. Voici la règle numéro 1 : on suppose, à la suite de Copernic, qu'il n'y a pas d'endroit privilégié dans l'univers. L'espace possède les mêmes propriétés en toutes directions et en tous points.

JCC – Pas de centre, pas de haut, pas de bas ?

JA – Exactement.

JCC – C'est une règle sans exception ?

JA – Oui, à très grande échelle, mais cette règle connaît une exception, encore difficile à comprendre, à l'échelle des amas de galaxies et qui concerne l'existence de grands trous, ou de grands vides, dans certaines directions. Nous y reviendrons.

JCC – Et la deuxième règle ?

JA – La voici : on suppose que les lois de la physique et de la chimie, qui proviennent de l'expérience et des théories qui la prolongent, s'appliquent en tout lieu et – sauf au tout début – en tout temps. Ces mêmes lois ont donc présidé à l'accouchement difficile de notre monde. En particulier, la théorie de la relativité d'Einstein et nos connaissances de physique des particules s'appliquent aux premiers instants, et la théorie de la relativité fixe la façon dont l'univers se dilate.

*Apprentissage de la modestie*

JCC – Tu dis que l'univers n'a pas de point privilégié, ce qui doit nous inciter à une grande modestie, et que d'autre part il se dilate. Est-ce que ce mouvement de dilatation va se poursuivre ? Ou au contraire, l'univers va-t-il s'embraser à nouveau dans une contraction future ?

JA – Tu mets le doigt sur une affirmation essentielle en cosmologie : le futur de l'univers est inscrit dans son passé. Il apparaît que, s'il n'existe pas d'autre forme de matière que celle dont nous sommes formés, l'univers doit se dilater sans espoir (ou sans crainte) d'une contraction future. Il semble aujourd'hui nécessaire, pour que cette contraction soit possible, qu'il existe d'autres formes de matière.

JCC – Tu dis bien : d'autres formes de matière ?

JA – Oui, des formes non nucléaires, différentes de notre substance, des formes « pesantes » cependant, qui affecteraient la dynamique de l'univers.

JCC – C'est possible ?

JA – C'est même probable.

MC – L'astrophysique est une longue lutte contre l'anthropomorphisme. Depuis Copernic, qui a mis fin au géocentrisme, à la certitude ancienne que la Terre se trouvait au centre d'un monde géométriquement ordonné autour d'elle, l'orgueil de l'homme, qui s'était tout naturellement placé sur un trône cosmique, n'a cessé de subir des coups furieux. Le Soleil lui-même a été détrôné vers 1914.

JCC – Si tard que ça ?

MC – Oui, ce n'est qu'au début de notre siècle que le Soleil est devenu une étoile banale, parmi tant d'autres. Et ce n'est pas tout. On a découvert dans l'univers des particules nouvelles, comme le neutrino, qui ne font pas partie des constituants de notre matière. Des étrangers, en quelque sorte, des « aliens », qui ne font que passer.

JA – Autrement dit, notre substance, ces protons, ces neutrons dont nous étions si fiers, ne sont peut-être pas la matière reine que nous pensions, omniprésente et inégalable.

MC – Notre matière nucléaire – la nôtre et celle des étoiles – est vraisemblablement entourée et pénétrée par d'autres formes de matière exotique, massives et invisibles.

JCC – Nous serions donc formés, nous et les étoiles, d'une forme de matière relativement peu abondante ?

JA – Devons-nous le regretter ?

MC – Ou au contraire nous en montrer fiers ?

JA – Ces questions n'ont aucun sens pour nous.

JCC – Je suis donc composé d'une matière rare qui me permet de voir, de marcher, de vivre, sans doute même de penser : comment m'interroger sur une *autre* matière ?

MC – Voici une impossibilité qui doit en tout cas nous rendre modestes.

JA – Modestes devant l'invisible.

JCC – Sans oublier que la modestie elle-même peut être un sujet de contentement. Le supérieur d'un couvent espagnol disait, au dix-septième siècle : « Moi, pour l'humilité, je ne crains personne. »

JA – Nous n'en sommes pas là. Nous ne sommes pas aussi modestes.

JCC – Pour cet orgueil constamment rabaissé, quel sera le prochain coup ?

MC – Tous nos raisonnements soudain frappés d'absurdité, qui sait ?

JCC – Dépêchons-nous donc de parler.

### *Les cinq âges de l'univers*

JA – Arbitrairement, et en utilisant une phraséologie conventionnelle, on peut distinguer cinq périodes dans l'histoire de l'univers observable. *La première seconde,* d'abord, liée à la physique des particules élémentaires comme les quarks, tout un bestiaire de plus en plus complexe. Ensuite, *les trois premières minutes,* à l'issue desquelles les éléments les plus légers sont formés.

JCC – L'hélium, le lithium 7...

JA –... et le deutérium, le gros frère de l'hydrogène.

Ensuite, nous changeons d'échelle temporelle. Le troisième âge de l'univers, c'est *le premier million d'années.* Un million d'années opaques, où la matière se cherche dans la brume lumineuse. C'est ce que certains gourmets appellent « le potage originel ». Peu à peu la lumière l'emporte et l'opaque devient transparent. La température s'abaisse jusqu'à 10 000 kelvins. Se produit alors la *recombinaison* de l'hydrogène, dont nous avons déjà parlé. Ce million d'années se termine par un cri de lumière qui retentira longtemps après dans nos radio-télescopes. C'est à ce moment-là que l'univers, désormais transparent, nous devient observable. A partir de l'émission de ce cri.

MC – Le visible vire, au fil de l'expansion, à l'infrarouge, puis au rayonnement radio.

JCC – Le quatrième âge, c'est le nôtre ?

JA – Oui, c'est *l'ère stellaire,* où nous nous trouvons.

JCC – Quel âge a l'univers, à votre avis ?

JA – Quinze milliards d'années, pense-t-on généralement. C'est un âge encore imprécis, mais l'ordre de grandeur doit être correct. Rappelons au passage que l'âge du système solaire est de 4,6 milliards d'années. Pendant les cinq milliards d'années à venir, le Soleil et son cortège planétaire ne devraient pas subir de modifications importantes.

MC – A moins que l'homme ne se laisse emporter par une intense folie destructrice.

JCC – Le cinquième âge, c'est le futur ?

JA – Oui, c'est *l'avenir de l'univers,* sur lequel nous n'avons que des idées vagues. Brûlant ou glacé ? On ne sait pas.

MC – On hésite entre la mort du proton et l'éternel retour.

JA – Dans ce domaine, tout est spéculation.

JCC – Comme toujours, quand il s'agit de l'avenir. Mais ce qu'on peut dire, il me semble, c'est qu'à l'inverse des ères géologiques, qui diminuent progressivement de durée, les ères de l'univers durent de plus en plus longtemps.

MC – Cela s'explique par le fait que la gravité est la force la plus lente à établir son règne. Au début, ce sont les forces nucléaires puissantes qui agissent, très rapidement, puis c'est le tour de la force électrique qui nous illumine et qui nous parle. Nous sommes rentrés depuis dix à vingt milliards d'années dans l'ère glacée et froide d'une relativité pesante. Dans la lenteur de la gravité.

JCC – Commençons donc par le commencement. Par la première seconde.

JA – Elle est la plus complexe, la plus difficile à saisir.

JCC – Pourquoi ?

JA – Parce que, au début de cette seconde, des notions aussi familières que le temps, l'espace, la température, l'énergie, la pression, perdent toute espèce de sens. Nous sommes dans l'incertitude de la mécanique quantique. Pendant un instant incroyablement bref – mais pas nul, de l'ordre de $10^{-42}$ seconde – la physique perd totalement son sens. Ou plutôt, elle n'a pas encore de sens.

MC – Ce chiffre de $10^{-42}$ seconde est infiniment plus court qu'un clin d'œil, comparé à l'âge de l'univers. Je veux l'écrire devant vous :

$10^{-42}$ seconde = 1/1000000000000000000000000000000000000000000 seconde.

JCC – Tu as bien compté les zéros ?

MC – Très soigneusement.

*Première seconde : apparition des forces*

JCC – Comment peut-on dire qu'à cet instant-là la physique perd son sens, puisqu'elle n'existe pas encore ?

JA – Je veux dire qu'elle se heurte à un mur infranchissable, un mur d'incertitude que rien ne nous permet de percer pour l'instant. La physique ne s'applique pas encore. Elle ne sait pas à quoi s'appliquer [1].

JCC – Alors, cette première seconde ?

JA – Pour comprendre ce qui va se dérouler pendant cette première seconde, il faut garder présents à l'esprit deux phénomènes essentiels, celui de *l'unification des forces* et celui de *la transition de phase.*

JCC – La transition de phase, je suppose que c'est assez

1. Voir par exemple Marc Lachièze-Rey, *Connaissance du Cosmos*, Albin Michel et Hubert Reeves, *La Première Seconde*, Le Seuil.

simple. La glace fond et devient de l'eau. L'eau bout et s'échappe en vapeur d'eau. Ce sont des transitions de phase ?

JA – Exactement.

MC – Mais l'unification des forces, c'est légèrement plus complexe.

JCC – Voici donc qu'arrivent les forces.

MC – Oui, les voici.

JCC – Elles vont jouer un rôle important ?

MC – Décisif.

JCC – Alors, je crois que nous devons nous arrêter un instant, immobiliser la première seconde, et parler des forces.

MC – A ta guise.

JA – Notre univers est dominé par quatre forces bien distinctes. La plus forte s'appelle précisément *la force forte.* Elle agit dans l'infiniment petit, au niveau des noyaux d'atomes.

JCC – C'est la force nucléaire ?

JA – Exactement. Elle maintient la cohésion des noyaux d'atomes. Quant à *la force faible,* qui agit elle aussi dans l'infiniment petit, elle permet des changements, des transmutations de particules. Elle est la force de la radioactivité.

MC – Elle agit toujours dans le même sens. Elle tend à favoriser la stabilité des assemblages nucléaires (en transformant, le cas échéant, des protons en neutrons, ou vice versa).

JA – La force faible est très intimement associée aux neutrinos, qui lui sont particulièrement sensibles. La troisième force s'appelle *la gravité.*

JCC – La gravité attire les corps les uns vers les autres ?

JA – Oui. Elle assure l'architecture de l'univers. Quant à la *force électromagnétique,* la quatrième, elle s'exerce au niveau des atomes. Tous les phénomènes électriques, magnétiques et chimiques s'y rattachent.

JCC – Comment s'exercent ces forces ? Qui est le donneur de force ?

JA – C'est la matière. Toujours. Elle donne la force et elle la reçoit. Le donneur et le receveur sont la même entité, toujours des particules.

JCC – Et comment la force est-elle transmise ?

JA – Par des messagers infimes qu'on appelle bosons. Il y a en effet deux grandes catégories de particules, les *fermions* et les *bosons*. Nous y reviendrons très bientôt.

JCC – Les forces nous conduisent donc aux particules ?

MC – Inévitablement.

JCC – Ces particules, nous en reparlerons souvent ?

MC – A tout bout de champ.

JCC – C'est donc une question de méthode : ne vaudrait-il pas mieux s'arrêter maintenant et présenter ces particules ? Dire ce qu'elles sont, ce qu'elles font ? Un peu comme on présente, au début d'une pièce, les personnages ?

MC – Cela paraît tout à fait nécessaire.

JCC – Nous bloquons solidement la première seconde. Elle est suspendue dans l'éternité.

MC – Qu'elle nous attende, nous reviendrons.

### *La vie est dans l'agencement*

JCC – Je suppose que tout le monde sait que la matière est composée d'atomes et que ces atomes, à leur tour, sont constitués de particules.

JA – Tout le monde le sait, mais il n'est pas mauvais de le redire.

JCC – Je pose une question simple : où commence la différenciation ?

MC – C'est-à-dire ?

JCC – La matière est diverse, ici un arbre, là de l'eau, ailleurs une femme qui passe, très loin une étoile. Où se décide cette diversité ? A quel niveau ?

JA – Dans l'infiniment petit, tout est semblable.

JCC – Les protons, les électrons sont tous les mêmes ?

JA – Rigoureusement. La différenciation commence avec les assemblages de particules, qui constituent les atomes et leurs noyaux. Le premier assemblage, le plus simple, est celui de l'atome d'hydrogène : un proton et un électron.

JCC – Où se passent ces assemblages ?

JA – Les noyaux d'atomes sont assemblés dans les étoiles.

Et ils s'entourent d'électrons, pour former les atomes, à la périphérie plus froide des étoiles, ou mieux encore à l'extérieur.

JCC – A quel moment ?

JA – A la fin du premier million d'années, la lumière filtre et perce enfin. C'est le *fiat lux* de l'écriture. Jusque-là, dans le potage originel, on ne connaissait que des fluctuations de la semoule, de légères différences de densité, çà et là, qui allaient faire naître l'ébauche des grandes structures.

JCC – Tout s'est manifesté à ce moment-là ? A la fin d'un million d'années ?

JA – Non, mais la formation des galaxies et des étoiles est devenue possible.

JCC – Et la vie ?

JA – La vie n'est qu'un assemblage parmi d'autres. Du point de vue physique, dans les molécules de la vie, il n'y a rien de nouveau.

MC – Seuls sont viables ces riches assemblages, ces bienheureux agencements.

JA – La vie, c'est de la matière organisée d'une certaine façon.

JCC – La matière est donc indifférente à la vie, à la mort ?

MC – Totalement indifférente. La vie est dans l'agencement.

JCC – La mort aussi ?

MC – La mort qui nous intéresse est celle de l'esprit et d'un certain niveau d'organisation de la matière. Mais les atomes sont immuables et *a fortiori* leurs noyaux. Les particules qui nous constituent ignorent la mort.

JA – Sauf si le proton est mortel. Mais son espérance de mort est de plus en plus lointaine.

JCC – Nous sommes donc des structures mortelles, composées d'éléments immortels.

JA – Quasi immortels. Je le répète par simple prudence.

JCC – Et les molécules, les assemblages d'atomes ? Elles sont mortelles ?

JA – Oui, mais certaines d'entre elles, placées dans des environnements favorables, peuvent durer extrêmement longtemps. D'autres se dissocient, redeviennent atomes ou noyaux d'atomes.

JCC – Peut-on dire que la mortalité commence avec la mise en forme ? Que la matière élémentaire ignore la mort, mais que celle-ci fait son apparition, inévitablement, quand la matière s'assemble, quand surgit une forme ?

MC – Oui, on peut le dire.

JCC – Quelle que soit cette forme ? Une pierre, un arbre, un oiseau ?

MC – Ou une étoile.

JA – La vie est une forme. Et la mort accompagne la vie, fidèlement. Peut-être même aide-t-elle à la définir : la mort, c'est la fin de la vie. De la vie d'une forme.

JCC – Nous partageons donc avec les astres notre condition de mortels ?

MC – Et c'est un sentiment nouveau.

JA – Bien entendu, les échéances sont diverses. La mort n'est pas équitablement partagée. Notre Soleil vivra neuf ou dix milliards d'années. Tandis que nous...

JCC – Oui, mais nous connaissons des insectes qui ne disposent que de quelques heures de vie. Parmi les animaux, nous ne sommes pas trop mal distribués.

MC – De ce point de vue là.

JCC – Revenons à la matière. Un atome est donc constitué d'un noyau et d'électrons. Qui présente ces personnages ?

## *Présentation des particules*

JA – Je vais essayer, brièvement. Les atomes qui nous constituent sont faits d'un noyau et, tout autour, d'un immense espace, quasi vide, où évoluent les électrons. Pour avoir une idée, très approximative, des proportions du noyau par rapport à l'ensemble de l'atome, on a parlé d'un grain de riz dans un terrain de football, ou d'un grain de sel dans la coupole de la basilique Saint-Pierre.

JCC – Nous sommes donc du vide.

JA – Essentiellement. Par rapport à l'atome, le noyau est infime. Mais il s'y manifeste de prodigieuses énergies.

JCC – Que contient un noyau ?

JA – Nécessairement des protons, et presque toujours des neutrons. La seule exception est l'atome d'hydrogène, qui n'a pas de neutrons. Il faut dire que l'hydrogène est l'élément le plus répandu dans l'univers.

JCC – On m'a appris que le proton est positif et que l'électron – qui donc ne fait pas partie du noyau – est négatif.

JA – L'électron est une particule minuscule. Sa masse est environ 1/2000 de la masse du proton, mais leurs charges opposées sont strictement identiques. Et, dans un atome donné, ils sont toujours en même nombre.

JCC – Le proton et le neutron, qui eux sont au cœur du noyau, ont la même masse ?

JA – Quasiment.

MC – Ces trois particules sont des *fermions,* ainsi que le neutrino. Ces fermions obéissent à un principe d'exclusion. Ils ont une certaine répugnance à se regrouper. La matière de tous les jours est généralement formée d'êtres physiques peu sociables.

JA – Il n'y a pas deux fermions qui possèdent la même énergie, la même position et le même *spin* au même endroit.

MC – On peut ajouter – mais il n'est pas indispensable de s'en souvenir – que les fermions sont divisés en deux catégories selon leur masse. Le proton et le neutron, les particules les plus lourdes, qui constituent le noyau de l'atome, sont des *baryons.* L'électron et le neutrino, plus légers, sont des *leptons.*

JCC – C'est quoi, le spin d'une particule ?

JA – Un attribut de rotation.

JCC – C'est vite dit.

MC – En effet, là aussi, nous devons aller jusqu'au détail. On peut l'imaginer comme un mouvement de toupie de la particule sur elle-même. Le spin n'a pas de représentation fidèle et véridique. Aucun vocabulaire familier ne peut l'exprimer. Et pourtant il existe et il est intelligible.

JCC – Vous dites qu'une particule est ponctuelle, qu'elle n'a pas de dimension. Comment peut-elle donc tourner ?

JA – Cette question est difficile et n'a qu'une réponse

quantique qu'il faudrait trop de temps pour exposer. Retenons que ce sont les propriétés collectives des particules qui sont déterminées par ce spin. C'est un point difficile à expliquer, mais essentiel.

MC – Toute particule a un spin. Commençons par là. Si ce spin est nul, cela signifie tout simplement que la particule ne tourne pas.

JA – On classe généralement les particules en deux catégories, celles à spin dit entier (0, ou 1, ou 2, par exemple), qu'on appelle *bosons*, et celles à spin dit demi-entier (1/2, 3/2) qu'on appelle *fermions*. L'électron, le proton, le neutron, le neutrino sont des fermions. Toutes ces particules constituent ce que nous convenons de nommer matière. Les photons, eux, sont des bosons.

MC – Ce phénomène extraordinaire, très fondamental, mais qu'il est impossible d'expliquer simplement, c'est que le comportement *collectif* des particules est radicalement différent selon qu'il s'agit de fermions ou de bosons.

JA – Les fermions, à spin demi-entier, les particules de matière, se comportent un peu comme les êtres humains. Ils refusent d'être assis à deux sur la même chaise. C'est le fameux « principe d'exclusion » de Pauli, que Michel vient d'évoquer. Il est exclu qu'on mette plusieurs fermions, doués des mêmes caractéristiques de mouvement, dans un même endroit de l'espace. Ils cherchent constamment à se différencier. Michel dirait qu'ils se montrent individualistes.

JCC – Et les bosons ?

MC – Les bosons sont des particules sympathiques, fondamentalement sociables. Elles aiment à se rassembler, à se mettre toutes dans le même état, de façon cohérente. L'exemple le plus connu de ce phénomène est le laser, manifestation éclatante de la sociabilité des photons.

JA – Nous sommes là tout près du plus profond mystère, au cœur le plus intime de cette matière dont nous sommes faits, dont toutes les choses sont faites. Ces deux valeurs du spin, qui différencient les particules en deux catégories majeures, sont en ce moment ce que nous connaissons de plus secret. Ce secret est simple, d'une simplicité biblique.

MC – Et pourtant, pour le démontrer, pour le comprendre, il faut des efforts gigantesques, et dans ce cas l'obscurité de l'explication nous menace.

JA – Notre cerveau, qui a l'obsession de comprendre, a besoin d'un travail intense pour mettre au clair la simplicité mystérieuse de la nature.

MC – C'est trop simple pour être compris, comme disait Cocteau.

JCC – Ce sont les bosons qui transmettent les forces ?

JA – Exactement. Les fermions sont les acteurs, les bosons sont les transmetteurs. Chaque force est transmise par une catégorie particulière de bosons. Énumérons-les, pour mémoire : les *gluons* transmettent la force forte, les *photons* transmettent la force électromagnétique, les supposés *gravitons* transmettent la force gravitationnelle et les bosons nommés W et Z, détectés en 1983, transmettent la force faible.

JCC – Pourquoi dis-tu les « supposés gravitons » ?

MC – Parce que l'existence de ce véhicule de la gravité est pour le moment hypothétique.

JA – Mais plus que probable.

JCC – Toutes les forces sont véritablement transmises par des particules ? Par des particules réelles qu'on peut, ou qu'on pourra observer ?

JA – Oui.

JCC – C'est donc le triomphe de la matière ?

MC – Einstein a longtemps résisté à cette idée. Il semblait penser que la gravité est une propriété de l'espace.

JA – Il ne faut pas oublier qu'une force se transmet toujours de proche en proche. Il n'y a pas de transmission instantanée de force à distance.

JCC – Au risque de ressembler à M. Jourdain découvrant la prose et la parole, je m'étonne à la pensée que la chute d'une pomme suppose une émission de particules.

MC – Comme tu l'as dit, c'est un triomphe de la matière. Mais il faut se méfier de cette expression. De quoi la matière a-t-elle triomphé ? D'elle-même ?

JCC – Et le photon ?

JA – Le photon est la particule de la lumière et l'agent du

rayonnement électromagnétique. La lumière est un certain rayonnement, parmi d'autres. Elle est perçue par notre œil grâce à cette particule, le photon. Je peux faire des photons avec tout ce que je veux, avec ce livre, cette main. Tout est source de photons. Pour qu'un objet n'émette aucun photon, il faudrait que sa température soit nulle, ce qui n'arrive jamais dans la nature.

MC – Mais le rayonnement lumineux, parmi les autres rayonnements qui parcourent l'espace, occupe un registre très limité.

JA – Dans le champ du sensible, notre lumière est très étroite.

JCC – Je reviens à l'atome une fois encore. Les électrons dansent autour du noyau. Peut-on changer les mouvements de cette danse ?

JA – Oui. Niels Bohr a minutieusement décrit la mécanique des électrons soumis au noyau, et montré qu'on peut changer l'orbite d'un électron si on lui ajoute ou lui enlève de l'énergie. Cette opération absorbe ou crée du rayonnement, de la lumière par exemple. Ce sont les fameux sauts quantiques. Nous en reparlerons.

MC – Et nous verrons que la notion d'orbite n'est qu'une image commode, que la mécanique quantique rejette.

JCC – Quand des atomes s'assemblent pour former des molécules, que se passe-t-il ?

JA – Ils mélangent leurs carapaces électroniques.

MC – Ils marient leurs électrons.

JCC – Je suppose que le photon, qui nous communique tant d'informations, est bien une particule sociable, un messager, un boson ?

JA – Évidemment.

*Premier passage par l'antimatière*

JCC – Et l'antimatière, qu'est-ce que c'est ?

JA – L'électron est de charge négative. Mais on s'est aperçu assez rapidement, par l'analyse du rayonnement cosmique (flux de particules rapides qui bombarde la terre à tout instant), de la présence d'électrons de charge positive. On les a nommés *positons.*

MC – Cette notion d'antimatière, comme située de l'autre côté d'un miroir théorique, s'est étendue aux autres particules. L'antimatière avait été prédite magistralement par le physicien anglais Paul Dirac.

JCC – Chaque particule a son antiparticule ?

JA – Oui, nous pouvons les fabriquer en laboratoire, en y mettant le prix.

JCC – Vous fabriquez de l'antimatière ?

JA – Quotidiennement. Et de la matière aussi, inévitablement et en quantités égales. On ne peut pas faire de l'antimatière sans matière, et vice versa.

JCC – De quoi cette matière peut-elle naître ?

MC – D'une matérialisation de l'énergie. De la lumière par exemple. Que la matière et l'énergie nourrissent des rapports très étroits, c'est maintenant une évidence acceptée.

JA – Selon les tenants du Big Bang, en particulier Sakharov, l'antimatière *n'existe,* dans l'univers, que dans des proportions très faibles. Elle a perdu depuis longtemps son combat contre la matière. Mais nous pouvons en fabriquer à chaque instant. L'antimatière est à notre portée.

JCC – Vous pouvez fabriquer les antiparticules de toutes les particules ?

JA – Sauf de certains bosons, comme le photon, qui sont leur propre antiparticule. Ce sont des considérations assez complexes, mais confirmées par l'expérience. On s'y habitue vite.

MC – L'antimatière suit la matière comme son ombre, toujours prête à l'existence, une ombre de même masse, de même durée de vie, mais d'attributs internes contraires.

## *Le baptême des particules*

JCC – Et quoi d'autre, dans le théâtre des particules ?

JA – Certaines particules bizarres, comme le *muon,* qui ressemble à l'électron en beaucoup plus massif et qui évolue, comme l'électron, hors du noyau.

JCC – Et les *quarks* ? Je les aime bien, on parle de leur charme, de leur saveur...

JA – Le proton et le neutron, à leur tour, ont été radiographiés, en quelque sorte. Ils sont formés de trois *quarks,* qui sont pour le moment les briques élémentaires de la matière. Avec trois quarks, on fait un proton ou un neutron.

MC – Les physiciens avaient prédit six quarks, dont cinq sont maintenant révélés, qui ont été bizarrement nommés le quark *u* (*up*), le quark *d* (*down*), le quark *s* (*strange*), le quark *c* (*charmed*), le quark *b* (*bottom*), et un sixième que nous cherchons encore, comme l'Ogre cherche le Petit Poucet, le quark *t* (*top* [1]). Étranges dénominations, qui disent le mal que nous avons quelquefois à parler.

JA – Le baptême des minuscules est difficile.

JCC – On parle des « saveurs » des quarks. Est-ce une simple coïncidence de vocabulaire ? La « saveur », mot par lequel on transcrit généralement en français le sanskrit *rasa,* désigne, dans la tradition indienne, un principe supérieur de connaissance qui se situe au-dessus de la pensée, de l'entendement. En tout cas, cette notion diffuse semble envelopper l'entendement (objet à connaître et cerveau connaissant) comme si le corps tout entier, avec son esprit, ses sentiments et bien entendu ses organes des sens, particulièrement sollicités par telle ou telle *rasa,* participait à la connaissance.

MC – Il y a plusieurs *rasas* ?

JCC – Bien sûr, car les Indiens adorent classifier, au moins autant que nous. Je ne veux pas vous faire un cours, on trouve ça dans tous les bons livres. Disons que la *rasa* englobe le concept et le dépasse. Elle ouvre un chemin qu'elle est la seule à pouvoir ouvrir et que grâce à elle nous pouvons suivre. Elle offre une autre porte, une autre manière de se glisser dans le lit secret du réel (l'image érotique est ici presque de rigueur). Par quel hasard, si c'en est un, retrouve-t-on ce mot au niveau des quarks ?

---

1. Il a fini par être découvert. Nous en parlons dans *Regards sur le visible.*

MC – C'est un nom de baptême évocateur, rien de plus.

JCC – Et pourquoi tant de mots commencent-ils par les trois mêmes lettres : *quanta, quark, quasar* ?

MC – Je ne l'avais pas remarqué.

## *Le virtuel et le réel*

JCC – Quand nous parlons de ce fantastique fourmillement de l'infiniment petit, au-dessous de nous et en nous, nous sommes comme Micromégas observant les pauvres humains. Et nous ne pouvons pas faire autrement que de prêter aux particules, si infimes, si virtuelles soient-elles, nos mœurs, nos sentiments, notre vocabulaire.

JA – On ne peut y échapper que par les mathématiques, mais c'est une autre convention de langage.

JCC – Quand je soulève un objet, qu'est-ce qui se passe ?

MC – Ce cendrier posé sur la table est statique. Quand je le prends dans ma main et que je le soulève, je lui communique une énergie potentielle. Cette énergie va se manifester, par exemple, si je le lâche. Il va tomber. Son énergie potentielle va donc se transformer en énergie de mouvement, en énergie cinétique. En exerçant sur lui une force, sur une certaine distance, en le soulevant, j'ai fait de *l'objet statique* un *objet capable de tomber.*

JCC – Et je peux utiliser cette énergie ?

MC – Bien entendu. C'est le cas de l'énergie hydraulique. On utilise l'énergie de l'eau qui tombe. Ou bien je peux lâcher un caillou sur une noix. Il la cassera.

JA – La nature agit toujours ainsi. Elle transforme sans cesse le potentiel, le virtuel, en actif.

MC – Il nous a fallu des siècles pour définir correctement la notion de force. Un objet non soumis à une force suit un trajet rectiligne à une vitesse constante. La force est ce qui *change le trajet ou la vitesse* d'un objet.

JCC – Quelle griserie, la définition.

MC – Oui, c'est exquis.

JCC – C'est le grand bonheur de l'esprit, au soleil de sa propre gloire.

MC – Cette ivresse ne peut se comparer qu'à la déroute de l'esprit quand il atteint ses vraies limites, quand il se penche au bord des précipices de la pensée.

JCC – Je crois pouvoir imaginer ce vertige d'incertitude.

MC – C'est comme toucher un autre corps, sans pouvoir dire ce qu'il est, femme ou sirène.

JCC – Les forces, donc, sont partout.

JA – Oui, et tout est force. Si je prends un poil de ta barbe, ou cette boîte d'allumettes, et si j'arrive à en libérer l'énergie nucléaire, j'ai une bombe.

MC – Un gramme de ton corps contient l'énergie de plusieurs bombes nucléaires. Mais cette énergie est virtuelle.

JA – Le passage du virtuel au réel est un problème fondamental.

JCC – Encore un.

JA – Et si nous revenions au point de départ ? A notre toute première seconde, que nous avons congelée pour cette longue parenthèse ?

JCC – J'adore les parenthèses. Elles me reposent. Nous reprenons maintenant l'histoire de l'univers, un peu mieux armés pour la suivre. Au tout début de la toute première seconde, on suppose donc que la matière ne s'était pas différenciée et que les quatre forces étaient unifiées ?

JA – Oui. C'est d'ailleurs le rêve de nombreux physiciens, de parvenir à une réunification des forces.

MC – Toujours ce grand désir du un.

JA – Mais pour y parvenir, il faudrait mettre en œuvre une énergie immense, sans aucune commune mesure avec celles que nous connaissons.

*Retour à l'origine*

JCC – Énergie qui existait à la toute première seconde ?

JA – Au tout premier balbutiement de la « première seconde ».

MC – Les forces sont nées une.

JA – Pendant une parcelle de temps qui se situe entre $10^{-43}$

et $10^{-33}$ seconde, les physiciens sont très mal armés pour décrire l'univers. On peut jouer avec des univers à dimensions multiples, avec des cordes cosmiques et autres projections esthétiques, car l'esprit du théoricien est fécond. Mais ce n'est qu'un jeu. Devant de telles difficultés, un de nos collègues, Laurent Nottale, imagine que l'écoulement du temps, alors, ne s'effectuait pas de façon linéaire, mais au contraire de façon discontinue. Il emploie même le concept de *fractale*. Le lecteur attiré par la subtilité novatrice de cette analyse peut lire son ouvrage *L'Univers et la lumière* [1].

MC – Nous assistons alors, aux alentours de $10^{-33}$ seconde (une durée inimaginablement brève), au premier divorce. C'est la gravité qui se sépare d'abord des trois autres forces. Elle revendique son identité. Elle devient la gravité, même s'il lui faut un temps plus long qu'aux autres forces pour que sa domination s'établisse à tous les étages du monde.

JA – Chacun de ces déchirements successifs va s'accompagner d'un autre phénomène essentiel, une transition de phase, plus facile à illustrer. Au second divorce, vers $10^{-27}$ seconde, lorsque la force forte se sépare de la force électrofaible, cette transition est marquée par une libération d'énergie qui est censée accélérer brutalement l'expansion de l'univers. Il s'agirait d'une énorme quantité d'énergie libérée en des temps très brefs.

JCC – La force électrofaible ? De quoi s'agit-il ?

JA – De la force nucléaire faible, encore réunie à la force électromagnétique. On l'appelle électrofaible. Cette seconde séparation (de la forte et de l'électrofaible), selon certains cosmologistes et physiciens des particules, eut pour effet d'accélérer radicalement l'expansion de l'univers et d'effacer à peu près complètement son état premier. On désigne cet épisode sous le nom d'« inflation ». Elle agite intensément les chercheurs car, si elle s'est effectivement produite, elle aide à résoudre les difficultés les plus graves que rencontre le modèle primitif du Big Bang.

JCC – Mais je croyais que le Big Bang permettait justement de résoudre la plupart des problèmes ?

---

1. Flammarion.

JA – La théorie du Big Bang (petit rappel) s'appuie essentiellement sur trois arguments : l'expansion de l'univers, prouvée par le mouvement de fuite des galaxies, la découverte du bruit-radio de l'univers et la formation, au tout début, des éléments chimiques les plus légers. Il reste néanmoins de très gros problèmes à résoudre. Il faut par exemple, tout en respectant le principe de causalité (la cause précède l'effet), expliquer la régularité générale de l'univers.

JCC – Inflation, causalité, régularité : ces termes s'imposent-ils nécessairement ? Je suis perplexe. D'un côté vous me demandez d'accepter l'idée d'un temps si bref que mon esprit ne peut même pas le concevoir, à plus forte raison se le figurer. D'un autre côté, vous me parlez de la *nécessité* de respecter le principe de causalité. Or, ce principe fait partie de notre logique. Il est humain, peut-être trop humain. D'un côté, on évacue gracieusement l'esprit. De l'autre, on le sanctifie. N'y a-t-il pas une contradiction ?

MC – Bien sûr, mais toi non plus tu ne sors pas de la logique.

JA – Et nous parlons comme nous pouvons.

MC – Il est vrai qu'il faut un certain effort pour jouer avec ces concepts. Mais conviens qu'il s'agit de l'univers dans son ensemble, que cet univers est par définition unique et que nous n'avons pas tellement le choix ! Je vais tenter d'expliquer les termes qui te gênent. Le principe de causalité stipule que tous les événements susceptibles d'être reliés physiquement (causalement) doivent se trouver dans un volume dont le rayon limite est défini par la vitesse de la lumière, multipliée par le temps écoulé.

JA – Et cela pour une raison très simple. Il est impossible de transmettre une information à une vitesse supérieure à celle de la lumière. Pas de cause, pas d'effet, sans contact.

MC – Les objets ou événements doivent donc rester dans ce qu'on pourrait appeler une *zone de contact possible.* Or, sans une accélération rapide de l'expansion de l'univers, due à l'« inflation » évoquée par Jean, il serait impossible d'établir une relation de causalité entre des régions de l'univers diamétralement opposées. Ce qui était uni au tout début, dans un espace minuscule, a été violemment séparé.

JCC – Parfois, vous semblez prêts à vous lancer dans une sorte de folie conceptuelle.

MC – C'est vrai, et c'est inévitable. La cosmologie est actuellement balbutiante. Elle est loin d'avoir atteint une cohérence interne acceptable. Les hypothèses dont parle Jean sont très récentes. Nous assistons en ce moment même à l'élaboration d'une théorie formidable, puisqu'elle vise l'univers tout entier. Mais ses moyens techniques et théoriques sont encore assez primitifs.

JCC – Vous faites comme tout le monde, au fond. Vous vous lancez dans des approximations en souhaitant tomber juste, en essayant de ne jamais perdre la sacro-sainte cohérence du discours. Et sans cesse vous chassez la contradiction, le sophisme.

MC – Notre chasse est ouverte toute l'année.

JA – Il y a toujours deux façons de considérer le cheminement intellectuel des cosmologistes. Les pessimistes disent qu'en obscurcissant ou en travestissant la réalité, le physicien parvient toujours à s'en sortir, s'il est habile, mais que sa théorie est alors si compliquée qu'elle cesse d'être opératoire.

JCC – C'est le reproche classique, je suppose : un jargon impénétrable enveloppant des concepts obscurs. L'univers, forteresse du mystère. Nul n'y pénétrera que nous.

MC – Attitude hautaine, pédante, peu sûre d'elle-même au fond et contre laquelle, en ce moment même, nous nous efforçons de lutter.

JA – Je suis pour ma part, et vous le savez, optimiste. Je crois, j'espère que les développements récents de la physique des particules, qui laissent entrevoir la possibilité d'unifier les forces fondamentales – comme au commencement – peuvent expliquer la dynamique et la structure de l'univers et satisfaire l'observation aussi bien que la théorie. C'est la deuxième façon, et de loin la meilleure, d'envisager la cosmologie.

### *Voyage dans une seconde*

JCC – Si nous revenions à votre première seconde ?

JA – Mais nous n'en sommes pas sortis.

JCC – Je me permets de dire, au passage, que j'accepte vos jeux mathématiques, mais qu'il est rigoureusement impossible d'imaginer, de se représenter l'instant $10^{-33}$ seconde et ce qui peut le séparer de l'instant $10^{-27}$ seconde. Pour nous les deux instants sont simultanés. On dépasse ici, dès le début et de très loin, les limites de notre perception.

JA – C'est la pratique scientifique, qui va au-delà de nos sens, qui permet de décomposer à l'extrême cette seconde, et de voir que ces deux instants, comme tous les instants, sont différenciés et successifs.

MC – Mais tu as raison, c'est un jeu-limite.

JCC – A l'instant $10^{-33}$ seconde se produit donc la première séparation, celle de la gravité. Que se passe-t-il à $10^{-27}$ seconde ?

JA – Là, nous assistons au divorce qui sépare la force nucléaire forte des deux autres, encore réunies sous le nom de force électrofaible ; déchirement qui s'accompagne d'une transition de phase, d'une énorme libération d'énergie. C'est la période inflationnaire.

MC – C'est alors qu'apparaissent les briques élémentaires, les quarks, dont nous avons parlé. Plus tard, ils formeront les protons et les neutrons.

JCC – Et ensuite ? Avançons un peu. Cette seconde n'en finit pas. Et il nous reste quinze milliards d'années.

JA – Nous devons maintenant traverser une « longue période » qui s'étend de l'instant $10^{-27}$ seconde à l'instant $10^{-10}$ seconde !

JCC – Encore une brièveté inimaginable.

JA – A $10^{-10}$ seconde la force faible et la force électromagnétique se découplent. A $10^{-6}$ seconde va se produire une deuxième transition de phase, au moment de la fusion des quarks en protons et neutrons. Les quatre forces sont maintenant séparées et les acteurs sont rassemblés. La pièce peut commencer.

JCC – L'unification possible des forces a été prouvée expérimentalement ?

JA – Les physiciens s'enferment dans des mines ou dans des souterrains pour traquer la mort d'un proton qui serait la conséquence de trois forces (sauf la gravitation), mais cette mort se fait attendre. De là surgissent, pour les théoriciens, de profondes difficultés. Mais l'unification de deux forces, d'une force à grande portée comme la force électromagnétique et d'une force nucléaire faible à très courte portée, a été à la fois proposée par des théoriciens et démontrée expérimentalement au CERN, en Suisse, en 1983.

MC – Le physicien Carlo Rubbia a eu l'idée de l'expérience, qui fut proposée à la fois au CERN et à Fermilab aux États-Unis. Son collègue Van der Meer perfectionna l'accélérateur et de nombreux chercheurs – parmi lesquels plusieurs Français – ont travaillé intensément pour découvrir les particules liantes, les bosons, qui s'échangent quand s'exerce la force faible. Ce sont les bosons W et Z. Nous les avons déjà mentionnés. Cette découverte fut saluée par l'attribution du prix Nobel de physique en 1984.

JA – L'unification des forces n'était donc pas une simple vue de l'esprit. Pour deux d'entre elles, cette unification devenait un fait, expérimentalement démontré.

MC – C'est la fameuse expérience des anneaux de collision du CERN, où l'on fait entrer en collision des protons avec des antiprotons (leur équivalent en antimatière).

JA – Les anneaux de collision du CERN mesurent plusieurs kilomètres de rayon. C'est à peu près l'équivalent des boulevards périphériques de Paris. Grâce à cette dimension, l'énergie des particules devient considérable. Cette énergie est comparable à la masse des particules W et Z qui s'échangent lors de l'interaction électrofaible. Ces particules très insaisissables – éphémères – sont cent fois plus massives que les protons et les neutrons.

JCC – Les Européens ont gagné cette première bataille ?

JA – Oui, dans la recherche de particules fondamentales de masse très élevée, ils sont en avance, mais les Américains mènent la course dans d'autres échappées.

*Matière, antimatière : le grand combat*

JCC – Vous venez de parler, à nouveau, de l'antimatière. Comment se présente-t-elle exactement ?

JA – Les particules, les personnages invisibles dont nous ne cessons de parler, ont un certain nombre de qualités, une charge, une masse et cet attribut de rotation qui s'appelle spin. Si on les met face à un miroir fictif qui les transforme en antimatière, un certain nombre d'attributs restent les mêmes, la masse par exemple, mais la charge change de signe, elle devient une charge opposée.

JCC – Toutes les particules ont ainsi une image dans cet étrange miroir ?

JA – La plupart. Le photon, nous l'avons dit, figure parmi les exceptions.

JCC – Mais les images dans le miroir n'existent pas. Elles ne sont qu'un reflet. Si on retourne le miroir, ou si on l'occulte, ou le brise, elles disparaissent.

MC – Tu as raison. L'antimatière, les antiparticules, existent vraiment et ne sont pas que des reflets. Chaque fois qu'une quantité suffisante d'énergie est transformée en matière, l'antimatière apparaît en quantité égale.

JA – Mais dans la « première seconde », l'univers a violé cette loi. La matière l'a emporté sur l'antimatière. Sans quoi nous ne serions pas là pour en parler. Nous vivons d'un déséquilibre.

JCC – Ce fut le grand combat originel ?

MC – Combat très bref et fulgurant, au cours duquel s'est décidée l'existence de l'univers matériel.

JA – L'association matière-antimatière est mortelle. La rencontre d'une particule avec son antiparticule produit une annihilation. Leur énergie de masse se transforme en énergie de « lumière », et par conséquent en photons de haute énergie ou rayons gamma.

JCC – Les antiparticules des fermions sont aussi des fermions ?

JA – Parfaitement. Tout aussi peu sociables que leurs particules associées; obéissant au même principe d'exclusion. Impossible d'en mettre deux ensemble au même endroit, au même moment, avec le même mouvement.

MC – La seule différence, c'est leur charge, qui est toujours opposée. Mais leur masse et leur durée de vie sont rigoureusement les mêmes.

JCC – Il y a donc peu d'antimatière dans l'univers ?

JA – Très peu. L'antimatière primordiale a été éliminée au tout début de l'histoire du monde.

MC – Et ce fut au prix d'une guerre très dure. Elle n'a laissé qu'un survivant pour un milliard de combattants.

JCC – Finissons-en avec cette « première seconde ». Jean, un flash, s'il te plaît.

JA – Au *cours de cette première « seconde »*, la force unifiée s'est séparée en trois temps : *la force de gravitation* se détache la première. Après quoi *la force nucléaire forte* se sépare des deux autres, encore unies. Cette séparation s'accompagne d'un premier changement de phase qui conduit à l'accélération de l'expansion de l'univers et à la création des briques fondamentales, les quarks. Enfin, à l'instant $10^{-10}$ seconde, *la force nucléaire faible* et la force électromagnétique se séparent à leur tour, tandis que, peu après, les quarks fusionnent trois par trois pour former les protons et les neutrons. Ces derniers se lancent alors dans une joyeuse sarabande avec les électrons, les positons et les neutrinos.

## *La première danse de l'univers*

JCC – Les physiciens aiment le mot *danse.*

MC – La chose aussi, quelquefois.

JCC – Cette danse des électrons et des positons, qu'est-ce qui la rend possible ?

JA – C'est une frénésie. L'énergie qui règne à ce moment-là est telle qu'à peine le positon et l'électron se sont embrasés en photons, que de ces photons gamma renaissent des paires électron-positon, et ainsi de suite.

MC – Il faut préciser qu'il existe une relation entre énergie et température. La température est une mesure de l'agitation thermique. Lorsque la température d'un échantillon de matière s'élève, les particules qui constituent cette matière s'agitent de plus en plus. Dans un gaz, par exemple, il y a équivalence entre la vitesse des particules et la température du gaz. Il y a donc équivalence entre l'énergie cinétique et la température.

JA – Pour les grains de lumière, les photons, qui sont sans masse, l'augmentation de la température leur donne un surcroît d'énergie ou, ce qui revient au même, une fréquence plus élevée.

MC – Il y a encore équivalence entre la température et l'énergie.

JA – Une température de 10 000 kelvins correspond à une énergie d'un électron-volt, qui n'est autre que le cinq cent millième de la masse de l'électron. C'est infime.

MC – S'il y a équivalence entre la température et l'énergie, il y a donc équivalence, Einstein nous l'apprend, entre la température et la masse. Si on dépasse certains seuils de température (donc d'énergie), on peut, à partir de l'énergie de ces photons musclés, créer une paire particule-antiparticule. D'où la possibilité de matérialiser une paire électron-positon dès que la température du milieu est supérieure à $10^{10}$ kelvins. Inversement, la rencontre d'un électron et d'un positon conduit à l'annihilation, c'est-à-dire à la disparition d'une quantité égale de matière et d'antimatière dans un éclair de rayonnement de photons gamma.

JCC – Tout cela pour une danse.

MC – Et encore, nous simplifions.

JCC – Ces dernières pages m'ont paru ardues, trop techniques. J'étais sur le point d'abandonner. En même temps, je me disais : Ça y est, voici le creuset de la création. Nous y sommes enfin parvenus.

MC – Je rappelle notre réticence au mot « création ».

JCC – Nous arrivons, je suppose, au terme de cette « première seconde », où la matière a vaincu l'antimatière, où l'univers a décidé d'exister, où les forces se sont séparées, où le destin du monde s'est scellé. C'est la seconde par excellence, la seconde de l'infiniment chaud, celle qui ne se reproduira plus (à moins que l'univers ne revienne sur ses pas). Comment s'achève-t-elle ?

JA – La température s'abaisse au-dessous de 10 milliards de degrés et la sarabande cesse faute de positons. Ils sont annihilés. Les neutrons, eux, se transmutent – on dit aussi se désintègrent – en donnant un proton, un électron et un antineutrino. En dix minutes, à peu près, la moitié des neutrons disparaissent ainsi. Inexorable désintégration. Ils n'ont eu que ce temps très court pour jouer leur rôle.

MC – Et voilà. Nous sortons de la première seconde.

JA – L'univers nucléaire commence.

*Les trois premières minutes*

MC – En comparaison, les trois « premières minutes » vont s'écouler à toute vitesse.

JA – Trois pages suffiront.

MC – Nous entrons dans le monde de la physique nucléaire, qui est l'étude de la transformation des noyaux de l'atome, les uns dans les autres. Les protons et les neutrons fusionnent pour former le *deutérium* dès que la température tombe au-dessous d'un milliard de degrés. Le deutérium, qui n'est rien d'autre que l'isotope lourd de l'hydrogène (mêmes propriétés chimiques, mais propriétés nucléaires différentes), et qui est à la base de la célèbre eau lourde, peut alors fusionner avec un autre noyau de deutérium.

JCC – Pour donner naissance à quoi?

JA – Soit à un isotope de l'hydrogène encore plus lourd, mais instable, le *tritium,* soit à l'isotope léger de l'hélium, l'*hélium 3.* L'hydrogène, le deutérium et ces deux nouveaux noyaux donnent naissance à trois autres particules, l'*hélium 4*, le *lithium 7* et le *béryllium 7.*

MC – Et c'est tout.

JCC – Comment ça, c'est tout ?

JA – La première fusion nucléaire s'arrête. L'univers contient alors environ quatre-vingt-dix pour cent d'hydrogène, dix pour cent d'hélium 4, un dix millième de deutérium et d'hélium 3, et un dix milliardième de lithium 7.

JCC – Et le tritium? Et le béryllium?

JA – Ils ont disparu, car ils sont radioactifs.

JCC – L'artisan infatigable s'est donc assez vite arrêté dans ses combinaisons de particules. Ne sommes-nous pas composés d'éléments plus complexes?

MC – Si, mais ils naîtront beaucoup plus tard, dans les étoiles.

JCC – Pourquoi cette limite, à l'origine?

MC – Parce que, malgré son impétuosité et sa puissance créatrice, l'univers ne peut éviter les deux pièges que sont les noyaux de masse atomique 5 et 8.

JCC – C'est-à-dire?

MC – Les noyaux d'atomes constitués par 5 ou 8 nucléons (5 ou 8 protons, et neutrons) sont remarquablement instables. Ils se désintègrent à peine formés. Dans la succession des noyaux d'atomes, ces deux chiffres sont deux gouffres que seules les étoiles permettront de franchir.

JA – Quand l'univers inventera les étoiles.

JCC – Ça prendra combien de temps?

JA – Au moins un million d'années.

JCC – Ainsi cette seconde prodigieuse et ces trois minutes mémorables se terminent par un avortement?

JA – Oui. Il faudra que la température au cœur de l'étoile soit suffisante pour que les noyaux d'hélium, trois par trois, puissent enfin fusionner et former le carbone 12, qui nous constitue. Car le carbone 12 est la pierre de touche de la complexité de l'univers.

JCC – Serions-nous nés d'une faiblesse?

MC – Et d'une coïncidence.

JA – Sans l'existence de ces deux gouffres nucléaires, nous ne serions pas là à discourir sur l'univers. Car ces deux points d'arrêt sont notre chance. En effet, ils ont considérablement ralenti l'évolution. C'est grâce à eux que l'univers va prendre une forme aussi durable.

MC – D'autre part, la présence des éléments légers, et leur proportion, fixe une limite très stricte à la densité de l'univers. Jean-Claude, tu dois nous croire sur parole. Cette densité moyenne, dite *densité baryonique,* correspond à 1 proton pour 10 $m^3$ de volume, ce qui est extrêmement modeste.

JCC – Combien de protons contient une goutte d'eau, par exemple ?

JA – $10^{23}$.

JCC – Donc l'univers est en moyenne quasi vide ?

JA – Comme nous l'avons dit.

MC – Si cette densité avait été plus élevée, le deutérium et l'hélium 3 auraient été transformés en hélium 4. La présence de ces deux éléments dans la nature indique que la densité baryonique est inférieure à la densité critique, qui est de l'ordre de trois protons par mètre cube. Si la densité globale est supérieure à cette densité critique, alors l'univers est dit fermé. Si elle est inférieure, il est dit ouvert. Si la densité globale correspond à la densité critique, on dit que l'univers est plat.

JCC – Faut-il que l'univers soit ouvert ou fermé ?

JA – S'il est ouvert, il se dilatera continuellement. S'il est fermé, il connaîtra une phase de contraction dans un lointain avenir, car il exerce sur lui-même une force de gravité suffisante pour rappeler à lui la matière qui s'évade.

MC – Un peu comme le boulet de canon qui s'élève sous l'effet de la vitesse initiale et retombe sous l'effet de la gravité terrestre.

JA – Alors que la sonde spatiale propulsée avec une force suffisante ne retombe pas après sa lancée.

## *La matière cachée*

JCC – Notre univers, dont la densité se situe probablement au-dessous de la densité critique, serait donc en expansion continue ?

JA – A moins qu'il n'existe de fortes concentrations de matière sous une forme non nucléaire. Cette matière ne serait pas composée de protons et de neutrons.

JCC – Nous revenons à cette « autre matière ». Comment sait-on qu'elle existe ?

MC – Par l'effet qu'une matière sombre peut exercer sur la matière brillante. Par exemple, si nous observons un corps brillant qui est en orbite autour de rien, ou plutôt de quelque chose que nous ne voyons pas, on peut dire qu'il obéit à la force de gravitation qu'exerce sur lui une matière noire, invisible, mais dont nous voyons les effets sur le corps brillant.

JA – Le corps brillant est le captif de la matière sombre, qui l'attire et le maintient. Sinon il s'échapperait dans l'espace.

MC – Son mouvement de révolution est la preuve de l'existence de cette matière invisible.

JCC – Cette matière sombre représente vraiment une masse importante ?

JA – La matière invisible est peut-être en moyenne neuf fois plus importante que celle que nous voyons. Nous en avons déjà parlé, au chapitre de la modestie.

JCC – Et cette matière sombre serait non nucléaire ? Pardonnez-moi si j'insiste.

JA – Oui. Selon nos observations.

MC – On se le demande, en tout cas. Elle pourrait être là, entre nous, en ce moment même.

JCC – La densité globale de cette matière non nucléaire pourrait être plus forte que celle de la matière nucléaire ?

JA – Beaucoup plus forte. Et pourtant, nous ne la sentons pas. Nous n'avons aucun moyen de la contacter, de la connaître. C'est une matière radicalement étrangère.

JCC – Voici décidément un nouvel invisible, extraordinaire. Ceux dont nous avons parlé jusqu'à maintenant étaient infimes. Celui-ci est énorme.

MC – Nous sommes quelque part entre deux invisibles, l'infime et le géant.

JCC – Et la lumière permet de voir l'ombre, si j'ai bien suivi ?

MC – C'est toujours à partir de la matière lumineuse que l'on déduit la masse de la matière sombre, ou cachée. Le mouvement de la matière brillante nous informe sur la matière invisible, qui la tient captive. Supposons que le Soleil devienne brutalement un trou noir (d'un diamètre inférieur à trois kilomètres), on pourrait continuer à déduire sa masse à partir de l'orbite de Mars, par exemple.

JCC – Cette matière différente, de quoi est-elle composée ?

MC – Nous n'en savons encore rien. Elle s'est réfugiée dans un invisible qui nous paraît – provisoirement – définitif.

JA – Nous sommes nous-mêmes faits de protons et de neutrons. Notre pensée est issue d'une matière nucléaire. Comment prendrait-elle le risque de penser ce qu'elle n'est pas ?

MC – Elle le peut. Elle pense bien les neutrinos.

## *L'obscurité et la lumière*

MC – Les trois minutes se terminent. La température de l'univers tombe au-dessous de cent milliards de degrés. La période nucléaire cède la place à la période qu'on appelle *radiative*. Maintenant, ce sont les photons qui gouvernent l'évolution. C'est le troisième âge du monde.

JA – On ne sait pas grand-chose de cette période, qui dure environ un million d'années. Certains de nos amis, qui sont spécialisés dans la formation des grandes structures (galaxies et amas de galaxies), estiment qu'au cours de cette période se forment les germes de matière qui plus tard donneront naissance à ces grandes structures.

JCC – La température continue à baisser ?

MC – Progressivement. Comme nous l'avons dit, lorsqu'elle tombe au-dessous de dix mille degrés, vers la fin du million d'années, le voile se déchire. Et l'opaque devient transparent.

JA – Les électrons, qui jusqu'ici étaient libres, s'attachent aux protons et donnent naissance aux atomes d'hydrogène. Auparavant ils diffusaient la lumière. Maintenant, enchaînés, ils la laissent passer.

JCC – Voici donc la transparence. L'univers invente la transparence ?

JA – Et du même coup devient observable.

MC – Les électrons libres maintenaient les photons en otages. Quand les protons capturent les électrons, les photons sont libérés. L'univers devient transparent à sa propre lumière. Du même coup, la nature va pouvoir se structurer et se complexifier. L'opacité est simple, la transparence est compliquée.

JA – Le rayonnement qui filtre de la recombinaison des protons et des électrons nous parvient encore aujourd'hui, refroidi par l'expansion. Il fut émis sous forme de rayonnement ultraviolet et nous l'observons à présent sous forme de rayonnement fossile dans les ondes millimétriques [1].

MC – Et nous passons dans l'ère stellaire, qui est la nôtre.

JCC – Quelle accélération soudaine !

MC – Notre époque est dominée par la matière, et non plus par le rayonnement. L'univers peut enfin se contempler. Transparent, il est observable. L'œil pourra naître un jour.

## *Le principe anthropique : la conspiration du réel*

JA – En deçà de cette période de recombinaison, nos yeux, ou plutôt nos télescopes, ne peuvent rien observer.

JCC – C'est un écran cosmologique ?

JA – Exactement. Un écran opaque. D'où l'importance exceptionnelle, pour l'astrophysique, des progrès accomplis par la physique des particules, qui nous permet d'aller plus loin, d'aller plus tôt, de sonder l'insondable. Ce qui se passe pendant les trois premières minutes, on ne le comprend que grâce à la physique nucléaire (qui s'intéresse aux noyaux des atomes). Ce qui se passe pendant la première « seconde » nous est raconté par la physique des particules.

MC – La physique de l'infiniment petit joue un peu le rôle des bandelettes dont l'homme invisible, pour apparaître à nos yeux, s'enveloppe. La présence de deutérium et d'hélium dans la matière observable nous dit que l'univers a dû être porté à des températures supérieures au milliard de degrés.

JA – J'ai essayé, avec un ami de Berkeley, Joe Silk, de simuler la synthèse de ces éléments après une sorte de Big Bang tiède, mais sans succès.

---

1. Voir *Regards sur le visible*, pour la suite des recherches à ce sujet.

JCC – De quel ordre, cette tiédeur ?

JA – De l'ordre du million de degrés. Nous faisions comme si l'univers n'avait jamais dépassé cette température. Notre échec prouve, par la négative, que les températures ont été largement supérieures.

MC – En d'autres termes, l'univers a été façonné par la microphysique. Il n'a pas pu en faire l'économie, sauter cette étape. Il a commencé par l'élémentaire. Au cours de ces phases critiques, la microphysique l'a dominé. Il n'est pas né paré de ses atomes, il s'en faut même de beaucoup.

JA – Et l'univers est ce qu'il est, aujourd'hui, parce que la microphysique est ce qu'elle est. Inversement, les cosmologistes aiment à penser que l'observation fine de l'univers permettrait de déduire certains des paramètres clés de la physique de l'infiniment petit. C'est ce qu'on désigne d'un nom pédant et imprécis, le « principe anthropique ». Nous ne devrions notre existence qu'au fait que certaines constantes qui gouvernent la microphysique ont les valeurs très précises qu'on leur connaît.

JCC – Explique-moi.

JA – Nous sommes vraisemblablement nés d'une coïncidence : la fusion de trois noyaux d'hélium en carbone 12 ne peut se produire qu'en empruntant une voie très étroite, prédite par Fred Hoyle et confirmée par l'expérience.

MC – Sans ce fameux carbone, rien de ce que nous appelons vie n'existerait.

JA – On voit poindre le principe anthropique, qui nous laisse véritablement perplexes. Si les lois de la physique avaient été très, très légèrement différentes, il n'y aurait pas de carbone dans l'univers, donc pas de « vie », donc pas de biologistes, pas d'astrophysiciens.

JCC – Et pas de physique.

MC – Cela rappelle le meilleur des mondes possible de Leibniz. Meilleur de notre point de vue, cela va sans dire.

JCC – Du point de vue d'une espèce qui trouve que certaines choses sont meilleures que d'autres. Il y a eu d'autres coïncidences ?

JA – Beaucoup d'autres, presque incroyables. On dirait

que nous assistons à une conspiration du réel, pour conduire à l'univers que nous connaissons.

JCC – Et pour conduire aussi à notre esprit, qui s'étonne de cette conspiration.

MC – Notre esprit est l'enfant du monde.

JCC – Est-ce pour ça qu'il le comprend ?

MC – Il le comprend jusqu'à un certain point. Nous en reparlerons. Nous ne sommes pas assez avancés pour tenter de parler de ce qu'on ne peut pas dire.

JA – Tu te souviens, Jean-Claude, de la très grande instabilité des noyaux de masse atomique 5 et 8 ?

JCC – Oui. C'était une sorte d'obstacle que l'univers ne pouvait pas franchir ?

JA – Cette instabilité, ce « gouffre », a très fortement ralenti l'alchimie nucléaire, au cours des premières phases. Elle a empêché la formation d'éléments aussi lourds que le carbone.

JCC – Il a fallu attendre les étoiles.

JA – Oui, voilà pourquoi nous sommes nécessairement « poussières d'étoiles ». Voilà pourquoi, aussi – pour cette raison et pour d'autres –, le Soleil peut briller pendant dix milliards d'années avec le même éclat, et le même aspect, que nous lui connaissons aujourd'hui.

MC – De même, on pense qu'il n'y a peut-être pas plus de trois particules de la même classe que l'électron (les deux autres étant le *muon* et le *tau*). Car, s'il y en avait davantage, la proportion d'hélium serait nécessairement plus élevée.

JCC – Voilà donc quelques-uns de vos raisonnements ?

MC – C'est la logique de l'univers. C'est donc la nôtre.

JCC – Vous avez répété inlassablement que la microphysique a dominé le début de l'histoire du monde. Peut-on dire que par la suite, pendant la partie la plus longue de l'histoire de l'univers, celle que nous vivons, la microphysique a perdu sa suprématie ?

MC – Non, pas exactement. Pendant les cent premières secondes, la force de gravitation est présente. Elle agit déjà et règle la marche de l'univers. Elle n'a pas la vedette. Elle va prendre de plus en plus d'importance dans l'organisation de l'univers, dès que se formeront des entités structurées et complexes. Aujourd'hui les quatre forces agissent en harmonie.

JA – On ne peut pas dire que la microphysique se soit effacée.

MC – Les étoiles, qui ne sont rien d'autre que des piles thermonucléaires (à des échelles titanesques) sont là pour nous rappeler l'exercice constant, et prodigieux, des forces nucléaires. La récente supernova, SN 1987 A, qui éclata il y a mille sept cents siècles dans le grand nuage de Magellan, a vu son cœur se transformer en étoile à neutrons, qui n'est rien d'autre qu'un gigantesque noyau d'atome.

JA – L'influence de la microphysique ne se limite pas à l'évolution des étoiles et à leur capacité alchimique. Elle marque d'une trace indélébile la formation des grandes structures de la matière que sont les amas de galaxies, et les galaxies elles-mêmes par le biais de la matière noire.

JCC – Tout est donc commandé par l'invisible ?

JA – Tout, même l'architecture générale, qui obéit à la gravitation. La matière est aux ordres de l'invisible.

JCC – Est-ce que vous pouvez expliquer, simplement, comment la microphysique préside à la formation des galaxies, et des amas de galaxies ?

JA – C'est difficile.

JCC – Essayons quand même.

## *Grande Unification et supersymétrie*

JA – Notre enquête sur ce qui s'est passé au début, et surtout sur la nucléosynthèse primordiale, nous amène à fixer une limite à la densité nucléaire de l'univers, la densité de nos noyaux d'atomes. Cette limite est égale à dix pour cent, au plus, de la densité critique.

MC – Cette densité critique, rappelle-toi, fixe une limite entre un univers en expansion continuelle et un univers qui pourrait se contracter de nouveau. Et comme Jean l'a dit, il semble bien que la densité de la matière non nucléaire, de la matière sombre, soit plus importante que la densité de l'autre matière, celle que nous connaissons, la nucléaire, la nôtre.

JA – J'ai besoin d'une petite digression dans la physique des particules. Impossible de ne pas évoquer la théorie de la supersymétrie.

JCC – Je t'écoute.

JA – La théorie qui unifie trois forces, les deux forces nucléaires et la force électromagnétique, s'appelle la théorie de la Grande Unification.

JCC – Ce n'est qu'une théorie ?

JA – Bien sûr. Seule a été confirmée en laboratoire, jusqu'à maintenant, l'unification de la force faible et de la force électromagnétique. C'est la force électrofaible.

JCC – Que se passe-t-il quand des forces s'unifient ?

JA – Leurs particules s'uniformisent. Par exemple, à un certain niveau d'énergie, les particules de la force électromagnétique, qui sont des bosons, se confondent avec les W et Z de la force faible.

JCC – Vous créez donc de nouveaux liens de parenté entre les particules ?

JA – Exactement. Un nouveau groupe, qui va rassembler des particules apparemment très différentes.

JCC – Dans la théorie de la Grande Unification, que se passerait-il ?

JA – Cette unification doit associer les trois familles de quarks, qui sont les particules de la force forte, avec les trois familles de leptons (électron, muon, tau), qui sont les particules de la force faible. Quarks et leptons doivent former une nouvelle famille. Or, quand je fabrique un nouveau groupe, je dois inventer un boson, un messager, associé à ce groupe. En ce qui concerne la Grande Unification, ces nouveaux messagers s'appellent les particules X et Y, extrêmement massives et de durée de vie extrêmement faible.

JCC – Tu dis bien : vous les inventez ?

JA – Oui. La Grande Unification n'est qu'une théorie. Nous n'avons pas encore les moyens de la confirmer directement. Mais comme théorie elle tient assez bien la route ; pour l'instant.

MC – Tout en laissant de nombreux points obscurs. Et elle n'est pas économique. En voulant unifier trois forces, elle génère un très grand nombre de particules.

JA – C'est vrai. Pour le moment, c'est la meilleure théorie mais on sent déjà qu'elle sera dépassée, qu'elle va craquer.

MC – Comme toute théorie. Mais on en gardera des morceaux.

JCC – Et la supersymétrie ?

JA – J'y viens. Si je veux faire un pas de plus, et unifier à la fois des bosons et des fermions, un photon et un neutrino par exemple...

JCC – Unifier les acteurs et les échangeurs ?

MC – Oui, les forces et les particules. C'est difficilement concevable, à la limite de l'absurde. Si on confond les acteurs et les transmetteurs, que restera-t-il ?

JA – Les deux familles, bosons et fermions, étaient totalement impénétrables jusqu'ici, chacune jouant son rôle, bien défini. Si je veux les unifier, je me heurte à une impossibilité.

JCC – Expérimentale ?

JA – Non, théorique, car de toute façon je ne peux pas faire d'expérience. Je ne peux que me laisser guider par quelques règles fondamentales.

JCC – Lesquelles ?

JA – Les lois de conservation de certaines grandeurs physiques. Il y a des quantités qui se conservent, nous le savons par expérience, la charge électrique globale par exemple, et aussi cet attribut quantique que nous appelons le spin. C'est comme une sorte d'algèbre.

MC – Il faudra revenir là-dessus. C'est indispensable.

JA – Notre désir – humain, trop humain – est de passer le multiple dans le crible de l'un ; de trouver une description unique pour des réalités radicalement différentes.

JCC – Et c'est impossible ?

JA – Je ne peux y arriver, je ne peux mêler les catégories, je ne peux unir un photon à un neutrino, par exemple, qu'en imaginant une nouvelle particule qui ressemble comme un frère au neutrino, mais qui n'est pas le neutrino. On l'appelle le *photino.*

JCC – Rien à voir avec l'antimatière ?

JA – Rien. Il s'agit ici d'un second miroir tendu à la réalité. Au lieu d'une antiparticule, on pourrait parler d'une partenaire.

MC – Ou mieux encore, d'une contrepartie.

JCC – Cette particule est fictive ?

JA – Nous parlons d'une hypothèse. Cet essai d'unification des bosons et des fermions ne peut se concevoir qu'en *imaginant* ces particules supersymétriques, ces compagnons indispensables. C'est le prix que notre logique doit payer.

JCC – Toutes les particules auraient ainsi une contrepartie ?

JA – Oui. Et c'est précisément ça, la supersymétrie. La contrepartie du graviton (le boson de la gravité) est appelée le *gravitino.* Les contreparties du W et du Z sont les *winos* et les *zinos.* Celles des quarks et des électrons sont les *squarks* et les *sélectrons.* Il s'agit, aux dires du théoricien, de particules réelles, mais qui pour l'instant sont inaccessibles à l'expérimentateur.

JCC – C'est vraiment sérieux, ce vocabulaire ?

MC – Ça n'a pas l'air sérieux ?

JCC – Pas du tout. Ça rappelle *La Chasse au snark,* ou Raymond Queneau, ou Jean-Pierre Brisset.

MC – Nous faisons de notre mieux pour baptiser l'imaginaire, qui sera peut-être un jour admis dans la réalité.

## *La formation des galaxies*

JA – Il faut dire que ces particules imaginées sont des particules non nucléaires. Ce point est important, car il se pourrait (n'hésitons pas à le répéter) que la plus grande partie de la masse de l'univers soit constituée de particules de ce type. C'est ici la fin de mon détour : l'existence de grands vides dans la distribution des galaxies conduit la plupart de nos collègues à imaginer un univers rempli, principalement, de matière non nucléaire et massive.

JCC – Comment donc imagine-t-on la formation des grandes structures ?

JA – De diverses façons. Le physicien russe Ya Zeldovich pensait que les très grandes structures, les amas de galaxies, se sont formées les premières et qu'ensuite elles se sont scindées en structures plus réduites, jusqu'aux amas globulaires.

MC – Qui sont tout de même des groupements de plusieurs centaines de milliers d'étoiles. C'est la théorie connue sous le nom de « modèle des crêpes ».

JA – Elle serait mieux nommée « modèle des blinis », car ces grandes structures n'ont pas de raison d'être plates.

JCC – Il y a d'autres théories ?

MC – Bien sûr. Il y a le modèle contraire.

JCC – Comme toujours.

JA – Comme le plus souvent. D'après cet autre modèle, ce sont les petites structures, comme les amas globulaires, qui se forment les premières, après quoi elles peuvent s'agglomérer pour donner des galaxies, qui elles-mêmes se rassemblent en amas de galaxies. Dans ce type de scénario, dont les partisans sont plutôt d'origine anglo-saxonne, comme Joe Silk, de Berkeley, les galaxies se formeraient relativement tard, et les amas de galaxies encore plus tard. Certains astrophysiciens ont d'ailleurs utilisé des ordinateurs pour simuler la formation des grandes structures, dans le cadre de la théorie de Silk. Et il faut avouer que leurs simulations numériques ressemblent fort aux structures à grands vides observées au télescope.

MC – Oui, elles sont très suggestives.

JCC – Vous affirmez que, dans l'univers, la matière non nucléaire, que vous imaginez faute de pouvoir la connaître, l'emporte sans doute sur la matière nucléaire. Et vous semblez tenir à cette affirmation. Si tel est le cas, la part lumineuse des galaxies ne serait donc que la partie visible de cet iceberg, l'univers ?

JA – On va même plus loin dans ce type de modèle. On pense que l'univers est plus dense là où il est sombre, ou peu lumineux. L'astronome Marc Aaronson, et bien d'autres à sa suite, ont démontré que les galaxies les moins lumineuses sont entourées d'une grande quantité de matière sombre.

MC – Il y aurait ainsi des zones dominées soit par la

matière visible, soit par la matière noire. Un étrange partage du cosmos, avec des infiltrations de matière noire dans la matière visible, et vice versa. La matière invisible domine certains territoires. Dans d'autres, le visible l'emporte.

JA – Le noir ne signifie pas l'absence, au contraire.

MC – Moins on voit, plus il y a.

JA – Et si on voit, il y a peu. L'ombre est massive.

JCC – Si je vous suis bien, nous sommes loin du dernier mot ? De la certitude ?

JA – J'ai même l'impression que cette certitude s'éloigne. Alors que les observations s'affinent, se précisent et que les simulations numériques les reproduisent de mieux en mieux, nous avons parfois le sentiment de vivre la même période désordonnée que celle qui a dû précéder l'apparition de la mécanique quantique. Les physiciens ne savaient plus à quelle théorie se vouer pour expliquer ce qu'ils voyaient.

MC – Le scientifique rencontre en fait deux types de difficultés, et s'il échappe à l'une, il tombe dans l'autre. Ou bien il dispose de peu de données et il lui est difficile de résister à la tentation du schématisme, ou bien les données s'accumulent, le submergent, et lui font célébrer l'accessoire au détriment de l'essentiel.

JCC – Et il y a aussi des moments bénis, l'avènement des théories nouvelles.

JA – Il me semble voir trois étapes, d'abord le déchiffrement, puis une accumulation de données, et enfin les travaux de quelques chercheurs, plus doués ou plus chanceux que les autres, qui mettent de l'ordre dans le chaos.

JCC – Où en est la cosmologie ?

JA – A la période d'accumulation. Nous attendons encore les grands ordonnateurs.

MC – Un de nos étudiants, peut-être ?

JA – Un physicien anglais, J. J. Thomson, qui fit pourtant d'importantes découvertes sur l'électron, disait que sa plus grande fierté était d'avoir eu Rutherford comme élève.

*Le meilleur des mondes stellaires*

MC – Revenons un instant à nos galaxies éloignées, où vont se former des étoiles. Ces étoiles elles-mêmes naissent, vivent et meurent. Les étoiles sont dans le temps.

JCC – Elles suivent toutes le même rythme ?

JA – Non. Certaines s'épuisent à conserver leur éclat, d'autres sont paisibles et lentes. Tout dépend de leur masse. Les étoiles les plus lourdes, qui ont une masse supérieure à dix fois celle du Soleil, se consument très rapidement.

JCC – Qu'appelles-tu « très rapidement » ?

JA – En des temps de l'ordre du million d'années. Elles terminent leur vie dans l'apothéose de la supernova. Ce sont ces étoiles qui synthétisent les éléments les plus lourds dont nous sommes formés.

JCC – Et le Soleil ?

JA – Il prend tout son temps, rassure-toi. Pendant cinq autres milliards d'années, il conservera le même aspect. Puis, pendant un milliard d'années, il sera une géante rouge. Mercure et Vénus feront alors de nouveau partie du Soleil. La Terre sera incandescente, ou en tout cas très chaude. Il ne sera plus possible d'y subsister.

MC – Sauf pour les dragons ou les salamandres.

JA – Puis, ces six milliards d'années accomplies, le Soleil perdra son enveloppe. Son centre, fossilisé, formera une « naine blanche ». Pendant cent mille ans, elle illuminera cette enveloppe boursouflée qui offrira à nos yeux (mais où seront nos yeux ?) une merveilleuse nébuleuse planétaire.

MC – Pour que nous soyons ici à parler du ciel et de ses mystères, il a fallu à la fois que naissent et se succèdent des étoiles de grande masse, qui fabriquent le limon dont nous sommes faits, et des étoiles de petite masse, comme le Soleil, qui assurent à l'évolution biologique la très longue durée nécessaire à la naissance de la vie et de l'éventuel génie des civilisations.

JCC – C'est vraiment le meilleur des mondes.

JA – Tout zélateur du principe anthropique doit murmurer

le soir, avant de s'endormir, la phrase de Leibniz reprise en dérision par le docteur Pangloss, dans *Candide.* C'est bien le meilleur des mondes possibles.

MC – C'est même le seul possible.

JCC – Voilà pourquoi nous vivons l'époque stellaire ? Parce que l'étoile, actuellement, gouverne l'évolution de l'univers ?

JA – Sans aucun doute.

MC – Mais ce n'est peut-être pas une raison pour nous contenter de notre jardin.

## *L'avenir des mondes : les trous noirs*

JCC – Et l'avenir de l'univers ? Glorieux ou glacé ? Que dit la boule de cristal ?

JA – On pourrait constituer toute une bibliothèque avec les livres sur le Big Bang, sur l'origine. Pour l'avenir, c'est le contraire. A ma connaissance seuls deux physiciens se sont vraiment interrogés sur le futur de l'univers, Freeman Dyson, de Princeton, et Jamal Islam, qui est maintenant à Chittagong, au Bangladesh. Et ces deux chercheurs donnent la vedette aux illustres trous noirs [1].

MC – Tu n'échapperas pas aux trous noirs.

JA – Un de nos amis a publié un ouvrage de référence à ce sujet [2]. Je rappelle simplement qu'un « trou noir »...

MC – ... qui n'est pas un trou, et qui n'est pas noir...

JA – ... est un objet si concentré qu'il emprisonne son propre rayonnement par l'effet de la gravité. Comme nous l'enseigne la relativité générale d'Einstein, la présence de matière modifie localement la géométrie de l'univers. Par l'effet de son propre champ gravitationnel, le trou noir emprisonne toute manifestation énergétique et matérielle (ce qui revient au même).

---

1. J. N. Islam, *Le Destin ultime de l'univers,* Belfond, coll. « Belfond-Sciences ».

2. J.-P. Luminet, *Les Trous noirs,* Belfond, coll. « Belfond-Sciences », republié au Seuil.

MC – J'essaie de définir le trou noir, bien qu'il s'agisse d'une singularité mathématique qui n'est vraisemblablement, selon moi, qu'une vue de l'esprit. C'est un point où devrait se rassembler toute la masse de l'objet céleste qui lui donna naissance.

JA – Or, cette masse échappe à notre observation. Elle se cache derrière un horizon.

MC – Impossible de savoir ce qui se cache derrière cet horizon, ce miroir sans tain. Tout y tombe et rien n'en sort, pas même la lumière.

JCC – C'est donc un trou noir dans la connaissance ?

MC – C'est une perfection obscure, un absolu d'inconnaissable. Une des caractéristiques essentielles du trou noir est que le rayon de l'horizon est proportionnel à sa masse. La densité du trou noir, définie comme la masse divisée par le volume, volume enserré par l'horizon, est inversement proportionnelle au carré du rayon.

JCC – Répétez-moi ça.

JA – D'une autre façon : plus le trou noir est massif, moins il est dense. Un trou noir de cent milliards de masses solaires n'est pas plus dense que toi et moi.

MC – Et ces trous noirs géants sont, pense-t-on, assez fréquents.

JCC – Où trouve-t-on ces sombres géants ?

JA – On croit les trouver en particulier dans le centre des galaxies, comme la galaxie d'Andromède, que tout astronome amateur connaît bien, et plus généralement dans la plupart des noyaux de galaxies et dans les quasars. Les astrophysiciens imaginent qu'un trou noir central est à l'origine de la forte émissivité des quasars, objets très lumineux, vus de très loin, qui tiennent à la fois de la galaxie et de l'étoile. Ce trou noir joue un peu le rôle de dépotoir cosmique. Un dépotoir particulièrement hygiénique !

JCC – Il se rapproche de l'homme invisible, qui ne peut apparaître que si son corps est entouré de bandelettes, ou de vêtements. De même, paradoxalement, un trou noir peut être « habillé » de toute la matière qui tombe à grande vitesse sur lui.

JA – Dans cette chute rapide la matière est surchauffée, avant de s'engouffrer dans un maelström cosmique, et elle émet un fort rayonnement X.

MC – D'autres candidats de taille plus modeste (une dizaine de masses solaires) seraient éparpillés dans le disque de notre galaxie et constitueraient le moteur de certaines sources intenses de rayonnement X.

JCC – Ces « trous noirs » mystérieux imaginés par Laplace en France et Mitchell en Angleterre, et dont on dit qu'ils ont inspiré Gérard de Nerval, s'expliquent donc de façon presque naturelle, physique.

MC – Tu n'es pas déçu, j'espère ?

JCC – Projetons-nous maintenant dans un futur lointain. Qu'y voit-on ?

JA – Des phénomènes immenses. Chaque trou noir galactique aura absorbé toute la matière qui flottait, ou plutôt qui tombait sur lui. Comme les galaxies sont généralement groupées en amas, on peut imaginer que, de quelques milliards aujourd'hui, le nombre de trous noirs décroîtra fortement par coalescence, par fusion. Ensuite (mais ce simple mot, « ensuite », couvre des milliards et des milliards de siècles) le trou noir s'évaporera avec une lenteur extrême, selon la théorie quantique.

MC – L'univers, jadis dense, se diluerait alors dans le froid glacé de la quasi-éternité.

JCC – L'éternité est glacée ?

MC – Pas nécessairement. Si l'univers est assez dense, il reviendra vers la chaleur de son enfance.

JCC – N'avez-vous pas dit, ici ou là, que le proton pourrait être mortel ?

JA – Si les physiciens découvraient que le proton est mortel, l'univers (sous sa forme matérielle) verrait décroître sa durée de vie. Sa durée deviendrait comparable au temps de vie du proton, constituant le plus facilement perceptible. Peut-être restera-t-il, plus tard, des particules non baryoniques invisibles, baignant dans un rayonnement électromagnétique de plus en plus froid. Mais s'agirait-il encore de ce que nous appelons l'univers ?

MC – En revanche, si le proton est immortel et si l'univers est très dense, la contraction succède à la dilatation et la chaleur succède au froid. Nous caressons le mythe du phénix, de l'éternel retour.

JCC – Tout un brouillard autour de ce futur.

JA – Oui, comme autour du nôtre, comme autour du destin des espèces vivantes sur la terre.

MC – L'avenir est toujours une brume.

JA – Quelques phrases pour résumer les convictions présentes du cosmologiste moyen : l'univers a connu, il y a une quinzaine de milliards d'années, une phase brève, très dense et très chaude, dont notre physique ordinaire est bien incapable de rendre compte. L'univers dans son ensemble et jusqu'à ses plus vastes structures, les amas de galaxies, est directement sous l'influence de la microphysique et en particulier de la physique des particules. L'infiniment petit commande l'infiniment grand. A quoi s'ajoute que l'existence de particules non nucléaires, massives et stables, ne laisse pas l'univers indifférent. Comme tout futur, le futur de l'univers matériel est indécidable. Mais on suppose qu'il dépend de la durée de vie du proton et de l'évolution quantique des trous noirs.

JCC – C'est fini?

JA – Je te fais une réponse quantique : c'est fini, mais ce n'est pas terminé.

JCC – Si nous citions le poème de Gérard de Nerval, pour nous reposer un peu?

MC – Avec joie.

JCC – Il s'agit d'un passage de « Christ aux oliviers », dans *Les Chimères :*

*Il reprit : « Tout est mort! J'ai parcouru les mondes;*
*Et j'ai perdu mon vol dans leurs chemins lactés,*
*Aussi loin que la vie, en ses veines fécondes,*
*Répand des sables d'or et des flots argentés :*

*Partout le sol désert côtoyé par des ondes,*
*Des tourbillons confus d'océans agités...*

*Un souffle vague émeut les sphères vagabondes,*
*Mais nul esprit n'existe en ces immensités.*

*En cherchant l'œil de Dieu, je n'ai vu qu'un orbite*
*Vaste, noir et sans fond, d'où la nuit qui l'habite*
*Rayonne sur le monde, et s'épaissit toujours;*

*Un arc-en-ciel étrange entoure ce puits sombre,*
*Seuil de l'ancien chaos dont le néant est l'ombre,*
*Spirale, engloutissant les Mondes et les Jours!* »

MC – Le trou noir est tout entier là-dedans, c'est vrai. Le mot *noir s'y* trouve, le mot *puits...*

JA – Et l'étonnante *spirale.*

JCC – Dans *Bouvard et Pécuchet,* Pécuchet raconte qu'il allait quelquefois, dans les années 1830, examiner le ciel grâce à un télescope public, qui se trouvait place Vendôme.

MC – Peut-être Nerval a-t-il collé son œil à ce même télescope?

JA – Mais c'était l'œil d'un visionnaire.

## *Le doigt de Dieu*

JCC – Je reviens un instant à la fameuse coïncidence, celle qui permit la formation du carbone, et par conséquent de nous-mêmes. Que répondez-vous à ceux qui vous disent : « Jamais la Nature, livrée à ses propres possibilités, n'aurait pu parvenir à cet assemblage. C'était très hautement improbable et il a fallu le doigt de Dieu » ?

MC – Nous n'avons rien à répondre à ceux qui ont trouvé leur vérité dans une création divine. Notre propos n'est nullement de les détromper. Ils ont trouvé et nous cherchons encore. Mais il faut répondre quelque chose à ceux qui disent que cet assemblage était improbable. L'univers, à l'origine, ne joue pas de cette façon. Il n'a pas devant lui, comme un joueur devant une table de roulette, diverses possibilités de choix.

JCC – Et il ne calcule pas son coup, j'imagine.

MC – Le « miracle », la coïncidence hautement improbable, n'est un « miracle » que lorsque toutes les possibilités de choix existent. Mais quand le miracle s'est produit, il n'entre plus dans le calcul. C'est comme ça, c'est tout. C'est arrivé. Par conséquent, ce n'est plus un miracle. Comme toutes les religions utilisent des concepts et un vocabulaire anthropomorphiques, on pourrait aussi se demander, même en mettant de côté la question du pourquoi de la création, *pourquoi* Dieu s'y est pris au moins à deux fois, *pourquoi* ce million d'années d'opacité où il ne se passe presque rien, *pourquoi* cette complexité de la matière, *pourquoi* cette matière cachée, etc.

JCC – Toutes questions qui ne mènent à rien.

JA – Et qui contiennent leur propre réponse, toujours la même : parce que Dieu l'a voulu ainsi.

MC – Les dimensions inimaginables de l'univers, le vertige inexplicable que suscite l'infiniment petit et les limites mêmes de la pensée logique, que semble avoir atteintes la mécanique quantique, rien ne laisse supposer la présence du divin, mais rien ne l'exclut. C'est à chacun de décider en lui-même. Mais pour un scientifique, la solution du doigt de Dieu est la solution de facilité, celle qui répond avant d'interroger.

JCC – Diriez-vous, comme Laplace, que vous n'avez pas besoin de cette hypothèse ?

JA – Dieu n'est pas une hypothèse ni une théorie. Il est le fruit d'un acte de foi. Dans « je crois », il y a « je », il y a la décision de croire. Un scientifique (dans son travail) ne peut jamais dire « je crois », il doit plutôt dire « je pense ». Ses hypothèses, ses théories, ne sont pas des objets de croyance, mais d'observation, et si possible d'expérimentation. Son « je » est caché, effacé. Il ne décide pas de la matière et de la marche du monde.

JCC – Croire en la science serait donc aussi absurde que l'antique recherche des preuves de l'existence de Dieu ?

JA – Précisément. Et les esprits religieux, qui cherchent dans les avancées de la science contemporaine de nouvelles « preuves » de Dieu, se fourvoient, se hasardent sur des pentes escarpées. C'est une démarche sans espoir, car les deux territoires ne se confondent pas. Le territoire du scientifique, malgré la métaphysique cachée, malgré la puissance des sentiments, malgré le trouble de l'esprit, malgré les rivalités de personnes, reste assez clairement défini. Il ne recherche pas le doigt de Dieu.

MC – Et, ne le cherchant pas, il ne le trouve pas.

### *Avant la parole, le silence*

JCC – Une question est inévitable. On a dû vous la poser mille fois : qu'y avait-il avant qu'il y ait quelque chose ?

MC – A chaque rencontre avec le public, cette question revient automatiquement, en première place, suivie de près par les trous noirs.

JCC – Et que répondez-vous ?

JA – Toujours la même chose. Nous ne pouvons parler que d'un objet d'observation et d'expérience possible. Là se limite notre domaine.

JCC – Mais le domaine, depuis quelques années, s'est étendu ?

JA – Considérablement. Au dix-septième siècle, le monde s'arrêtait à notre œil. Aujourd'hui, grâce aux télescopes de toutes sortes, nous « voyons » des astres à plus de dix milliards d'années-lumière. Et nous pouvons décrire l'univers *presque* jusqu'à son origine, jusqu'à sa « naissance » incertaine. Mais pas au-delà.

MC – Il existe un moment fugitif, tout à fait flou, sur lequel nous ne pouvons rien dire, et ce moment est ce que nous appelons l'origine, en tout cas de notre discours.

JCC – Et avant ce flou ?

JA – Nous pouvons supposer, c'est tout.

JCC – Supposer quoi ?

JA – Que l'univers, par exemple, était plein de matière non nucléaire, dans une proportion telle qu'il pouvait connaître des périodes d'expansion suivies de phases de contraction. Dans ce cas-là – imaginons... – nous ne verrions, nous n'observerions en ce moment qu'une des phases d'expansion-contraction. Avant le Big Bang, l'univers en aurait connu d'autres, plusieurs autres, dont il aurait de toute façon perdu la mémoire.

MC – Ce n'est en fait que reculer pour mieux sauter. On repousse l'avant toujours plus en arrière, mais ce n'est pas en éloignant le commencement qu'on le supprime. Et d'autre part l'univers, celui que nous voyons aujourd'hui, paraît plutôt disposé à se dilater indéfiniment qu'à connaître ce destin pulsatoire.

JA – A la question de Jean-Claude (et de beaucoup d'autres), nous ne pouvons pas répondre. Le début de l'univers pour nous, c'est le début de l'intelligibilité de l'univers. C'est l'instant où nous pouvons, pour la première fois, parler de lui.

MC – Le monde commence quand nous le comprenons. Ce à quoi nous travaillons, ce n'est pas une théorie de la création, c'est une théorie de la connaissance.

JCC – Au moins, est-ce que ma question a un sens ?

JA – Formellement, oui.

MC – Toutes les questions ont un sens.

JA – La tienne est constituée d'éléments apparemment clairs et logiques : l'avant, l'existence. Mais cette question se situe au-delà du discours scientifique. Je le répète, nous ne pouvons rien dire que nous ne puissions observer, au moins par les traces, par les conséquences. Deuxième remarque : nous ne pouvons pas parler de ce qui se situe au-delà de ce que les physiciens appellent notre « sphère de causalité ».

JCC – Ce qui veut dire ?

JA – Que nous sommes libres de penser que notre univers est unique, ou bien qu'il existe ailleurs d'autres univers, qui nous sont impénétrables. Mais sur ceux-là, motus. C'est aux poètes ou aux philosophes de parler.

JCC – Que signifie *ailleurs* ?

JA – *Ailleurs* n'a pas plus de sens qu'*avant*, ou *après,* ou *petit,* ou *immense,* ou *haut*, ou *bas.* La matière transporte avec elle son temps et son espace, et n'existe pas sans eux. On ne peut définir la matière sans le temps qui la traverse et l'espace qu'elle occupe. Et de même que le zéro degré absolu de température est une borne physique infranchissable, le zéro du temps, s'il est concevable mathématiquement, n'a physiquement aucun sens.

MC – Par exemple, on entend souvent dire que le Big Bang est « une explosion qui a projeté la matière dans l'espace ». Trois erreurs en trois mots. Ce n'est pas une explosion, la matière telle que nous la connaissons n'existe pas encore, et l'espace pas davantage. L'espace ne préexiste pas au Big Bang. C'est le Big Bang qui le crée. Saint Augustin disait que le temps est né avec le monde. Nous ajoutons : l'espace aussi.

JA – Big Bang : encore deux mots mal choisis.

MC – L'appellation est ironique. Elle est due à Fred Hoyle, qui combattait cette théorie.

JA – Il faut toujours se méfier des images secrètes que portent les mots. Toute explosion, pour nous, suppose un explosif, une matière qui explose. Ce qui était loin d'être le cas.

MC – Je reviens un instant aux conceptions mathématiques. Au passage nous pouvons noter que la physique est infiniment plus contraignante que les mathématiques, bien qu'on fasse de ces dernières, ordinairement, un art plus subtil et plus difficile. Il arrive que la physique pose des interdits sur des êtres mathématiquement concevables.

JCC – Quels êtres singuliers naissent de nos mathématiques ?

MC – Des *tachyons,* par exemple, qui se déplaceraient à des vitesses supralumineuses, ou bien des objets remontant le temps, des univers à un nombre illimité de dimensions.

JCC – Et que nous dit la physique ?

MC – Que dans cet arsenal mathématique, dans cette faune illimitée de formules, nous avons l'obligation de choisir celles qui respectent les apparences de la réalité observable.

JCC – Nous y revoici. La réalité.

MC – On n'en sort pas.

JCC – En dehors d'elle, vraiment rien ?

JA – Rien que nous puissions dire.

*A quoi bon se laver encore?*

JCC – Depuis une soixantaine d'années, l'univers s'est si considérablement élargi qu'on peut y trouver, d'un certain point de vue, matière à découragement.

JA – Comment cela?

JCC – Il nous miniaturise et il nous échappe. Il dépasse même notre imagination. Cioran le dit à sa manière : *Ce matin, après voir entendu un astronome parler de milliards de soleils, j'ai renoncé à faire ma toilette : à quoi bon se laver encore?*

MC – Veux-tu dire que cet élargissement sans limites visibles pourrait être un danger?

JCC – Il est évident. La boîte aux rêves risque de se fermer. Et nous voilà menacés d'un assez sinistre retour à l'égoïsme. On se dit : Impossible de connaître le Grand Tout, qui semble vouloir nous écraser.

JA – Et on se venge sur la Terre.

JCC – Par exemple.

MC – On tourne le dos aux milliards de soleils, à tous les mystères de l'espace.

JCC – Trop, c'est trop. L'univers nous rend ridicules. Si c'est comme ça, oublions-le.

MC – Mais dans ce même mouvement de l'univers et de nous-mêmes, ne te semble-t-il pas qu'une nouvelle relation peut s'établir?

JCC – Si, peut-être. La découverte de cette intimité surprenante. Nous sommes de la même matière que les étoiles, à tel point que nous sommes nés d'elles.

JA – Elles sont à la fois plus loin et toutes proches.

JCC – Mais comment sortir des mots? Comment éprouver véritablement ce sentiment? Comment retrouver, je ne dis pas un équilibre (car il est à jamais rompu), mais une relation possible et satisfaisante avec le monde?

JA – La nôtre est une relation d'étude et de travail. L'infini n'est pas mathématiquement inatteignable. Nous ne pouvons évidemment pas conseiller la recherche la plus ardue à tout le monde. Mais nous pouvons peut-être la faire partager, lutter contre le découragement, aider à faire naître ce sentiment dont tu parles, par la curiosité, et par la beauté.

MC – Et même, au fond, par ce passage à l'infini. Qui sait si nous ne pouvons pas y inventer des dimensions nouvelles, qui nous toucheraient directement ? Par exemple : nous ne pouvons plus nous séparer du ciel. Nous devons pourtant l'étudier. Mais comment voir du dehors sans sortir ?

JA – Devons-nous inventer un autre dehors ?

MC – Il ne peut être qu'au-dedans de nous-mêmes.

### *Le besoin de commencement*

MC – Le cosmos grec était incréé et éternel. Nombreux sont les peuples qui ont eu besoin d'une création ?

JCC – La question est compliquée : création de quoi ? Du cosmos ? De la vie ? De l'espèce humaine ? Je crois que les Aborigènes australiens sont un des rares peuples à n'avoir le besoin d'aucune création. La plupart des autres peuples ont besoin d'un début du monde, ils imaginent une cosmogonie. Après quoi les spécialistes, qui étudient tout, classent ces cosmogonies mythiques en divers types.

JA – Ces mythes de l'origine sont élaborés, sans doute, pour donner une réponse aux peines de vivre, aux incertitudes du sort ?

JCC – C'est le rôle des mythes : dire à un peuple qu'il n'est là ni par erreur ni par hasard ; qu'il a un droit d'exister, une origine. Les mythes sont toujours fondateurs. Parfois même ils justifient *a posteriori* une religion, des mœurs. On ignore généralement que les livres de la Genèse, dans la Bible, ont été écrits très tard, après le retour de Babylone, entre le quatrième siècle avant Jésus-Christ et notre ère, au moment où la religion judaïque, qui s'organisait, sentait le besoin de ce début divin. Jean Bottero l'a très clairement expliqué [1].

MC – Il nous faut donc un commencement ?

JCC – C'est un de nos besoins secrets, comme si le senti-

1. Jean Bottero, *Naissance de Dieu,* Gallimard.

ment d'avoir existé de toute éternité, sous une forme diffuse, était proprement insupportable. Quelque chose, dans notre civilisation, dans notre tradition, nous impose l'idée que nous avons été créés, que nous avons un droit d'être ici, et même de vivre dans cet endroit particulier où nous a jetés la naissance.

JA – Mais qui dit commencement, dit fin ?

JCC – Peut-être. On retrouve ici Shiva, sous une autre forme. Tout ce qui a été créé sera détruit : cette phrase se retourne. On peut dire que pour être détruit, il faut avoir été créé. On ne peut pas imaginer la destruction de l'incréé, de l'éternel. Oui, cette passion du commencement révèle peut-être, au profond de nous-mêmes, un désir de mortalité.

MC – Et les mythes hindous ? On peut en dire un mot ?

JCC – C'est bien difficile en quelques pages, d'autant plus que les traditions hindoues sont diverses et imprécises. On ne peut les ranger entièrement dans aucune catégorie. Le brahmanisme, qui deviendra l'hindouisme, est une religion sans fondateur, sans chef spirituel, sans Église et sans dogme au sens que nous donnons à ce mot.

JA – Mais il y a un commencement ?

## *Œuf de Brahma et rêve de Vishnu*

JCC – Il y a plusieurs commencements. Selon qu'on s'adresse aux *Vedas,* aux *Brahmanas,* aux *Aranyakas* ou aux *Upanishads* – textes qui furent écrits à des époques successives – on trouve des récits différents. Mais dans la plupart de ces textes on célèbre, à l'origine des mondes, un « embryon d'or », qui s'appelle en sanskrit *Hiranyagarbha,* ou bien un « Œuf de Brahma », qui se nomme *Brahmanda,* d'où tout est sorti, dieux, matière et hommes. Difficile de ne pas évoquer cet œuf quand on parle du cosmologue belge, Mgr Lemaître ; d'autant plus que de cet œuf va surgir un être extraordinaire, qui s'appelle Prajapati, le véritable créateur. Ce créateur va d'ailleurs se disloquer, les parcelles de son corps seront violemment projetées jusqu'aux confins de l'univers, qu'elles forment du même coup. On trouve au cœur du brahmanisme, et aujourd'hui encore, très vivace, chez les intellectuels indiens, cette idée d'une double force contradictoire qui anime l'univers, une force d'explosion et de dislocation, et une force d'unification qui tend à ramener le monde à son œuf initial. Cette seconde force, on l'appelle l'amour.

MC – Avant l'œuf, quoi ?

JCC – Pendant une très longue période de temps, l'univers ne fut qu'une série d'ondulations, de vibrations sonores, on pourrait dire « pré-musicales », car la musique ne peut pas exister avant qu'existent les musiciens. Je pensais à ces vibrations lorsque Jean parlait des fluctuations de densité qui ont parcouru la soupe originelle, pendant un million d'années.

MC – Pendant la troisième époque, les longs millénaires d'opacité.

JCC – Il semblait qu'on attendît quelque chose. Dans cette période d'attente se manifestèrent les eaux, et même « l'ardeur des eaux ». Puis il se produisit un échauffement, la chaleur apparut et de la chaleur naquit l'œuf.

JA – C'est la chaleur inévitable de l'origine, qui appelle le froid glacial de toute fin.

JCC – Mais certaines traditions, en particulier la tradition tantrique (c'est le cas de la *Bahvricha Upanishad)* font intervenir au début une force toute-puissante et féminine, qu'on appelle simplement *Dêvi,* la Déesse. Elle aurait déposé, ou « pondu » l'œuf. En quelque sorte, elle aurait créé le créateur.

MC – Donc c'est l'ardeur qui est essentielle ?

JCC – L'ardeur et le désir ont créé tout le reste. Il est dit assez souvent que les dieux et les êtres vivants, sans exception, ne sont qu'une « création secondaire ».

JA – Cet univers était créé une fois pour toutes ?

JCC – Non, la vision hindoue est cyclique. J'y pensais quand vous évoquiez, avant le Big Bang, plusieurs immenses périodes de dilatation et de contraction, dont l'univers aurait perdu la mémoire. La tradition hindoue, qui comme toutes les traditions sent le grand danger de l'oubli, a lutté contre cette fuite de la mémoire. L'univers a vécu une série de très longues périodes de temps, quatre en tout, les *Yugas.* A la fin de chaque yuga, l'univers retourne à une sorte de nuit cosmique, la nuit de Brahma, pendant laquelle Vishnu, rendormi, rêve le monde évanoui pour ne pas en oublier les beautés.

JA – Qui est Vishnu ?

JCC – Des trois grands dieux hindous, Brahma est le créateur, celui qu'on ne voit presque jamais. Il est enfoui dans le sein de Vishnu, le dieu de la cohésion, celui qui fait durer les mondes. Vous diriez, dans votre langage, qu'il est la force forte, celle qui unit fortement les noyaux d'atomes. Quant à Shiva, il est d'abord le destructeur, celui qui prépare et accélère, par sa danse cosmique, la fin inévitable des mondes. Vous diriez peut-être qu'il est la force radioactive, le dieu nucléaire, qui fait éclater les noyaux d'atomes. Mais il est aussi le dieu qu'on adore sous la forme du lingam – phallus de pierre – qu'on arrose de petit-lait. Il est donc lui aussi la force de la génération et de la vie, depuis toujours et pour toujours liée à la mort. Il est aussi un dieu ascète, souvent séduisant, parfois furieux, et ce danseur infatigable et souriant, quelquefois même à demi féminin, quelquefois s'avançant avec un visage lisse, sans aucun trait, sans aucun regard, un dieu profondément mystérieux qui rythme de ses frappements de pieds le déclin, la chute et la renaissance des mondes.

MC – Comment s'effectue cette renaissance ?

JCC – Grâce à Brahma, qui sommeille dans le sein de Vishnu. Vishnu dort sur l'océan infini. Quand le monde est détruit, Vishnu le rêve dans sa nuit obscure, pour ne pas l'oublier. Cette « nuit » est de même durée que le « jour ». Le moment venu, Brahma jaillit du ventre de Vishnu, assis sur une feuille de lotus, et recrée le monde en un instant ; le même monde. Après quoi il rentre dans le sein de Vishnu, et tout recommence.

JA – Dans quel yuga vivons-nous ?

JCC – Dans le quatrième, le dernier prévu, le *Kaliyuga*. Il a commencé, disent les Indiens, très exactement en 3201 avant notre ère, le jour de la mort de Krishna. Ce yuga est décrit comme terrifiant, implacable. Tous les sentiments, toutes les obligations morales, toutes les institutions disparaîtront, et finalement toutes les vies. Shiva va déployer des forces insurpassables, que nous voyons chaque matin faire ravage autour de nous.

MC – Quelle sera la réaction de Vishnu ?

JCC – Tous se posent la même question : trouvera-t-il dans son sommeil tranquille assez de force de cohésion pour, une fois encore, rêver le monde et faire jaillir le créateur ? On n'ose pas répondre. On espère et on prie. Dans le très vieux combat entre la vie et la mort, ou plutôt, à l'échelle cosmique, entre la survie et la destruction, les forces de la mort sont évidentes. Elle les déploie tous les jours. Les forces de la vie sont plus secrètes et apparemment plus tendres, mais elles peuvent se montrer tout aussi impitoyables. La vie est capable de tout pour se défendre, même, et surtout, quand elle est menacée par un excès de vie. La vie est capable de tuer, en toute froideur, sans aucune sentimentalité. D'ailleurs Shiva et Vishnu, à la fin extrême de la pensée, ne font qu'un.

## *Le choix d'un vocabulaire*

JA – Ces idées sont encore vivantes en Inde ?

JCC – Elles font partie de la vie de tous les jours, à tous les niveaux. D'abord elles animent les croyances populaires. L'Inde est le dernier des grands royaumes polythéistes où, selon notre terminologie, on adore encore les idoles. Il ne faut pas oublier qu'au plus intime de notre éducation, on nous a pénétrés de cette idée fondamentale, partout présente, que le paganisme est une « erreur » et que le monothéisme est un « progrès » par rapport au polythéisme. Idée doublement extravagante, car il faudrait admettre d'abord qu'il y a un progrès dans les intelligences et aussi, si ce progrès s'exerce dans le sens de l'Histoire, que l'islam est un progrès par rapport au christianisme et l'athéisme par rapport à toutes les religions connues.

MC – Il s'agit sans doute d'une perception différente du monde.

JCC – Oui, je crois. Le polythéisme met l'accent sur la multiplicité du monde et le monothéisme sur l'unité. L'un et le multiple : c'est un très vieil attelage. Quand on pénètre dans un des grands temples de l'Inde du Sud, à Maduraï, par exemple, où rien, sinon les tubes de néon, ne semble avoir changé depuis les cultes de Babylone (revus par Cecil B. de Mille), on est frappé par la multitude des forces représentées, apparemment entassées, confondues, incohérentes – et une bonne heure de promenade est nécessaire avant qu'on commence à percevoir l'unité derrière l'étonnante diversité. Quand on arrive devant le Taj Mahal, au contraire, chef-d'œuvre islamique, on voit une forme, un matériau, une couleur. L'unité est là, très évidemment proclamée. Mais parler d'un progrès – ou d'un déclin – de l'un à l'autre serait évidemment absurde.

MC – Puisque, partis des trous noirs, nous parvenons au Taj Mahal (mais nous aurions pu prendre le chemin inverse, ou tout autre chemin), encore un mot sur l'Inde. Ce pays, traditionnel par excellence, s'est parfaitement adapté aux sciences les plus sophistiquées et les plus spéculatives d'aujourd'hui, comme s'il était plus ouvert, plus accueillant que certains autres. Il y a de grands savants indiens, particulièrement en physique fondamentale.

JCC – Oui, les idées traditionnelles, ou plutôt le vocabulaire qui sert encore à les formuler, conservent une vraie présence, non seulement dans la ferveur populaire mais dans la pensée philosophique ou scientifique la plus aiguë. Il est impossible de bavarder avec un Indien cultivé, un chercheur, un professeur, un physicien, un médecin, sans que les divinités traditionnelles n'apparaissent assez rapidement dans la conversation. Cela ne signifie pas, bien entendu, que les scientifiques croient que Shiva pratique son yoga, quelque part dans l'Himalaya, avec son fameux serpent autour du cou, en attendant de reprendre sa danse. Nous sommes bien loin de ça et ce serait assez puéril que de parler ici de superstition, ou de je ne sais quel ésotérisme.

JA – N'est-ce pas plutôt un vocabulaire particulier, propre à l'Inde ?

JCC – Si, il me semble. On dirait que les innombrables divinités, leurs multiples et changeantes forces – produit de cinq ou six mille ans de spéculation méthodique et d'analyse minutieuse qui se continuent aujourd'hui – sont, quand on les connaît bien (ce qui n'est pas mon cas) et quand on ne se laisse pas aveugler par la croyance religieuse proprement dite, un formidable langage qui permet, encore aujourd'hui, de parler avec précision de tous les recoins du monde. L'Inde n'a pas connu ce changement de vocabulaire que se sont imposé les Grecs, par exemple, au moment de l'installation des cités, et dont parle excellemment Jean-Pierre Vernant [1]. Un vocabulaire mythologique faisait place à un vocabulaire spécifique et pratique, d'ordre social, politique, psychologique. L'Inde a fait l'économie de ce changement et utilise encore le vocabulaire des origines.

MC – Les yugas, anciennement, sont perçus comme très longs ?

JCC – Cela dépend des estimations. Mais ils peuvent durer des millions d'années.

JA – Il y a donc l'idée d'une durée de l'univers beaucoup plus longue que dans nos traditions occidentales ?

JCC – Infiniment plus longue. La pensée traditionnelle hindoue pourrait se rapprocher de la science d'aujourd'hui dans quatre territoires, qu'il vaudrait peut-être la peine, un jour, de développer. D'abord par cette perception d'une durée très étirée. L'univers indien est extrêmement *vieux*. Le « depuis plus de quatre mille ans » du fameux cantique chrétien, durée d'espérance du Messie depuis la faute originelle, est dérisoire au regard de la vision brahmanique. De la même façon l'univers indien ancien est géographiquement immense. Il semble même infini. Des êtres ont habité d'autres mondes avant même que la Terre fût peuplée. Ces mondes ont une capitale, qui s'appelle Amaravati. Elle est la demeure d'Indra, le roi des dieux, et les textes disent qu'elle est constamment en mouvement dans le grand espace et que, pour le reste, « elle ne se décrit pas ».

JA – Restent deux territoires.

1. Jean-Pierre Vernant, *Mythe et pensée chez les Grecs*, La Découverte.

## *Le point de vue de la tortue*

JCC – Attachons-nous au point de vue de la tortue. Ce symbole fondamental est souvent représenté dans les temples : une carapace et quatre pattes qui dépassent, représentant les quatre points cardinaux. La carapace est le centre-soutien des mondes.

JA – Il y a donc un centre ?

JCC – Attendez un peu. Sur cette carapace chacun peut placer la divinité qui lui convient, qu'il a choisie (il a le choix puisqu'on a compté jusqu'à trente-six mille forces divines) et regarder l'univers *sous cet angle-là.* Chaque point de vue est ainsi différent. Bien entendu les différentes relations établies avec les autres divinités, les autres fonctions ou repères mythologiques, seront à chaque fois décalées, nouvelles, et la divinité qui, dans telle disposition, se trouve au centre des mondes, peut, dans une autre disposition, se voir mise en perspective par rapport à une autre force. Et ainsi de suite. L'extrême complexité du panthéon hindou permet une multitude de variations et chacune de ces variations doit présenter sa propre cohérence. C'est le fameux point de vue indien.

MC – Et le quatrième territoire ?

JCC – Il est plus difficile à pénétrer, plus personnel aussi. J'ai souvent été frappé, comme beaucoup d'autres, par l'aspect très analytique de la pensée hindoue. Tout ce qui peut être disséqué subit cette analyse jusqu'au moindre atome de pensée. Il y a là comme un aspect corpusculaire de l'analyse, poussée parfois jusqu'au démentiel, jusqu'au risible. Puisque le brahmanisme (à l'inverse de la majorité des écoles bouddhistes) admet l'existence d'une essence et accorde au monde extérieur une certaine réalité cette réalité, qui existe pour être connue, qui est soumise à la gloire irremplaçable du savoir, doit être explorée jusque dans le détail le plus infime, apparemment le plus insignifiant. Ainsi, on peut dire que la réalité est une masse agglomérée de particules élémentaires. Vous voyez où je veux en venir.

JA – On le pressent.

JCC – Ces particules sont comme réunies, enveloppées, mises en mouvement, par une ondulatoire perpétuelle. Il faut bien le dire : la pensée indienne, comme l'art indien, semble répugner à la ligne droite. Il suffit de regarder les mains d'une danseuse, le mouvement d'une sculpture. Tout est ondulation. L'analyse infinitésimale a réduit l'univers en miettes de savoir, mais ces particules sont réunies dans des ondes où elles se confondent, au point qu'un observateur de passage ne les distingue presque plus. Voici encore, dans cette contradiction d'apparences – des miettes immobiles dans des ondes souvent musicales, animées d'un mouvement sans pause – un territoire où les physiciens d'aujourd'hui peuvent, depuis Louis de Broglie, rêver tout à leur aise à la lumière qui les hante.

JA – En tout cas, c'est une façon tout à fait nouvelle de regarder une danseuse indienne.

MC – Qu'elle soit de pierre ou de chair.

# 3

# LES CHEMINS SE COURBENT

*Le neutrino, « corps » extraordinaire*

JCC – Parmi les nombreux personnages de ce qu'on pourrait appeler *la comédie des particules,* on rencontre à chaque pas ce nouveau venu en cosmologie, qui paraît avoir vos préférences, le neutrino.

JA – Il est un des derniers acteurs apparus sur notre étrange scène. On l'appelle affectueusement neutrino en vertu de son exceptionnelle neutralité. Il ne porte aucune charge électrique et sa masse est négligeable sinon nulle. Nous savons que les étoiles ne cessent de l'émettre, qu'il traverse à chaque instant toutes choses et que rien ne peut le freiner.

MC – Les neutrinos furent en réalité le premier signal qui nous parvint de l'explosion de la supernova, en février 1987. Cette étoile n'était visible que dans l'hémisphère Sud. Or, c'est dans l'hémisphère Nord, par les pieds si on peut dire, qu'elle fut détectée grâce aux neutrinos qu'elle émettait, et qui avaient traversé la Terre.

JA – Soyons précis : grâce aux antineutrinos de l'électron.

JCC – L'explosion de cette étoile, qui est en réalité un événement vieux de cent soixante-dix mille ans, et qui nous fut visible, perceptible, en 1987, semble avoir illuminé votre vie.

MC – Pour un astrophysicien, rien de plus précieux. Songe que les derniers astronomes qui aient pu observer à l'œil nu l'explosion d'une supernova furent Tycho Brahé et Johannes Kepler. Depuis près de quatre siècles, rien, sauf au télescope. « Notre » supernova a été si richement observée qu'on parlera peut être un jour de l'histoire des étoiles avant et après 1987.

JCC – Revenons à cet extraordinaire neutrino. Quelle énergie l'anime ?

JA – Une énergie purement cinétique, une énergie de mouvement. Quand la matière stellaire est en quelque sorte surchauffée, la fuite des neutrinos contribue à la refroidir.

MC – Quand une étoile massive meurt, son cœur se durcit. Les couches extérieures s'écroulent sur ce cœur et en quelque sorte rebondissent. Cet effondrement précède l'explosion. C'est ainsi qu'elle devient supernova.

JCC – Quelle est la vitesse du neutrino ?

JA – Si sa masse est nulle, sa vitesse est celle du photon, celle de la lumière. Mais il est, pourrait-on dire, plus subtil que la lumière, qui se laisse arrêter par tous les obstacles.

MC – Et comme le photon, il est stable.

JCC – C'est donc une sorte de corps idéal ? Impalpable et indestructible ?

MC – Le neutrino est un très bel être physique. On peut dire des photons, par exemple, qu'ils ont une sorte d'instinct grégaire. Ils aiment se mettre en rangs. Les neutrinos, au contraire, comme tous les fermions, sont indépendants, fiers et indifférents. Ce qui ne cesse de m'intriguer, c'est leur caractère rebelle à la symétrie. Pour eux, la droite et la gauche ne sont pas équivalentes [1].

JCC – Le neutrino vous a charmés.

MC – Le neutrino est à peine perceptible, ce qui lui donne une extrême beauté.

JCC – Le charme peut-il être, comme l'obscurité, outil de connaissance ?

MC – Sans aucun doute. Cela rejoint ce que tu disais des *rasas,* des saveurs indiennes. La fascination, et une certaine chaleur qui rapproche, qui réunit, permettent sans doute d'aller un peu plus loin que la froideur de l'analyse.

---

1. G. Cohen-Tannoudji et M. Spiro, *Matière, espace, temps,* Fayard.

JCC – L'invisible existe. Il est hors de nous et en nous. C'est donc une chose assurée. Un ancien poème arabe, très court, montre deux hommes, un vieux et un jeune, qui regardent la nuit tranquille, la ville endormie, le désert au loin. Le jeune dit : « Quel silence. » Et le vieux répond : « Ne dis pas *quel silence.* Dis : *Je n'entends rien.* »

JA – De même pour nous. A chaque instant nous pourrions dire : « Ne dis pas *quel vide, quelle ténèbre.* Dis : *Je ne vois rien.* »

JCC – Michel, tu as déjà parlé du « triomphe du subtil » à propos du neutrino, de cette particule qui traverse avec indifférence toute matière. Mais que veut dire « à peine réel » ? Ne peut-on pas mesurer la masse du neutrino ?

JA – Si, on le peut. On peut, du moins, déterminer la limite de cette masse. Mais elle est si faible qu'on peut la considérer comme nulle.

MC – Il est le presque-immatériel, un être physique à part entière cependant.

JA – Le presque-parfait.

JCC – Tout ce que vous dites, mot pour mot, pourrait s'appliquer à l'esprit.

MC – Ce qui ajoute à la fascination que les neutrinos exercent, c'est qu'ils viennent d'ailleurs. Ils nous sont étrangers, ils ne sont pas issus de nous. Notre corps crée des photons, par exemple, il ne crée pas des neutrinos.

JA – Les neutrinos énergétiques sont émis par des systèmes explosifs monstrueux. Une seule supernova, comme celle de février 1987, a libéré en une seconde, sous forme de neutrinos, plus d'énergie que tous les photons lumineux émis par cent millions de galaxies. La supernova émet en quelques mois autant d'énergie – sous forme de neutrinos – que le Soleil dans toute sa vie, longue de dix milliards d'années. C'est un chiffre fabuleux. Il nous faudrait cinquante-trois zéros pour exprimer cette énergie en ergs.

MC – Et ce n'est pas tout : la horde de neutrinos libérés par l'« explosion originelle » vagabonde encore librement partout dans l'univers. Ils sont toujours là. Refroidis, mais présents.

JA – Aussi nombreux que les photons fossiles.

MC – Les neutrinos sont la signature de la transmutation nucléaire, des changements de protons en neutrons, et vice versa. On pourrait imaginer qu'ils nous relient en nous traversant.

JCC – Comme la pensée ?

MC – Tu es libre de les comparer à la pensée. Mais sans jamais oublier qu'ils viennent d'ailleurs ; alors que notre pensée, croyons-nous, vient de nous-mêmes.

JA – Et ne nous relie pas toujours.

## *La matière des anges*

JCC – Le subtil fait rêver, et il effraie légèrement. Il a été perçu, ou pressenti, ou imaginé depuis longtemps, bien qu'il fût difficile à nommer. On évoque partout des ondes, des vibrations. Les hindous parlent de créatures légères qui vont et viennent entre le ciel et nous. Dans un grand nombre de traditions, l'air est peuplé par l'invisible.

JA – Michel, quand son esprit est en gaieté, parle des anges.

JCC – La tradition chrétienne est une de celles qui ont mis le plus d'opiniâtreté à traquer l'invisible de l'air. Des discussions très minutieuses ont interrogé la « matière des anges » (beaucoup plus que leur sexe, qui ne fut jamais l'objet que de disputes marginales).

JA – Les anges avaient, finalement, une matière ?

JCC – Oui. C'est la seule manière de rendre compte de l'action directe qu'ils exercent sur les humains, dans les Écritures. Jacob s'est battu à mains nues avec un ange. Il fallait bien que cet ange lui offrît des « prises ». Saint Augustin a admis cette matière, ainsi que saint Thomas. Mais quelle matière ? Quels mots employer ? A quelles ressources de l'esprit faire appel ? On a parlé de leur « corps glorieux » et les franciscains ont même utilisé l'expression « une matière spirituelle » ; ce qui n'est pas loin des mots que vous multipliez pour qualifier les neutrinos.

MC – Selon le dogme, est-ce que les anges ont une existence ?

JCC – Indiscutable, puisque cette existence est affirmée par les Écritures. Ce n'est pas une des moindres extravagances de la religion chrétienne que d'admettre comme *vrai* tout ce qui est *écrit,* aussi bien dans l'Ancien que dans le Nouveau Testament. Exactement comme si les Grecs affirmaient aujourd'hui encore que tout ce qui est écrit dans Homère, ou dans Hésiode, est vrai. Les anges existent, puisqu'ils agissent dans les textes. La plupart du temps, on ne les voit pas. Ils sont comme l'homme invisible et n'existent que par leurs traces. Mais de temps en temps ils apparaissent, ils se manifestent.

MC – Le neutrino n'en est pas là.

JCC – Tu ne peux pas me montrer un neutrino ?

MC – Non, mais les physiciens peuvent te montrer ses effets et te garantir qu'il existe.

JCC – Est-ce que toute existence est liée à une matière ?

JA – Pour un scientifique, oui. Nous ne pouvons étudier que la matière ou la trace de matière – sous toutes ses formes, lumineuse ou sombre.

JCC – Les Pères de l'Église, naturellement, ne se posaient pas le problème de cette façon. L'âme, immatérielle, existait. L'existence des êtres n'était pas liée à leur apparence matérielle, ni même à la manifestation de cette matière. Un « pur esprit » était concevable, comme le Saint-Esprit, troisième terme de la Trinité, qui n'est « ni créé, ni engendré, mais qui procède du Père et du Fils ». Je m'attarde un moment sur ces antiques subtilités de langage, car je suis persuadé qu'elles dissimulent quelque lumière, même très enfouie dans le cœur ténébreux de la théologie dogmatique.

MC – Cette théologie qui reposait sur le mystère, mais qui tendait néanmoins à la précision, faisait-elle appel à l'imagination ?

JCC – Infatigablement, par le biais de la métaphore, comme tu le fais pour tenter d'exprimer l'inexprimable. Par exemple, la fécondation de la Vierge Marie par l'Esprit Saint, l'ensemencement de la matière par l'esprit. Comment cela s'est-il produit ? Comment faire admettre qu'un pur et saint esprit transperce la membrane d'une vierge sans la rompre et dépose dans le ventre de cette vierge une semence immatérielle, qui donnera naissance à un homme très matériel ?

JA – Le problème, du point de vue de la physique et de la biologie, n'est pas simple.

JCC – Mais les neutrinos, qui sont, comme le dit Michel, *presque immatériels,* nous précèdent sur la voie du mystère. Certains chercheurs aigus, particulièrement hantés par ce mystère, l'ont approché par des images. Ils ont comparé la pénétration sans dommage du Saint-Esprit, par exemple, à la lumière du soleil « qui passe à travers une vitre sans la briser, et pourtant réchauffe ». Ils ont parlé d'un vent, car on ne voit pas le vent, on n'en voit que les effets, les branches courbées, le sable emporté. Ils ont torturé le vocabulaire. Ils ont multiplié les recherches verbales, la *matière fine,* les *êtres de lumière,* les *corporalités subtiles,* exactement comme vous le faites aujourd'hui quand vous devez parler des neutrinos. Les deux territoires ne sont pas nécessairement aussi éloignés qu'on veut bien le dire. Nous avons pris l'habitude, nous qui vivons dans l'histoire, de rejeter dans l'obscurité, au nom de notre lumière, des siècles entiers de pensée, la scolastique par exemple. Qui peut affirmer qu'un jour, à notre tour, nous ne serons pas rejetés ?

### *Langages du futur*

JA – Ce qui est difficilement imaginable, c'est le langage scientifique de demain. Les mathématiques ont atteint une extrême complexité, où un nombre restreint d'aventuriers peuvent encore se hasarder. Et ce n'est pas un langage communicable à tous. Il faut le traduire, même à l'usage des autres scientifiques.

MC – Et on ne peut le traduire que dans notre langage ordinaire, ce que nous essayons de faire en ce moment. Avec cette réserve : nous sommes dans l'obligation d'inventer des vocables nouveaux pour désigner les personnages que, comme le neutrino, nous voyons apparaître.

JCC – On pourrait les désigner par des noms de code, comme certains espions : *Agent X27*, 007.

MC – On le fait quelquefois. La contrepartie hypothétique et invisible du photon est appelée photino. Et nous pourrions multiplier les exemples.

JA – Le bestiaire est vaste, et notre jungle chaque jour se peuple de créatures qui se révèlent dans nos théories ou nos expériences.

MC – Alors, nous faisons au mieux. Nous nous disons : Nous pouvons bien inventer des mots, puisque nous inventons des choses. Très prudemment, d'ailleurs. Et le consensus des scientifiques du monde entier nous est nécessaire. Le même mot doit convenir à tous.

JA – Si en plus il fallait traduire « neutrino » dans plus de cent langues !

JCC – Ces problèmes de langage, avez-vous l'impression qu'ils vous limitent ?

JA – Oui, souvent. Le langage limite notre description, et par conséquent notre compréhension des phénomènes du microcosme.

MC – Toute limitation de la définition du réel est une limitation de la connaissance du réel. Bien entendu, quand nous parlons du « réel », il s'agit toujours du réel intelligible, de ce réel mutilé dont nous faisons partie, dont nous sommes inséparables.

JCC – La langue qui nous unit, qui nous unit même au passé du monde, est un outil ancien, qui s'est relativement peu perfectionné. Tout langage connu, aujourd'hui, date d'une époque où le réel existait en soi, séparé de nous. Ce langage est porteur de structures profondément enracinées. Il établit des relations fermes et claires. Il est fondamentalement dualiste, fait de sujets et d'objets, de verbes et de compléments.

MC – Pour parler, il faut séparer, il faut clarifier et organiser, il faut appliquer une grille, un code, sur un objet qui est par définition à déchiffrer. Mais cette attitude est parfois difficile à maintenir dans les nouveaux territoires qu'explore aujourd'hui la science.

JCC – Les mots sont tyranniques et exclusifs. Ceux qui chaque jour ont affaire à eux finissent par bien les connaître. Ils sont impérieux et limitatifs.

JA – Notre pensée paraît différente quand nous l'exprimons dans une autre langue.

JCC – Chaque mot qui exprime un concept élimine du même coup le concept opposé, ou même simplement différent. Et cet usage, si domestiqué qu'il en est devenu invisible, est la marque presque unique de notre pensée, au point que nous confondons perpétuellement celle-ci avec les vocables qui la traduisent, et qui sans doute la trahissent. Nous prenons nos mots pour notre pensée, car sans eux nous ne la connaîtrions pas. Mais prononcer le mot *matière,* c'est exclure – au même moment – le mot *esprit,* comme prononcer le mot *table,* c'est exclure l'image *chaise,* ou l'image *absence de table.*

MC – Sauf pour la mécanique quantique, sauf dans l'infiniment petit, où les contraires cessent quelquefois de s'exclure. Mais il est vrai que, là aussi, les mots défendent jalousement leur territoire.

JCC – C'est peut-être une des surprises que l'avenir de l'univers nous apportera : un nouveau langage ?

JA – Et nos descendants auront peut-être quelque peine à comprendre le nôtre.

JCC – De la même façon qu'aujourd'hui nous nous égarons dans les raffinements du Moyen Age.

JA – De nos jours, que dit-on des anges ?

JCC – Ils ne sont pas morts. On voit même, ici ou là, que l'ange gardien s'accroche. Le cinéma l'utilise de temps à autre. C'est un signe de survie. J'ai même rencontré, il n'y a pas si longtemps, un « angélologue ».

JA – C'est-à-dire ?

JCC – Un homme qui a pour métier de parler des anges. Il donne des conférences à leur sujet. Sur leur histoire, sur leur comportement, sur leur hiérarchie compliquée, il est imbattable. Mais d'une manière générale, il semble bien qu'on parle de moins en moins des anges, ainsi que du Diable, leur vieux compagnon.

MC – Qui est d'ailleurs un ange déchu.

JCC – On parle moins d'eux, parce que c'est mal vu, cela fait un peu folklorique. Le langage théologique contemporain, depuis longtemps déjà, se fait plus lointain, plus symbolique. Au lieu d'admettre comme un fait l'existence des anges et de tenter de les décrire (c'est au fond l'attitude de la physique classique par rapport au réel), on préfère aujourd'hui les considérer comme des virtualités, des manifestations. Encore un peu et les théologiens diront que les anges, comme le Diable, sont un besoin de notre esprit.

MC – Vers une théologie quantique ?

JCC – Ne rêvons pas. Mais sachons que la connaissance précise et totale des anges nous est à jamais interdite. Saint Augustin le disait déjà : *Nous ne connaîtrons leur être de manière complètement claire que lorsque nous serons unis pour toujours avec eux dans la possession commune de l'éternelle béatitude.*

MC – Là encore, l'observateur et l'observé se confondent.

JCC – Je ne te le fais par dire. « Unis pour toujours. »

JA – La même chose vaut pour les démons ?

JCC – Bien entendu. Nous ne les connaîtrons vraiment que dans les brasiers de l'enfer.

## *La hantise du virtuel*

JA – Puisque nous avons abordé le *subtil,* restons un instant dans ces domaines où le vocabulaire hésite. Parlons du *virtuel.* C'est un mot qui revient souvent. L'univers nous paraît rempli de *virtualités.*

JCC – Je crois qu'il faut dire, car ce n'est peut-être pas évident, que *virtualité* vient de *vertu.* Une vertu, c'est une force. Dans le cas d'une virtualité, c'est une force qui existe, qui est là, mais qui ne s'exprime pas. Comment définir cette force ? Comment l'étudier ?

JA – C'est difficile. La description de la force gravitationnelle, nous l'avons vu, va jusqu'à l'invention d'une particule, le graviton. Il y a une *vertu* de la gravitation, une force qu'on constate partout dans l'univers. Pour justifier cette force, pour tenter de la rendre familière, accessible à l'étude, nous avons essayé de l'incarner dans une particule. D'où l'invention nécessaire du graviton, qui a permis de réels progrès.

JCC – Mais ce graviton existe, ou n'existe pas ?

MC – Il existe *et* n'existe pas. Voici un autre piège du langage. Le mot *exister,* dans l'infiniment petit, se trouble, s'élargit et perd son pouvoir d'exclusion. Aux yeux de l'observateur ordinaire, le graviton est invisible. Aussi avons-nous tendance à dire qu'il n'existe pas. Ce qui est vrai. Mais on pourrait le dire de toutes les particules.

JA – Mais si nous imaginons le graviton, nous rendons son existence nécessaire. Grâce à lui, nous avons une meilleure approche de la gravité. Donc il existe, au moins quand nous voyons cette force se manifester. Et ça aussi, c'est vrai.

MC – D'ailleurs tout porte à croire qu'un jour, grâce à des instruments nouveaux, véritables prothèses, ce graviton, nous pourrons le mettre en lumière.

JA – Que nous pourrons en voir les traces, ou le signal.

MC – Dans ce va-et-vient incessant entre théorie et expérience, on pourrait dire qu'aujourd'hui une grande partie de nos recherches est dominée par le spectre de la virtualité.

JCC – A rechercher des forces qui ne s'expriment pas ?

MC – Qui ne s'expriment pas ouvertement, ordinairement. Dans l'objet le plus faible, tu le sais, dans une feuille morte, dans un vieux grain de riz, se manifeste en permanence une force extraordinaire, la force qui réunit toutes les composantes élémentaires de ce grain de riz, de cette feuille.

JCC – Je tends une main devant moi, je la regarde. Pourquoi a-t-elle la forme d'une main ?

JA – Et pourquoi les atomes qui la composent restent-ils en place au lieu de s'éparpiller instantanément dans le cosmos ?

MC – Il en est ainsi de tous les objets. Ma main, et le crayon qu'elle tient, et ce bout de papier que le vent fait trembler sur la table, sont maintenus dans leur substance et dans leur forme par deux forces considérables, la force nucléaire forte et la force électromagnétique.

JCC – La force nucléaire forte maintient les noyaux d'atomes...

MC – ... et la force électromagnétique cimente les atomes entre eux.

JA – Ces deux forces sont très puissantes. La force nucléaire forte est si intense que nous devons déployer des efforts titanesques, et fabriquer des bombes nucléaires, pour rompre partiellement cette cohésion dans le cas d'une bombe A, et l'accroître brutalement, comme une épidémie foudroyante, dans le cas de la bombe H.

JCC – Et cette force nucléaire aussi est virtuelle ?

MC – Plus exactement, elle est cachée. Mais on peut la réveiller et la déchaîner. Nous ne la connaissons que par ses effets et aussi par les efforts dont parlait Jean, ces efforts énormes qui sont nécessaires pour la déchaîner, et dont d'abord on s'est servi pour tuer des hommes, pour effacer des villes.

JCC – J'avais quatorze ans, j'étais chez moi, dans un petit village du midi de la France, quand un matin du mois d'août les journaux ont annoncé la destruction d'Hiroshima. Je lisais l'article à haute voix dans la rue à des paysans stupéfaits. Et nous nous demandions : Mais qu'est ce que c'est ? Quel secret magique les Américains ont-ils découvert ? Est-ce que le monde entier pourrait sauter ?

JA – La force forte était jusque-là une force cachée que les scientifiques ont d'abord postulée.

JCC – Et que l'expérience militaire, aux couleurs d'une tragédie, confirmait en ce jour d'été.

JA – De même pour les neutrinos. Ils ont été postulés théoriquement – ils étaient en quelque sorte nécessaires – avant que l'expérience nous confirmât leur existence. Une expérience moins traumatisante que celle de la bombe A.

JCC – C'est à ce moment-là que la virtualité cesse d'être virtualité ?

JA – Oui. Le neutrino, jusque-là virtuel, existe quand on l'observe.

MC – Et là seulement.

JCC – Nous commençons à aborder les terres les plus indécises et les plus troublantes. Nous dépassons une relation simple : celle de l'ignorance et du savoir. Vous savez des choses que j'ignore.

JA – Et vice versa.

JCC – Rien de plus normal. Mais vous commencez à jouer avec des notions étranges, entre la présence et l'absence, entre l'existence et le néant, entre l'imaginaire et le réel, notions dont j'avais du mal à penser, jusqu'à maintenant, qu'elles appartenaient au territoire scientifique. Je croyais qu'elles nous étaient réservées. Il m'a fallu assez longtemps pour admettre que les scientifiques contemporains ne se payaient pas de mots. Car on pourrait croire que vous parlez de la virtualité de la force forte, ou d'une autre force, à la manière de Sganarelle, quand il dit que l'opium fait dormir à cause de sa vertu dormitive. Ce graviton inventé, par exemple, pourrait bien être cette vertu-là.

MC – Mais l'opium possède une vertu dormitive, c'est indiscutable.

JA – L'erreur est de s'arrêter au mot vertu.

## *Le péché de la science*

JCC – Puisque nous avons évoqué Hiroshima, je m'arrête un moment. Je pense à ces deux villes anéanties par un prodige dont les hommes rêvaient depuis leurs origines. Je pense aussi à tous les dangers qui nous enveloppent, derrière lesquels se dissimule toujours quelque fantôme scientifique. Et je vous demande : Est-ce que la science sauvera la Terre de la science ?

JA – Nous n'avons pas le pouvoir d'en décider seuls.

JCC – Les hommes politiques vous demandent votre avis ?

MC – Rarement. D'ailleurs quand une erreur est commise, ou quand un problème se présente, chacun se renvoie la balle. Il nous semble pourtant qu'on ne devrait pas faire le procès de l'allumette, mais celui de l'incendiaire.

JCC – Pourquoi les effets de Tchernobyl se sont-ils fait sentir dans tous les pays européens, sauf en France ?

JA – Parce que la France est une puissance nucléaire, évidemment.

MC – Des consignes étaient certainement données pour ne pas alarmer les gens, et cela je le comprends.

JCC – Toute une propagande masquée nous entoure, vous le savez bien, pour adoucir le danger nucléaire. Après chaque « incident » comme celui de Tchernobyl, immédiatement un rassureur professionnel – généralement un homme de soixante ans, décoré et remplissant de hautes fonctions – apparaît sur tous les écrans de télévision pour nous dire que ce n'est rien, que la France de toute façon n'est pas touchée et que le programme peut tranquillement se développer. Rien ne me terrifie comme ces rassureurs-là.

JA – Ils parlent sur commande.

JCC – Parfois cette action se manifeste par une bourde éclatante, comme la bombe dans le bateau de *Greenpeace,* bourde qui cache toute une activité souterraine, véritablement dangereuse. On en vient à déconsidérer et même à insulter une organisation qui pourtant agit en faveur de nobles et bonnes causes, et à la chasser de France. Quant à nos maladroits terroristes, qui au passage ont tué un homme, certains de nos journaux en faisaient des héros.

JA – Les écologistes, en France, ont beaucoup de mal à se faire entendre.

JCC – Et si c'était votre faute ? Vous ne leur avez jamais donné votre appui. Vous restez douillettement dans votre coin à répéter : Ce n'est pas à nous d'alarmer, nous ne sommes que des chercheurs, le pouvoir de décider n'appartient pas – et ne doit pas appartenir – aux scientifiques. Sans doute. Mais, en attendant, qui nous renseignera, si vous ne le faites pas ? Qui sera écouté, si on ne vous entend pas [1] ?

MC – De toutes les activités humaines, il est vrai que la science est la seule qui peut détruire toute activité humaine. Cette évidence est en fait une des grandes découvertes scientifiques de notre siècle. Certains en sont devenus fous. Comme l'a dit Oppenheimer, la science a connu le péché.

1. L'attitude de nombreux scientifiques a changé depuis cette date. Nous en parlons dans *Regards sur le visible.*

Elle s'est chassée elle-même du paradis des savants innocents. Elle s'est radicalement distinguée de toute autre activité humaine.

JCC – Quel curieux paradoxe. Nous voyons tous que la connaissance est bonne, qu'il est bon de savoir, et cette ardeur de connaître conduit aux abords de la destruction.

JA – La science a du mal à l'admettre. Moi par exemple, j'ai du mal. Je vois bien toutes les menaces qui s'accumulent, je ne suis pas aveugle, et pourtant je ne peux pas en rejeter la faute sur la science, sur l'activité scientifique.

JCC – Cette activité te paraît naturelle ?

JA – Oui. Le besoin de savoir est en nous, étranger aux règles morales.

JCC – Mais la religion chrétienne paraissait elle aussi naturelle, et pure, et juste, et même généreuse, aux missionnaires qui emportaient dans leurs bagages tous les éléments des futurs massacres. Aucune activité n'est pure en soi. Tout dépend de ce qu'on en fait.

JA – Disons que l'activité scientifique est intensément humaine, comme toute activité.

MC – Et qu'elle est une activité qui réussit de temps en temps.

JA – Elle s'apprend durement, car on ne doit jamais savoir pour toujours ce qu'on sait. Mais rien n'est beau sans effort. Je ne reproche rien aux autodidactes, mais quand ils s'attaquent à la science officielle, leur méchant dragon, ils font un faux procès. On ne peut pas se lever un beau matin et présenter de but en blanc une théorie des particules. Au fond leur rêve est de faire partie de cette science officielle, dans laquelle on peut entrer à tout âge si on s'en donne la peine. Car la science conduit à des joies, de vraies joies. La réjouissance de l'esprit est probablement inégalable.

JCC – Pardonnez-moi si j'insiste : notre survie passe nécessairement par vos mains ?

JA – Bien sûr. Nécessairement. Les techniques de survie seront obligatoirement scientifiques, et pour en venir là l'homme a juste le temps.

JCC – Vous informez les hommes politiques ?

MC – C'est notre rôle de trompettes. Et quelquefois nous jouons faux. Dans l'affaire du volcan de la Soufrière en Guadeloupe, la classe scientifique a démontré de façon patente son incapacité à répondre à une juste demande de la population. Il s'ensuivit une très pénible querelle.

JCC – On pourrait dire un mot de la navette spatiale ?

JA – Par exemple. Après le lancement de celle qui explosa en 1986, un autre tir était prévu, la même année. Cette autre navette aurait dû propulser deux satellites munis de générateurs d'énergie au plutonium. Le plutonium est un produit extrêmement dangereux. Si *cette navette-là* avait explosé, la vie, sur une grande partie de la Floride, aurait été mise en danger.

MC – Il s'en était fallu, cette fois, de très peu.

JCC – Vous me donnez réellement froid dans le dos. Il y a d'autres générateurs d'énergie au plutonium dans l'espace, autour de nous ?

MC – Plus d'une cinquantaine de satellites nucléaires militaires ont déjà été lancés. Ils effectuent des missions de surveillance et ils sont probablement alimentés par des charges d'uranium 235 qui sont dangereuses.

JA – Et certains de ces satellites ont eu des ennuis.

MC – Le journal *Air et Cosmos* rapportait au mois de juin 1988 qu'un de ces satellites, Cosmos 1900, devait rentrer dans l'atmosphère vers juillet-août, et s'y désintégrer, sans qu'il existât la moindre possibilité d'évaluer l'augmentation de radioactivité qu'il provoquerait.

JA – Les liaisons avec ce satellite sont interrompues depuis la fin du mois d'avril.

MC – Il se désintégrera fatalement...

JA – Mais sans doute n'en entendrons-nous jamais parler [1].

MC – Les menaces suspendues au-dessus de nos têtes sont sans doute plus alarmantes que celles qui dorment dans les silos nucléaires.

JCC – Pourquoi ces choses-là ne font pas la une de tous les journaux ? Pourquoi le silence l'emporte-t-il sur la parole ? Pour éliminer un problème, suffit-il de n'en pas parler ?

JA – Il est difficile de te répondre.

---

1. Ce qui fut le cas.

MC – On ne veut pas épouvanter. Politiques et industriels sont d'accord, ainsi d'ailleurs que certains scientifiques.

*L'univers n'est pas un casino*

JCC – J'essaie d'oublier le plutonium, ce qui n'est pas simple, et je reviens à notre grande histoire. Vous dites que, depuis l'origine de notre système solaire, la constitution des organismes vivants s'est faite de plus en plus complexe.

JA – Exact.

JCC – Peut-on dire que, chemin faisant, nous avons perdu nos virtualités ? Que toutes les autres organisations possibles, qui auraient pu être les nôtres, n'ont pas été réalisées ?

MC – Oui, on peut le dire, à condition de ne pas retomber dans la « chance », la « coïncidence ». Des milliards d'autres assemblages étaient possibles, mais nous ne saurons jamais lesquels.

JA – Il faut être aussi clair que possible sur ce point, car cette question des « chances » de l'univers – chances d'être autre – soulève des difficultés persistantes.

MC – Il s'agit pourtant d'une réflexion très simple. L'univers, au moment où il se « décide », au moment où il devient ce qu'il est, ne se trouve pas devant une table de jeu, dans un casino. Personne n'a fixé pour lui les différentes possibilités entre lesquelles il aurait à choisir. En réalité, il fabrique lui-même sa table en même temps qu'il joue, et le chemin qu'il prend est *le seul choix* qu'il ait, car en le prenant il élimine tous les autres.

JA – Loin d'être une chance parmi des milliards, la voie prise par l'univers, la solution qu'il a suivie, était la seule qu'il pouvait suivre, puisqu'elle est advenue.

JCC – Nous l'avons déjà dit, mais il est bon de le répéter. Ce n'est donc pas un paradoxe ?

MC – Absolument pas.

JCC – Quand on dit par exemple : « C'est comme si, en jetant au hasard toutes les lettres de l'alphabet, en nombre suffisant, on obtenait l'*Odyssée* d'Homère » ?

MC – C'est une analogie parfaitement fallacieuse. Nous oublions que, dans le cas de l'*Odyssée,* les lettres devraient exister au préalable, et non seulement les lettres mais l'assemblage des lettres, une langue précise, une possibilité de lire cette langue et de l'apprécier. Toutes choses que l'univers ignore au moment de son prétendu « choix ».

JA – Une fois de plus, c'est de la logique à notre dimension. Et cette logique anthropomorphique, quand elle se pratique en surface, conduit à raisonner étroitement, comme si l'homme reportait ses propres catégories, ses propres calculs et même ses propres nécessités intérieures au temps où l'univers cherchait ses formes.

MC – C'est un travers qui nous guette à chaque pas : prêter à l'univers des désirs, une pensée, un libre arbitre, des étonnements et une incertitude humaine. C'est l'accabler d'humanité, c'est en faire un objet humain.

JCC – Si nous remplaçons le mot *vertu* par le mot *liberté* – après tout, pourquoi pas ? – peut-on dire en tout cas que nous avons perdu notre liberté fondamentale ? La totale liberté du commencement ?

MC – Il faut se méfier tout spécialement du mot *liberté,* qui a des résonances terrestres. Évitons soigneusement de parler de notre liberté de choix, de notre libre arbitre, et disons que nous avons perdu notre liberté matérielle, la possibilité d'être composés d'une autre matière, la « chance » d'être autres.

## *Le petit est subtil, le grand est lourd*

JA – Et ce qui est vrai pour nous est vrai pour les galaxies. Elles ont perdu leurs virtualités.

MC – Elles ne seront jamais que des galaxies.

JA – Pour parler à mon tour comme Michel, les galaxies n'ont plus de leur vertu qu'un souvenir très nostalgique.

MC – Le souvenir de ce qui n'a jamais été.

JA – On a longtemps dit que plus les corps augmentent, en volume et en densité, plus les règles sont rigides et difficiles à transgresser.

MC – C'est la particule qui est un artiste. Le petit est subtil, le grand est lourd. Les galaxies se plient à l'ordre et à l'obéissance.

JCC – Difficile d'imaginer une galaxie-artiste ?

JA – Tout dépend du sentiment que nous avons de la beauté. Il y a des galaxies irrégulières, mais d'une façon disons grossière, ce qui n'empêche pas que nous puissions les trouver belles.

MC – Plus il avance en âge, plus l'univers devient prévisible et lourd. C'est la première « seconde » de l'univers qui est quantique. Elle est folle, tout peut arriver.

JA – Le début paraît plus « libre » que ce qui suit le début. Et l'atome est plus « libre » que la galaxie. Je mets des guillemets autour du mot « libre », ce qui est une manière de donner à ce mot une certaine imprécision, un certain flou. Je sais que nous ne faisons que tourner autour du réel, mais comment m'interdire de parler de ce que je ne connais pas ? Ce serait la fin, le renoncement, le silence.

JCC – Notre structure, complexe et mortelle, n'offre aucune apparence de cette liberté quantique, qui n'est pas celle de l'esprit ?

MC – Aucune, sauf dans nos atomes, peut-être.

JCC – Nos atomes qui sont quasiment immortels.

JA – Croyons-nous, jusqu'à nouvel ordre...

JCC – Cette folle liberté matérielle du début, ce chaos inédit, cette possibilité d'être autre, est-il envisageable qu'on puisse un jour y parvenir ? Artificiellement ? Par nos propres moyens ?

JA – Que *nous* puissions y parvenir ? C'est pratiquement inimaginable. Il faudrait retrouver les conditions du début, parvenir à la réunification des quatre forces, ce qui ne pourrait se faire en laboratoire que si nous disposions d'un accélérateur de particules de la dimension du système solaire.

MC – Et encore.

JCC – Cette image impossible, ce serait véritablement une création nouvelle ?

MC – Oui. Une activité de démiurge.

JA – Notre liberté matérielle semble perdue à jamais. A

moins que l'univers lui-même, saturé d'invisible, ne retourne un jour à sa source.

### *Courte halte sur le chemin*

JCC – Il n'est pas mauvais de le répéter. Plus nous allons, plus il me semble que ce livre est comme tressé. Il est comme composé de plusieurs fils aux couleurs diverses. De temps en temps une de ces couleurs apparaît, vient à la surface, puis elle disparaît, cède la place à une autre couleur. Plus tard, elle réapparaîtra. C'est une technique de récit très ancienne, apparemment sinueuse et négligée, tout à l'opposé de la tragédie classique ou des édifices bien ordonnés de notre pensée, qui parlent d'une chose après l'autre.

MC – Où on « épuise » le sujet.

JA – Quelquefois aussi le lecteur.

JCC – J'ai toujours aimé cette forme, indienne, arabe, qu'on retrouve aussi dans le roman picaresque espagnol. C'est comme une promenade agréablement hasardeuse où les promeneurs s'arrêtent à l'ombre d'un arbre, ou bien dans une auberge imprévue, pour écouter des récits de rencontre.

MC – Don Quichotte laissait les brides sur la maigre encolure de Rossinante, car il disait que c'était là l'essence même de l'aventure.

JCC – Il y a peu de temps, j'ai appris comment on dit « tressage » ou « tresser » en sanskrit. C'est un mot très connu *(tantra),* qui bien entendu a aussi d'autres sens.

JA – Ce besoin de tresser les choses qu'on raconte doit être très ancien.

MC – Aussi ancien que les histoires.

### *L'organisé et l'extravagant*

JCC – Eh bien, notre halte à l'ombre de l'arbre se termine. Elle a été brève. Nous disions donc, nous répétions que nos atomes sont quasiment immortels.

JA – Très probablement.

MC – Ou peu s'en faut.

JCC – Nous sommes ainsi des mortels organisés, construits à partir d'immortels extravagants ?

JA – On peut aussi le dire ainsi.

JCC – Le prix que nous payons, pour l'organisation prodigieuse de notre structure, c'est donc la mort ?

MC – C'est la mort. Mais nous ne sommes pas les seuls à payer ce prix. Toute forme le paie, nous l'avons dit.

JCC – A notre mort, nos atomes continuent leur aventure. Ils passent ailleurs ? Ils se recomposent dans d'autres corps ?

MC – Et ainsi de suite.

JCC – Je m'arrête à nouveau car ce chemin entrecoupé, qui pourtant n'a rien de technique, me semble rude. Rude pour notre esprit habitué aux catégories. Car voici que nous nous penchons avec étonnement sur le subtil. Nous y voyons ce que nous avons perdu sans jamais l'avoir possédé, une force qui relie et maintient mais qu'on ne peut apercevoir nulle part, nous voyons une mort à un certain niveau d'organisation, pas à l'autre, un chant sans voix, une empreinte de pas sans marcheur, une existence qui n'est pas : sommes-nous toujours dans un territoire scientifique ?

MC – Rigoureusement.

JCC – J'ai pourtant le sentiment d'un monde où les opposés ne s'excluent plus.

JA – En effet.

MC – Le virtuel pour la physique quantique, c'est ce qui paraît échapper à la loi, et qui est pourtant vrai.

JA – Mais le virtuel fait avancer les choses. Newton l'a bien compris, dès le dix-septième siècle. Sans l'idée d'une force qui mécanise l'univers, la physique n'aurait pas été possible. La confirmation est là, et c'est en même temps une vaste surprise : nos mathématiques nous aident à comprendre et à expliquer l'univers. Elles s'accordent aux lois apparentes de la nature.

MC – Mais les mathématiques ne sont pas uniquement attachées au réel. Elles permettent d'écrire d'une manière concise et précise les lois apparentes de la nature, mais elles créent aussi des mondes foisonnants et des êtres imaginaires, qui nous aident à apprécier nos conquêtes et nos limites.

### *L'explication du pauvre homme*

JCC – Plus l'esprit s'avance sur le chemin qu'il s'est à lui-même tracé, plus on dirait qu'il doit mesurer sa propre limite.

MC – Nos schémas de pensée sont vraisemblablement trop simplistes. Ils ne sont pas à la dimension, si l'on peut dire, de l'infiniment grand, ou de l'infiniment petit.

JA – Nous avons beaucoup de peine à quitter le champ du visuel, à continuer à chercher dans ce que nous ne pouvons plus nous représenter, surtout dans l'infiniment petit.

MC – Dans l'invisible.

JA – Dans cette recherche hors de l'image, le formalisme mathématique et physique nous fournit une aide incomparable. Si la science recherche l'universalité, elle doit au moins être un terrain commun pour ceux qui la pratiquent. Nous entrons dans des pensées étranges où d'une part les mots et les images habituels ont du mal et où le langage mathématique devient assez vite impénétrable. Il nous faut donc une représentation commode, qu'on appelle un modèle. Par exemple si je parle des électrons en orbite autour du noyau, cette image est fausse mais elle est commode à communiquer.

JCC – Elle dit bien ce qu'on ne peut pas dire.

JA – C'est ce que nos collègues anglo-saxons appellent *the poor man explanation*, l'explication du pauvre homme.

JCC – L'intelligence artificielle pourra-t-elle, demain ou après-demain, aller là où nous n'allons pas ?

JA – On ne peut pas l'exclure. Mais ses résultats, ses découvertes, comment nous les communiquera-t-elle ? Il faut bien s'accrocher à quelque chose ; s'en tenir à l'anthropomorphisme, aussi longtemps que nous sommes des hommes.

JCC – Mais les hommes changeront-ils ?

MC – Les biologistes sont peut-être les savants du futur. Tout semble l'indiquer. Leur puissance s'annonce effrayante. Mais si notre espèce est appelée à un plus haut destin de connaissance (ou si l'appât du gain nous entraîne, ou l'instinct de domination, ou même simplement de survie), il y aura sans doute, là aussi, un prix à payer. Si l'espèce humaine projette par exemple de coloniser l'espace, ce qui est parfaitement concevable, il semble que la structure physiologique idéale, pour mener à bien cette entreprise, serait celle de la pieuvre, ou du nuage. Faut-il souhaiter que les astronautes, les futurs colons de l'espace, perdent leur squelette et qu'il leur pousse des tentacules, des ventouses ?

JA – En somme, l'intelligence a beaucoup de peine à parler de l'intelligence.

MC – L'esprit est un perpétuel défi à lui-même.

JCC – Pour en revenir un instant aux théologiens d'autrefois, ils ont accompli de prodigieuses prouesses mentales pour essayer d'atteindre au mystère divin. Ces efforts, pour la plupart, nous semblent aujourd'hui ridicules et, à la lettre, nous ne comprenons plus leur intelligence. Mais ils ont mis à l'œuvre, longuement et sérieusement, les esprits les plus puissants, les mieux organisés de leur époque. Il se trouve que le mystère auquel ils se mesuraient n'est plus le nôtre. Nous avons renoncé à comprendre les secrets d'une volonté divine présupposée, à analyser inlassablement une essence divine, des attributs, un plan divins.

MC – Notre mystère s'est déplacé.

JCC – Mais rien ne permet de dire qu'il ne se déplacera pas encore, et que nos efforts d'aujourd'hui ne paraîtront pas puérils, demain.

JA – Théoriquement, tu as raison. Mais en fait, dans la communauté scientifique contemporaine, malgré des désaccords et parfois des querelles, il semble qu'un grand nombre de points soient acquis, et acquis pour longtemps.

MC – La science ne remet jamais tout en cause. Il existe un trésor scientifique, qui s'accroît sans cesse. Et ce qui s'ajoute au trésor a été passé au feu de l'épreuve.

JA – Nous restons tous admiratifs devant Newton.

*La nouvelle trinité*

JCC – Donc, vous avez des certitudes ?

JA – Je ne parle pas de certitude. Nous n'allons pas jusque-là. Je parle simplement d'un consensus scientifique. Un très grand nombre d'évidences aujourd'hui ne soulèvent aucune discussion. Plus même : on sait ce qu'on ne sait pas. Et puisque tu évoques la théologie de jadis, je me dis quelquefois (avec ma prudence officielle) que nous avons remplacé l'antique trinité par une trinité nouvelle, la Matière, l'Espace et le Temps.

JCC – Qui serait quoi ?

JA – La Matière serait Dieu le Père, évidemment.

MC – Le Fils serait l'Espace, et le Saint-Esprit serait donc le Temps.

JA – Par exemple. Et chacun des trois est inséparable des deux autres.

JCC – L'analogie est un exercice divertissant mais dangereux. Par exemple, on a souvent dit que l'infiniment petit était comme un reflet de l'infiniment grand. On a parlé du système planétaire de l'atome.

MC – Ce qui est résolument faux.

JCC – Et pour nous en tenir à notre chère trinité, la vraie, on voit bien qu'aujourd'hui elle s'est disloquée. Le Christ, devenu Superstar, l'a très largement emporté sur les deux autres. Autrement dit, là encore l'homme a gagné : Dieu le Père n'est plus qu'une sorte de vapeur lointaine. Quant au Saint-Esprit, on ose à peine le nommer. Comme disait Buñuel, « il mendie aux carrefours ».

MC – Et on ne peut pas dire, dans la trinité de Jean, que l'Espace l'ait emporté sur le Temps et sur la Matière.

JA – Ce sont trois aspects d'une même réalité.

MC – Pas sûr. La réalité est un terme circulaire, qui se définit par rapport à lui-même, un mot probablement mal choisi, comme beaucoup d'autres. Personne ne peut sortir de ce cercle vertueux.

JA – Tu as raison. Disons plutôt que Matière, Espace et

Temps sont des aspects complémentaires de *la réalité objective.* Mais j'aimerais poursuivre un instant cette analogie très simpliste.

MC – Nous t'écoutons.

JA – L'Espace, le Temps et la Matière, comme dans la Trinité, sont à la fois les aspects complémentaires d'une même réalité, et des concepts qui ne peuvent pas se concevoir les uns sans les autres. Comme dans le cas de la Trinité théologique où le fils se distingue du père, les termes de la trinité physique sont distincts et discernables. Par exemple, le temps physique s'écoule toujours du passé vers le futur alors qu'aucune contrainte de ce genre ne s'applique à l'espace. Par ailleurs, les trois termes sont inséparables, il n'existe ni Temps, ni Espace, sans Matière. La Matière les contient nécessairement.

JCC – Pas de Fils, pas de Saint-Esprit, sans le Père.

MC – Deux concepts fondamentaux, le temps et l'énergie, sont étroitement liés. Nous y reviendrons

JA – Aussi loin que nous regardions autour de nous, nous constatons l'existence de Matière, et par conséquent d'Énergie. Je rappelle que le mot Matière désigne aussi l'Énergie, puisque, selon l'illustre formule d'Einstein, $E = mc^2$, égalité qui nous est aujourd'hui aussi familière que 2 et 2 font 4.

## *Quelques rappels utiles*

JCC – On avait dit : pas d'équation.

MC – Mais celle-ci est si célèbre qu'elle n'est plus une équation.

JCC – Alors il faut la traduire en mots.

JA – C'est une équation fameuse pour deux raisons. D'abord elle a établi l'analogie de l'Énergie et de la Matière. E, l'Énergie, est égale à la Masse, multipliée par le carré de la Vitesse de la lumière.

JCC – Et la deuxième raison ?

JA – C'est précisément la présence dans cette équation d'un terme limitatif, la vitesse de la lumière, que représente c, une constante universelle. Quelles que soient les circonstances, la température et la direction, la vitesse de la lumière ne change pas.

MC – C'est la constance par excellence.

JCC – Revenons à nos chers théologiens, qui en quelque sorte nous ont précédés sur le chemin de l'invisible. Certains, dans leur passion de l'essence divine, ont prétendu que Dieu devait nécessairement créer le monde, qu'il ne pouvait pas faire autrement, qu'il était « dans la nature de Dieu de créer ».

MC – D'autres théologies ont probablement dit le contraire ?

JCC – Très précisément. Ils ont dit que Dieu pouvait toujours « faire autrement », qu'il était suprêmement libre de créer ou de ne pas créer. C'est même l'opinion majoritaire.

JA – Peu importe. A chacun sa querelle. Et répétons que toute analogie est simpliste et aussi maladroite. Mais continuons avec la matière-énergie. Nous constatons qu'elle ne se trouve pas au même lieu. Les objets matériels, les galaxies, les étoiles, la Terre sont distants, séparés. Les événements qui les affectent ne sont pas simultanés.

JCC – Alors que les trois personnes de la Trinité sont à chaque instant inséparables.

MC – Vraiment ? Est-on bien sûr que le Saint-Esprit est mort sur la croix ?

JCC – Non, je ne crois pas. C'est le Fils qui est mort, dans sa nature d'homme. Car il faut être un homme pour mourir. Mais je ne peux pas m'en porter garant. Ce qui concerne le Saint-Esprit est toujours obscur.

JA – Toute l'histoire de l'astronomie, du moins en Occident, nous montre que nous nous sommes très lentement débarrassés de l'idée que nous sommes au centre de l'univers. Ce mouvement de la pensée est très connu. Il est peut-être inutile de le rappeler ?

JCC – Sûrement pas.

JA – Cet arrachement à notre anthroponombrilisme ne s'est pas accompli sans mal. Le christianisme a longuement encouragé l'homme, créature d'origine divine, à se poser en alpha et oméga de la création, et à situer la Terre, sur laquelle a coulé le sang du Fils, comme le centre de l'univers.

JCC – Ce n'est pas vrai de l'Orient, de la Chine, de l'Inde. Là-bas, répétons-le, l'univers a presque toujours été conçu comme prodigieusement grand, et multiple.

JA – Revenons chez nous. Rappelons la révolution copernicienne, au seizième siècle, qui déclare que la Terre tourne autour du Soleil, bien que trente pour cent de nos contemporains soient encore convaincus du contraire, selon un sondage récent.

MC – Copernic, en quelque sorte, a détrôné la Terre. Elle devenait planète docile, soumise à son étoile, notre Soleil.

JCC – Soleil qui lui-même a été détrôné très tard, au vingtième siècle.

JA – On sait maintenant qu'il est loin du centre de notre galaxie, et que celle-ci n'est qu'un objet parmi le milliard d'autres galaxies observables. La conclusion est simple. Elle est un autre coup à notre orgueil. Nous sommes faits d'une matière nucléaire qui est celle de l'univers visible, mais il existe sans doute une autre matière, non nucléaire, sombre à nos yeux, et vraisemblablement plus abondante que la nôtre.

JCC – Adieu la Très Sainte Matière, unique au monde, qui nous composait.

JA – Ici, évidemment, s'arrête l'analogie avec la Trinité. Comment imaginer un Dieu qui ne serait pas le premier venu ? Ou qui serait minoritaire ?

MC – Notre orgueil originel, si éclatant dans les mythes des peuples, a été gravement frappé. Beaucoup de gens, autour de nous, ne le ressentent pas encore.

### *Digression par le mystère*

JCC – Au risque de me montrer insistant, j'aimerais revenir un moment sur la théologie chrétienne, et tenter une digression par le mystère.

MC – Les digressions ramènent toujours au droit chemin.

JA – A supposer que le chemin soit droit.

JCC – Là encore je pars d'un souvenir concret, d'un souvenir de travail. En 1967, avec Luis Buñuel, nous décidâmes de faire un film sur les hérésies de la religion chrétienne qui s'est appelé *La Voie lactée.* Une idée de Luis, à laquelle il rêvait depuis longtemps, depuis la lecture d'un livre sur les hétérodoxes espagnols. Avant de nous mettre au travail, dans ce territoire peu fréquenté, je passai quelques mois à ramasser ce qu'on appelle de la documentation. Je recherchais patiemment, surtout dans les encyclopédies religieuses du dix-neuvième siècle, tout ce qui concerne l'histoire et l'analyse de ces hérésies qui sont nombreuses, obstinées et assez souvent extravagantes. J'insiste sur le fait que toutes les histoires des hérésies que nous possédons ont été rédigées par des catholiques romains, autrement dit par des adversaires décidés. C'est pourquoi ils les appellent toujours des « erreurs ».

JA – Je vois que nous ne sommes pas loin de notre devant de porte.

JCC – Nous en sommes tout près. Et voici par quel détour. En essayant, pour ma propre convenance de scénariste, de mettre un peu d'ordre dans ce fouillis, une idée claire m'apparut tout à coup. Je peux la formuler très simplement : *Toutes les hérésies naissent d'un besoin d'expliciter un mystère.*

JA – Sois plus explicite.

JCC – Il y a, dans le dogme inlassablement répété et perfectionné de la religion catholique, la plus autoritaire, la plus hiérarchisée de toutes les religions, six grands mystères : la Sainte Trinité, la Double Nature du Christ, l'Eucharistie (ou présence réelle du corps du Christ dans le pain de l'hostie), l'Existence du Mal dans le monde (alors que Dieu est souverainement bon) et les mystères divers concernant la Vierge Marie, qu'on groupe généralement sous le nom de Mystères mariaux. Le dernier mystère, en un sens plus « moderne », que toutes les religions ont dû longuement affronter, concerne la Liberté de l'homme, son libre arbitre, sans lequel il n'est pas de péché. Mais comment un homme peut-il être libre quand Dieu sait à l'avance toutes les actions qu'il va accomplir ? De là ces interminables et très subtiles discussions qui ont tourné, en Occident, autour du problème de la grâce. Pardonnez-moi d'être un peu long, mais c'est une très longue histoire.

JA – Prends ton temps.

MC – Et le nôtre.

JCC – Voici maintenant la règle. Si mon esprit, toujours soucieux d'ordre et de clarté, et qui littéralement ne peut pas supporter des affirmations contradictoires, essaie de *comprendre le mystère* et de l'expliciter, il tombe nécessairement dans l'abîme hérétique, au fond duquel brûle généralement un bûcher. Un exemple : le dogme me dit que le Christ est Dieu *et* Homme. Il faut insister sur la conjonction *et,* très difficile à admettre en Occident qui est plutôt le monde du *ou*... Ce dogme, la double nature du Christ, union que les théologiens ont appelée hypostatique entre le verbe divin et la nature humaine – deux natures en une seule personne – est un mystère inconcevable. Je dois l'accepter ainsi, sans réfléchir, sans discuter, sans même penser, car la splendide absurdité avec laquelle il se présente à l'esprit est la preuve même de son origine divine.

MC – *Credo quia absurdum.*

JCC – Précisément. Si maintenant, malgré mes efforts de soumission mentale, je ne peux pas faire taire cet appel à un ordre clair, à une conformité logique, ce besoin viscéral et irrépressible de *comprendre* que je sens constamment vibrer au-dedans de moi, je regarde ce mystère, je l'analyse, presque clandestinement, et, ma raison s'égarant, je commence à y voir ce qu'on appelle des « difficultés ».

JA – Par exemple ?

JCC – Elles sont multiples. La plus infranchissable est d'imaginer un dieu qui est né, qui a grandi, qui a souffert et qui est mort. Tous ces aspects anthropomorphiques semblent relever du paganisme, que le christianisme veut combattre. Et ainsi de suite. Comment peut-on dire que Marie est « la mère de Dieu » alors que Dieu est incréé ? Ou que Dieu le Père a un « Fils » qui est éternel comme lui, mais pour qui il éprouve des sentiments de père ? La raison humaine s'arrête sur le seuil de la chambre obscure. Elle est troublée, et prête à la révolte.

MC – Pour comprendre, elle s'attaque alors au mystère ?

JCC – Oui, elle le dissèque, elle le pénètre. Elle veut le réduire. Mais elle ne peut l'attaquer que d'un côté à la fois, car elle est esclave de sa propre logique. Et elle arrive, selon les cas, à des conclusions rigoureusement opposées. D'un côté donc, certains disent que le Christ était un homme, un homme supérieurement doué, *inspiré* par Dieu, quelquefois même *visité* par Dieu, mais qui n'était pas *vraiment* Dieu. Paul de Samosate s'est servi de ces arguments pour convaincre Zénobie, la reine de Palmyre. De même les Ariens ont affirmé que le Christ n'était qu'une créature. Et avec eux – la liste est longue – les Albanais, les Frères de Moravie, les Nazaréens, Théodote de Byzance et les Agnoètes, lesquels ont remarqué que le Christ ne savait pas tout, puisqu'il est dit dans l'Évangile qu'il ignorait la mort de Lazare et l'emplacement de sa sépulture.

JA – Ne sachant pas tout, il n'était pas Dieu ?

JCC – Évidemment. On peut même citer certains auteurs très allumés, comme ce Français du dix-huitième siècle dont le nom m'échappe, lequel a soutenu, animé par une véritable fureur logique, que le Christ était tellement occupé, du matin au soir, qu'il n'avait même pas le temps de satisfaire aux besoins de la nature.

MC – Tous ces hérétiques, pour avoir voulu expliciter le mystère, étaient donc passés par les flammes ?

JCC – Sans hésitation. Ils étaient condamnés à être purifiés ; ainsi d'ailleurs que les autres, ceux qui de l'autre côté soutenaient que le Christ était Dieu, sans aucun doute possible, mais qu'il n'était pas *vraiment* un homme. Il s'était contenté de revêtir une apparence humaine, mais en réalité il ne mangeait pas, il ne buvait pas. Et comment imaginer les excréments de Dieu ? Ainsi, Marcion et les Phantasiatiques ont dit que le corps du Christ était « aérien et fantastique » et que sa mort ne fut qu'une apparence, la mort d'un fantôme sur une vraie croix. Les Manichéens, Saturnin, Apelle, les Monophysites et Monothélites ont proclamé des thèses voisines, ainsi que la plupart des Gnostiques. Basilide, au deuxième siècle, a même imaginé que, vers la fin de son ministère, Jésus prit l'apparence de Simon de Cyrène, qui fut crucifié à sa place. Et le Christ, dans la foule, assistait au supplice sans être reconnu.

JA – Ne serait-ce pas un peu lâche ?

JCC – Pas nécessairement. Il se peut qu'il ait regardé mourir Simon avec une infinie tristesse. Peut-être même avec une secrète envie, lui qui ne pouvait pas mourir. C'est une scène burlesque ou pathétique, comme on veut. De toute façon, il ne pouvait pas mourir sur la croix, selon Basilide, puisque son corps n'était qu'une apparence.

## *Une martyre platonicienne*

MC – Tous ces hérétiques ont fini sur le bûcher ?

JCC – Oui, des deux côtés, par milliers, partout où les chrétiens avaient le pouvoir. Il ne faut jamais oublier que les chrétiens ont été impitoyables en tous lieux, dès que la conversion de Constantin a fait du christianisme une religion officielle. Saint Augustin lui-même, cette grande âme, a envoyé les Donatistes au massacre, désespérant de les convaincre.

JA – Nos livres d'histoire sont là-dessus d'une discrétion remarquable.

JCC – Parce que toute histoire est officielle, toute histoire est systématique. Pour mettre de l'ordre dans le chaos du passé, on choisit toujours un camp, même si on cache ce choix. Les auteurs dramatiques, habitués aux affrontements de personnages, peuvent être plus aptes que d'autres à reconnaître ces préférences secrètes. Tous nos livres d'histoire, presque sans exception, même ceux qui sont dus à des auteurs marxistes, ont pris le point de vue chrétien. Parce que le christianisme fait très intimement partie de notre culture. Les infidèles sont nos ennemis. Les païens sont nos inférieurs. J'ai une tendresse particulière pour Hypatie. Vous la connaissez ?

MC – Non. Qui est-ce ?

JCC – Une philosophe néoplatonicienne qui enseignait à Alexandrie au début du quatrième siècle. Une femme très belle, dit-on, et qui resta chaste toute sa vie. Elle nous est connue par l'amour qu'elle inspira à un poète libyen, Synésius de Cyrène. Il fut son élève et ensuite ils s'écrivirent pendant longtemps. Mais je suis en train de me lancer dans une digression dans la digression.

JA – Ne crains rien, nous te ramènerons.

JCC – Synésius, un assez bon poète dont on a gardé quelques hymnes, était un homme d'action de haute qualité. A plusieurs reprises on lui confia la défense de sa ville, Cyrène, contre les envahisseurs venus du Sud. Il les repoussa. Les années passaient, le christianisme se répandait dans l'empire romain et Hypatie, à Alexandrie, poursuivait son enseignement, lointainement inspiré de Platon. Le jour vint où, devant des menaces nouvelles, on demanda à Synésius, pour accroître son prestige, de se convertir au christianisme. Il refusa, car les idées nouvelles lui paraissaient sèches et fausses. On lui envoya des émissaires qui pendant huit mois s'efforcèrent de le convaincre. De mauvais cœur, à la fin il se laissa faire, car les barbares du Sud encerclaient la ville. Il fut sacré évêque de Cyrène. Une fois de plus il libéra sa ville.

MC – Et Hypatie, la philosophe ?

JCC – Du jour de la conversion de Synésius, elle cessa de lui écrire. Plus une seule lettre. Et quelque temps plus tard, à Alexandrie, comme elle refusait de se soumettre à la nouvelle religion, elle fut massacrée, coupée en morceaux par des chrétiens fanatiques.

JA – On imagine la vieillesse de Synésius, triste évêque solitaire.

JCC – Obligé malgré lui de célébrer un culte qui venait de tuer cette femme.

JA – La digression est terminée ?

JCC – Pour le moment.

JA – Revenons à l'histoire des hérésies. Si on dévie du dogme d'un côté ou de l'autre – le Christ n'est pas Dieu, le Christ n'est pas homme – on est du même coup frappé d'infamie.

JCC – Exactement.

JA – Le mystère est donc puissamment sacré ?

*Pour un petit bout de vérité*

JCC – Il est affirmé par le dogme et doit être accepté comme tel. On me force à admettre qu'un certain nombre de jardins gardent les grilles closes. Ma pensée soumise (et même reconnaissante, et même joyeuse) doit proclamer que ces territoires, réservés au divin, me sont à jamais interdits. La raison s'incline avec bonheur devant le mystère. Et si d'autres esprits que le mien, d'autres pensées, d'autres raisons veulent forcer les grilles, il est de mon devoir de les en empêcher, par les moyens les plus intransigeants.

MC – Les gardiens du mystère sont généralement féroces.

JCC – Oui, car ils ont forgé des clés et des mots de passe. Inutile de dire que cette attitude est loin d'être morte. On pense tout aussitôt aux intégristes islamistes et nous voyons même avec horreur le peuple religieux le plus paisible, le moins prosélyte de toute l'histoire des religions, les hindous, se laisser gagner par la contagion fanatique et se lancer dans des bagarres meurtrières avec les musulmans indiens.

JA – Sans parler de Belfast, de Beyrouth, d'Amritsar, des Tamouls, de l'Algérie, de tant d'autres.

JCC – Mais cet interdit jeté sur le jardin du mystère est aussi grande source d'ardeur. Et plus l'interdiction est forte, plus le désir de la percer est vif, au point de se faire aveugle devant le danger. Cela est vrai dans tous les domaines, je pense. Laclos le disait déjà dans *Les Liaisons dangereuses,* parlant évidemment d'un tout autre interdit : *Le mystère mène à l'audace.*

MC – Et le grand mystère religieux conduit à la frénésie des hérétiques.

JCC – Deux remarques rapides sur les hérésies avant d'en venir ou d'en revenir à la science. D'abord il me semble que toute attitude religieuse pourrait paradoxalement être considérée comme une attitude hérétique, car elle choisit une réponse, elle essaie de clôturer l'inexplicable dans un dogme, dans une explication globale. Elle donne réponse à tout.

JA – Le mot *hérésie* vient du grec ?

JCC – Oui, il évoque étymologiquement l'idée d'un choix, d'une opinion particulière. L'hérétique est celui qui, à l'intérieur d'un dogme, pour défendre la parcelle brillante que sa raison croit avoir découverte, est prêt à mourir (d'émerveillement) mais aussi à tuer. C'est également le cas, à certaines périodes de l'histoire, de religions naissantes ou renaissantes, prêtes à toutes les tueries pour protéger leur petit bout de vérité. Exactement comme les hérétiques qu'un peu plus tard elles feront flamber.

JA – On est toujours l'hérétique de quelqu'un.

JCC – D'un autre côté, il faut dire que l'Église catholique a très habilement joué du jaillissement intarissable des hérésies, de ces provocations désespérées, très souvent proches du délire (mais le dogme lui-même est pur délire), pour se consolider elle-même, selon des techniques assez proches de celle que le marxisme-léninisme utilisait pour se raffermir et se purifier.

JA – Aux lourds dépens des déviationnistes.

### *L'hérésie par excellence*

JCC – L'Église a si bien joué des harcèlements hérétiques qu'un dicton a couru pendant tout le Moyen Age, sans qu'on en connût l'origine exacte, qui disait : *Oportet haereses esse.* Il faut qu'il y ait des hérétiques. C'est un besoin fondamental. Un dogme qui cesserait d'être harcelé et combattu s'effondrerait sans doute, amolli de tranquillité. Les embuscades suicidaires des hérétiques maintiennent en alerte le corps de troupe qui traverse les siècles, et même l'aident à resserrer ses rangs.

MC – La science est donc une hérésie ?

JCC – Elle est l'hérésie première et décisive, tout au moins dans notre atmosphère chrétienne. C'est pour avoir goûté au fruit de l'arbre de la connaissance qu'Adam et Ève sont chassés du paradis. Ce qui signifie sans doute que le bonheur, ou tout au moins l'état de non-malheur, ne peut se rencontrer que dans la prairie de l'ignorance. La science se pose des questions interdites, elle s'attaque aux mystères avec plus d'énergie et plus de persévérance encore que les hérésies. Elle a des exigences plus rigoureuses, des outils plus affûtés et elle compte aussi ses martyrs. Mais je me demande si le moment n'est pas venu pour elle, au terme d'une longue marche sur le chemin dégagé des effets et des causes, de retrouver le mystère, qui l'a toujours suivie comme un nuage ou comme un brouillard persistant.

JA – La science a été parfaitement déterministe jusqu'au début de ce siècle. Le déterminisme exige la régression infinie des causes jusqu'à la cause première. Autrement dit, il n'y a pas d'effet sans cause. Toutes les existences et tous les événements sont enchaînés par des lois rigoureuses, qui régissent objectivement le réel, et que la science s'est donné pour tâche de découvrir et de formuler. Mais l'origine, la cause première, et la présence même d'une cause première, posent encore problème, et peut-être à jamais. Et on voit la science, dans les dernières décennies, après une envolée fantastique, ouvrir la porte au brouillard et réintégrer le mystère. C'est vrai, avec mille maladresses et mille regrets, on assiste à une certaine réunion. Le fils prodigue est de retour. Le mystère n'est plus séparé. Il n'est plus le contraire exact de la clarté. Du même coup il devient impossible de limiter la connaissance à un schéma, quel qu'il soit.

MC – En précisant qu'il ne s'agit pas de dire : Tout est mystérieux, et nous ne savons rien. Au contraire. Nous savons de plus en plus. Et cette part d'incertitude, fascinante car elle rejoint peut-être là aussi un besoin très ancien d'être mystifié, *de ne pas comprendre,* on la codifie, on la borne. Nous essayons de mettre des clôtures au mystère. Incertain, oui, mais jusqu'à un certain point.

JCC – Cette digression par l'hérésie pourrait nous entraîner assez loin. Nous pourrions une fois de plus parler de l'Orient, où les dogmes religieux sont plus ouverts que chez nous. Ils sont même parfois ouverts aux quatre vents, au point d'accueillir l'hérétique, c'est-à-dire l'imaginatif solitaire, comme une faculté supplémentaire de l'immense jeu de miroirs que nous appelons réalité. Le fait d'accueillir l'hérétique lui enlève du coup sa qualité d'hérétique. C'est pourquoi peut-être les grands massacres religieux n'ont pas été le fait de l'Orient (je parle de l'Orient à l'est de l'Islam et jusqu'à une époque récente) et pourquoi le mystère, aujourd'hui encore, est si facilement admis dans la plus quotidienne des vies. En poussant un peu plus loin, mais je ne suis pas armé pour le faire, on pourrait se demander pourquoi la pensée brahmanique, tout en restant profondément religieuse et même fervente, recommande à chaque instant le savoir et la connaissance. Connaître n'est pas un crime, bien au contraire. C'est presque un devoir. Et les dieux eux-mêmes ne demandent qu'à s'instruire. La fameuse phrase d'un personnage de Marivaux, *notre condition dans ce monde est de jouir et non pas de connaître*, saisissant slogan hédoniste, pourrait se retourner comme un gant, en Inde. Et un sage indien supprimerait l'alternative. Il dirait, par exemple : « Notre condition dans ce monde est de connaître *et aussi* de jouir », car il ne sert à rien de renoncer à ce que l'on n'a pas connu.

JA – Il n'y aurait donc, dans cette attitude, aucune exclusion de la connaissance par la foi, ou vice versa ?

JCC – Aucune, en principe. *Rien ne purifie comme la connaissance*, dit la *Bhagavad-Gita,* à quoi répond, quelques siècles plus tard, le *Aime beaucoup l'intelligence* de saint Augustin. Mais dans le premier cas je ne vois pas un seul conflit, à l'intérieur de l'hindouisme, tout au moins jusqu'au dix-neuvième siècle, jusqu'au reçu de notre influence, entre la connaissance et la foi. Aujourd'hui, le bouddhisme se présente comme une science, qui a pris l'esprit pour objet, et qui se dit prête à modifier, voire à abandonner le savoir dogmatique. Alors qu'en Occident, malgré l'appel de saint Augustin, que saint Thomas reprendra sous une autre forme, ce conflit sera fondamental, comme si la science ne pouvait pas faire autrement, en donnant l'assaut au mystère, que de mettre en danger la foi. La pensée claire, en Occident, va connaître une naissance sanglante et la bombe triomphale d'Hiroshima, qui proclame la force désormais aveuglante de la science, rejoint la puissance de la foudre divine qui autrefois anéantit Sodome. Nous sommes à égalité, semblent dire les auteurs de la bombe, et bientôt nous serons les plus forts, à supposer que nous soyons encore. Si le mystère a rejoint le mystère, la terreur reste la terreur.

JA – Serait-ce à cause du christianisme que la science est née en Occident ?

JCC – C'est peut-être grâce à ce conflit (que l'Orient n'a presque pas connu) entre la science et la foi. Il est possible que les esprits scientifiques européens, les hérétiques, aient été poussés à la lutte à la fois par les premiers principes bibliques, qui donnent à l'homme tout pouvoir sur la nature, et par l'exil hors du paradis, qui semble lui refuser ce pouvoir. Là se trouvent peut-être le mystère le plus profond, la contradiction étouffante que l'Orient, plus vaste, plus accueillant, plus souriant, n'a pas connus. Car si nous y regardons de près, Dieu, le dieu de la Bible, nous donne jouissance pleine et entière de la création. Pour exercer cette jouissance, nous avons besoin de connaître. Et nous en avons le désir violent.

JA – Pourtant, dès que nous cueillons le premier fruit sur l'arbre fatal, Dieu nous chasse cruellement, nous condamnant à la douleur et à la mort.

MC – Comme si la promesse du début n'était qu'une sinistre plaisanterie.

JCC – Je me demande quelquefois si le grand élan scientifique occidental n'a pas surgi de ce mystère premier, qu'il a fallu réduire à tout prix, car il est très profondément incompréhensible et inacceptable. La science serait ainsi l'hérésie par excellence. C'est en reconnaissant que le premier mystère est insupportable qu'elle se découvre elle-même. Elle naît, elle vit. Vivante, elle ne peut plus se nier. Elle porte sa propre nécessité, car il *faut qu'il y ait des hérétiques.* Elle avance dès lors en combattant, comme un vent qui ferait tourner les moulins pour leur prouver qu'il est bien le vent. Et le vent se rend compte soudain que les moulins ont été construits pour lui et que par conséquent il existe. Dès lors, il n'a plus à se prouver. Il cesse de s'interroger. La science en vient à se construire son propre système, qui s'appelle le scientisme, et d'hérésie elle devient dogme. Le mystère est enfin écrasé. Marcelin Berthelot écrit triomphalement : *L'univers est désormais sans mystère.* Tout est dit, tout est explicable, et l'ombre s'efface – jusqu'à ce que la science retrouve aujourd'hui, par bonheur sans doute, le mystère même de ses débuts, familier, insistant et vaguement narquois.

### *Amis du brouillard*

MC – La science devrait donc rester une hérésie ?

JCC – Il faut le lui souhaiter. Ce qui lui est arrivé au vingtième siècle est sans doute un grand coup de chance. Le dogme scientifique n'aura pas duré longtemps. Tant mieux pour tout le monde. Sans doute s'agissait-il d'un rêve impossible. La science s'est relancée dans un harcèlement du réel qui me rappelle cette *meute chasseresse* dont parle Saint-John Perse, à propos des poètes. Elle a cessé d'être une religion. Elle est redevenue une hérésie, une question avide et qui s'interroge elle-même. C'est pourquoi sans doute nous sommes là, ensemble, et nous parlons. Un dernier mot, à propos d'André Breton. On connaît sa fameuse phrase, extraite du *Second manifeste du Surréalisme,* où il essaie de définir le surréalisme : *Tout porte à croire qu'il existe un certain point de l'esprit,* dit-il, *où le haut et le bas, le blanc et le noir, le communicable et l'incommunicable* (et d'autres notions contradictoires), *cessent d'être perçus contradictoirement.* Le surréalisme, selon Breton, ne tendait pas à autre chose qu'à la rencontre de ce point. J'ajoute que, dans une brochure beaucoup moins connue, *A la niche, les glapisseurs de Dieu !*, Breton, malgré l'esprit farouchement antireligieux qui l'animait, n'a pas manqué de saluer les hérétiques, avec lesquels, dit-il, *les surréalistes acceptent de se reconnaître quelques points de contact.* Je crois apercevoir, sans pouvoir les préciser davantage, ces points de contact que Breton devinait. Ils sont là, autour de nous, dans cette vibration inquiète et ranimée sans cesse ; dans ce mouvement dangereux et indispensable ; dans cette solitude où les contraires se flairent sans être sûrs de se confondre un jour. Oui, il faut qu'il y ait des hérétiques. Et j'espère bien, comme vous, en faire partie.

JA – La digression est terminée ?

JCC – Un dernier mot.

MC – On n'en finit jamais avec le mystère.

JA – Par définition.

JCC – Si Marcelin Berthelot, dans sa phrase déjà deux fois citée, *l'univers est désormais sans mystère*, avait mis à mystère un M majuscule, cette phrase ne nous ferait pas hausser les épaules. Elle aurait même un sens et une vraie beauté. Car il est assez clair que le Mystère avec un grand M n'entre plus dans la composition de l'univers en qualité d'élément sacré, ou divin. L'univers, c'est-à-dire ce qui existe, n'a plus l'utilité de Dieu. L'explication de l'ordre des choses – et du désordre des esprits – par le biais des intentions divines, obscures par essence et contradictoires par nécessité, n'est plus jamais mise en avant, ni par les philosophes ni par les scientifiques. Les religieux eux-mêmes ne parlent de la création divine que du bout des lèvres – à l'exception des étonnants « créationnistes » américains, qui prennent la Bible au pied de la lettre et exigent qu'on l'enseigne à l'école. On espère – mais sans en être sûr, car on voit de toutes parts la montée menaçante des illusions anciennes qui se défient l'une l'autre et de nouveau sont prêtes à s'entre-tuer – on espère que ces sursauts d'obscurité seront brefs et que le Mystère avec un grand M ne sera plus appelé à la rescousse, car l'impossibilité de le soutenir entraîne aussitôt la formation des religions, des églises et des guerres de vérité.

MC – Mais le mystère minuscule, ce brouillard amical qui flotte autour des particules, il faut au contraire l'admettre, le reconnaître, lui parler.

JA – Il n'est pas dissipé, loin de là.

MC – Peut-être ne le sera-t-il jamais.

JCC – Le plus difficile sera, pour un grand nombre d'esprits simples, de ne pas confondre le minuscule avec le majuscule et de ne pas faire reposer sur un piédestal pseudo-scientifique les grandes statues de fumée, aux bras menaçants, qu'on voit s'élever çà et là.

MC – Tu citais Saint-John Perse. De quel texte s'agissait-il ?

JCC – De son discours à Stockholm, lorsqu'il reçut le prix Nobel de littérature. En voici un passage, qui nous touche directement : *De la pensée discursive ou de l'ellipse poétique, qui va plus loin, et de plus loin ? Et de cette nuit originelle où tâtonnent deux aveugles-nés, l'un équipé de l'outillage scientifique, l'autre assisté des seules fulgurations de l'intuition, qui donc plus tôt remonte, et plus chargé de brève phosphorescence ? La réponse n'importe. Le mystère est commun. Et la grande aventure de l'esprit poétique ne le cède en rien aux ouvertures dramatiques de la science moderne. Des astronomes ont pu s'affoler d'une théorie de l'univers en expansion ; il n'en est pas moins d'expansion dans l'infini moral de l'homme – cet univers. Aussi loin que la science recule ses frontières, et sur tout l'arc étendu de ces frontières, on entendra courir encore la meute chasseresse du poète...* [1]

MC – Cette chasse commune, comment ne pas la courir ?

JCC – Vous savez qu'il y a des hérétiques, en poésie ? Et que certains ont été brûlés ? Claude Le Petit, par exemple, en plein dix-septième siècle, a été exécuté publiquement à Paris, pour avoir composé des vers inconvenants.

JA – S'il y a des hérésies, il y a donc un dogme poétique ?

JCC – Il y a plusieurs dogmes. Le plus tristement célèbre, en France, a été formulé par Boileau. Il annonce une « poésie » claire, réfléchie et ordonnée, soumise à des règles formelles précises : tout le contraire d'une parole poétique.

JA – Ces règles n'ont pas interdit à Racine et à La Fontaine de s'exprimer. Peut-être même les ont-elles aidés.

JCC – La Fontaine est nettement plus âgé que Boileau. Et peut-on dire que Racine, son cadet de trois ans, n'eût pas été Racine sans l'*art poétique* ? Une chose est évidente : la dictature posthume de Boileau fit qu'on n'écrivit pas un seul poème, en France, pendant plus de cent ans.

MC – On croyait en écrire.

1. Saint-John Perse, *Œuvres complètes,* Gallimard, La Pléiade.

JCC – Oui, tout au long du dix-huitième siècle on fit beaucoup de vers, mais pas un seul poème.

JA – Coupable est Boileau, sans doute, comme l'esthétique qu'il incarnait, mais plus coupables encore sont notre système éducatif, notre paresse intellectuelle, notre goût secret du confort et de la formule.

JCC – Ce long désert poétique français est un exemple qu'on peut toujours citer quand une forme d'expression est menacée, où que ce soit dans le monde, par telle ou telle censure. Milan Kundera le sait bien, qui ne cesse de dire que le plus grand danger pour un peuple est l'oubli de soi, l'oubli de sa culture, de son identité. Et cet oubli est possible. Une forme artistique peut disparaître, et pour longtemps. Nous en avons un exemple indiscutable en France : pas un seul élan poétique pendant plus de cent ans, de Racine à Chénier.

JA – Et avant ?

JCC – Avant, juste avant Boileau, il y avait précisément pullulement des hérétiques, ceux qu'il a fallu éliminer, les poètes impatients, mystiques, baroques, bizarres, imparfaits, obscurs, illuminés. Les quarante premières années du dix-septième siècle sont une des périodes les plus vibrantes de la poésie française. Mais ces poètes étonnants, qui s'appellent Laceppède, Marbeuf, Chassignet, Lemoyne, Martial de Brives, et qui prolongent jusqu'à des bornes inconnues (et imprécises) la poésie du siècle précédent, ces auteurs sont rigoureusement inconnus. Leurs ouvrages, quand ils n'ont pas flambé, ne se trouvent que dans des bibliothèques inaccessibles ou dans des collections privées. Parfois, un chercheur héroïque compose une belle anthologie [1], mais cette anthologie devient elle-même introuvable. Et l'oubli, à nouveau, triomphe.

JA – Lequel de ces hérétiques as-tu choisi ?

JCC – Un des plus rares. On sait peu de choses de lui. Il s'appelait Claude Hopil. Voici quelques strophes extraites d'un ouvrage publié en 1627, *Les Douces Extases de l'âme spirituelle.* Il n'est pas interdit, quand on rêve à notre filiation

1. Jean Rousset, *Anthologie de la poésie baroque française*, Armand Colin, 1961.

stellaire, de pressentir dans ces vers quelques-unes de vos envolées. Et le titre du poème est resplendissant :

*CANTIQUE MYSTÉRIEUX DE LA LUMIÈRE*

*Que pensez-vous que soit cette cause parfaite*
*Que nous appelons Dieu? C'est la lumière abstraite,*
*Plus claire infiniment, plus belle que le jour,*
*Que le Ciel, le Soleil, et la Lune, et l'Aurore*
*Plus que les chérubins elle reluit encore*
*Ravit les saints de joie, et les anges d'amour.*

*Du soleil radieux pure n'est la substance*
*Devant les yeux de Dieu, ni cette intelligence*
*Qu'ici nous entendons au nom de Séraphins.*
*L'esprit n'est que ténèbre au prix de sa lumière,*
*Elle reluit à tous, l'Ange est une verrière*
*De cristal, recevant les purs rayons divins.*

*Lucifer fut jadis de ce bienheureux nombre*
*Des enfants de Lumière, étant fait fils de l'ombre,*
*Pour s'être sur soi-même élevé par orgueil;*
*Les Anges sont les fils de la Lumière belle,*
*Ils luisent dans le Ciel comme une aube nouvelle*
*Et les Saints sont aussi les enfants du Soleil.*

## *Mort pour la pensée*

MC – Je me suis lancé récemment dans la lecture de Sohravardi. J'avoue que j'en suis ébloui.

JA – Qui est Sohravardi ?

JCC – Un philosophe iranien, né en 1155 de notre ère. Son œuvre est impressionnante : une cinquantaine d'ouvrages. Nous en devons la connaissance à Henri Corbin, car cette œuvre fut ignorée de l'Occident pendant huit siècles. Il faut dire que Sohravardi mourut en 1191, victime d'une *fatwa*, déjà. Condamné à mort par Saladin, il se laissa probablement mourir de faim, à Alep. Il avait trente-six ans.

JA – Pourquoi fut-il condamné ?

MC – Sans doute à cause de sa pensée. Pour des raisons idéologiques.

JCC – Écrivant en milieu musulman, musulman sincère lui-même, il introduisait dans son œuve d'autres éléments, venus du platonisme, du manichéisme et même du zoroastrisme [1].

MC – Il a été le grand apôtre de la *Lumière.* C'est ce qui me fascine chez lui. La Lumière – à laquelle il convient ici de mettre une majuscule majeure – est l'intuition suprême. Il y établit même une hiérarchie, une « procession de lumières ».

JCC – Mais qu'est-ce que tu cherches, exactement, dans cette lecture difficile ?

MC – Je n'y cherche rien d'exact. Je n'y cherche rien de scientifique. J'essaie de pénétrer cette intuition d'une lumière première. Et j'y cherche un vocabulaire, une approche, une manière de parler. Nous pouvons nous aider les uns les autres, non seulement par l'échange de nos savoirs, mais aussi de nos langages. Le « comment dire ? » est peut-être plus important que le « que dire ? ». Sohravardi m'apprend à voyager et à parler.

## *La chimère Communication*

JA – Je reçois chaque jour de longs travaux d'autodidactes qui veulent m'expliquer l'univers à leur manière.

JCC – Les fous scientifiques ? C'est déjà une tradition. Certains collectionneurs recherchent leurs rêveries.

JA – Je ne peux évidemment pas lire tout ce qu'on m'envoie, je n'ai pas le temps, et ces rêveries, souvent hallucinées, s'entassent partout. Mais il m'arrive de les feuilleter, et je m'aperçois que la « folie » des autodidactes, faite de révélation et de système, naît de leur ignorance, cela va de soi, de leur arrogance, qu'ils cachent mal sous une feinte humilité, de

1. On peut consulter, en français, *L'Archange empourpré*, Fayard, 1976 et *Le Livre de la sagesse orientale*, Verdier, 1986. D'autres ouvrages peuvent être consultés dans la Bibliothèque iranienne, Téhéran-Paris. Les traductions sont d'Henri Corbin.

leurs préjugés métaphysiques qu'ils dissimulent généralement assez mal, mais aussi de leur impossibilité à se faire comprendre, à « communiquer ». Pour parler, pour exposer à d'autres des idées qu'ils peuvent accepter ou rejeter, il faut une certaine technique et une certaine complicité.

JCC – Ce sont tes hérétiques à toi.

MC – S'ils prennent un jour le pouvoir, sois sur tes gardes.

JCC – Jean a osé prononcer pour la seconde fois un des mots magiques de notre temps, « communiquer ». Nous volons chaque jour, les uns et les autres, sur les ailes de la chimère qui s'appelle Communication. Tout le monde la chevauche, à tour de rôle, parfois pour des voyages collectifs. On prend la surface pour la substance et le contact pour la connaissance. Tout est vite et léger. On se touche du bout des doigts et tout le monde (ou presque) s'en contente. On oublie la recherche difficile de soi-même, et son propre perfectionnement. On communique : c'est la réponse à tout.

MC – Contact cependant nécessaire.

JA – On ne peut imposer un enseignement à personne, tout au moins à partir d'un certain âge, d'un certain niveau. On ne communique pas – par la force ou par la séduction – n'importe quoi à n'importe qui. En plus de la technique, de la parole, de l'écrit, de l'image, on doit essayer d'établir un besoin secret, réciproque, qui se révèle peu à peu. Rien ne se transmet sans ce besoin de donner et de recevoir.

MC – Tout ce que nous pourrions découvrir, et que nous ne pourrions pas transmettre, serait comme mort.

JCC – Je reviens à un autre thème, parmi ceux que nous essayons de tresser : le thème des relations, du contact secret, nécessaire. La nuit, dans un musée, un tableau existe-t-il sans un œil pour le regarder ?

JA – Avant de te répondre, je réclame à mon tour le droit à une digression.

JCC – Accordé.

MC – Laissons le tableau dans le musée, à supposer qu'il y soit vraiment. Nous y reviendrons.

### *Une analogie téméraire*

JA – La physique ne peut pas concevoir un objet isolé. Il y a toujours une interaction, une relation. Le zéro absolu de la température est aussi inaccessible que le temps zéro. Ces mots n'ont aucun sens dans un cadre scientifique. Mais on peut essayer de transposer cette réalité d'une interaction inévitable à d'autres domaines, en prenant bien garde que toute analogie est une trahison.

MC – Tu penses à une société humaine ?

JA – Dans une société – humaine par exemple, mais on pourrait dire la même chose d'une forêt ou d'une termitière – les individus vivent sous l'influence, forte ou faible, de nombreuses interactions. En ce qui nous concerne, c'est très clair : liens génétiques, écologiques, juridiques, moraux nous enserrent dans un filet très strict.

JCC – Très strict, mais variable selon les groupes.

JA – Cependant, dans un système humain, contrairement à un système physique, le comportement des individus ne dépend-il pas fortement de leur libre arbitre ?

JCC – En tout cas, ils en sont persuadés.

MC – Les lois sont constamment transgressées. Il y a un imprévu social, un désordre toujours possible, qu'on attribue au libre arbitre de chacun.

JCC – A moins que ce désordre, ces brisures, ces exceptions ne fassent partie, à notre insu, d'un ordre plus large et plus secret.

JA – Risquons néanmoins une analogie avec les lois de la physique et surtout de la mécanique quantique. La particule, dont la présence ne peut être décrite qu'en termes de probabilité, peut transgresser brusquement certaines lois classiques.

JCC – Par exemple ?

JA – Deux particules de charge électrique semblable doivent nécessairement rester écartées l'une de l'autre. On constate pourtant des exceptions à cette règle. Le fameux « effet-tunnel », par exemple, implique qu'une particule électrisée peut transgresser un interdit classique.

MC – La science même dure, même rigide, comme la physique, redonne aux systèmes des éclairs imprévisibles de « liberté ». Et ces transgressions permettent aux systèmes de fonctionner.

JA – La liberté partielle que nous donnent l'exercice de l'imaginaire, la pratique de l'art, cette liberté féconde peut-être nos sociétés, de même que la mécanique quantique, en levant certains interdits de la physique classique, féconde la physique.

JCC – Et le crime ? C'est la transgression par excellence. Est-ce qu'il « féconde » nos sociétés ?

JA – Toute analogie se heurte très vite à des grilles.

JCC – Et de toute manière notre langage, une fois de plus, miroir de nos catégories mentales, montre son insuffisance. Dira-t-on qu'une particule qui, par extraordinaire, n'obéit pas à la loi, produit une œuvre d'art ou commet un crime ?

MC – Pour certains régimes politiques toute œuvre d'art est un crime.

JCC – Et l'assassinat, c'est bien connu, peut être considéré comme un des Beaux-Arts.

JA – Pour le dire simplement, je crois à l'influence bénéfique de tendances contradictoires, et cela dans tous les domaines. En même temps je sens la nécessité d'un cadre rigoureux. Notre travail à trois multiplie les possibles de l'imaginaire de chacun de nous. Mais des règles précises nous sont indispensables, exigences de l'écriture, de la syntaxe, de la clarté.

MC – La physique des particules se nourrit de cette apparente contradiction.

JCC – Et pour la gravité ? Existe-t-il là aussi une « liberté » ? Est-il possible qu'on lance un jour une pierre en l'air et qu'elle ne retombe pas ?

JA – On essaie d'introduire la « liberté » dans le monde particulièrement rigide de la pesanteur de la matière. Pour l'instant les essais ne sont pas fructueux.

MC – Et les pierres retombent toujours.

*Non séparable*

JCC – Si la digression sociale de Jean est terminée, je reviens au musée la nuit. Est-ce qu'un tableau existe sans un œil pour le regarder ?

MC – A cette question, la stricte réponse idéaliste est : non. Il existe virtuellement, il ne demande qu'à exister. Il suffit d'aller le voir pour qu'il existe vraiment.

JA – Pour qu'il y ait existence, de notre point de vue, il faut la présence effective, ensemble, de la réalité objective et de la relation à l'observateur. Les deux termes sont nécessaires.

JCC – On arrive donc à l'inséparable.

JA – Oui. Nous y voici.

JCC – L'observateur agit sur l'observé, c'est un des grands poncifs de la science contemporaine. On entend ça partout. Apparemment, c'est une affirmation qui heurte notre vieux sentiment de la dualité : il y a moi, et il y a le réel. J'observe le monde, je le décris et je le comprends. Par conséquent je m'en distingue.

JA – C'est l'attitude de la science classique.

JCC – De la science occidentale. Ailleurs, en Orient par exemple, cette non-séparabilité a été perçue et affirmée depuis très longtemps, par les plus hautes voix. La faute capitale est de se distinguer de ce qu'on observe. Tout le monde l'a dit, par exemple Milarepa, le grand Éveillé tibétain du Moyen Age : *La source de l'erreur est dans la discrimination.* Et encore : *Le monde visible existe, mais contenu en l'esprit... J'ai acquis la certitude qu'il n'y avait rien à différencier* [1].

MC – Ces phrases pourraient se trouver dans une lettre de Niels Bohr à Einstein.

JCC – Plus précise encore cette phrase de Kun Khyen Peman Karpo, au dix-septième siècle : *A jamais inséparable de la chose qui voit est la chose qui est vue.*

MC – Le mot « inséparable » est celui que nous utilisons.

---

1. Milarepa, *Les Cent Mille Chants*, traduction de Marie-José Lamothe, Fayard.

JCC – Peut-être la traductrice a-t-elle lu certains ouvrages de physique contemporaine.

JA – Ce n'est pas interdit.

## *A propos d'une traduction*

JCC – Je voudrais, à ce propos, essayer de montrer par un exemple comment l'évolution des sciences contemporaines peut influencer la traduction d'un texte ancien – lequel devient, du même coup, *relatif*.

MC – Quel texte ?

JCC – Je prends un verset de la *Bhagavad-Gita*, le livre sacré le plus célèbre, peut-être, de tout l'Orient. Il s'agit d'un enseignement accordé par Krishna lui-même – un des *avataras*, une des descentes du dieu Vishnu – à son ami Arjuna, juste avant le commencement de l'immense bataille du *Mahâbhârata*. Arjuna, qui doit donner le signal de la bataille et qui s'est préparé depuis son enfance pour ce jour-là, s'écroule brutalement. Son corps tremble, il lâche ses armes. Krishna, qui lui sert de cocher, entre les deux armées rangées pour le massacre, parle à Arjuna, longuement. Il lui donne la *Bhagavad-Gita*.

MC – Il s'agit donc d'un guide pour l'action ?

JCC – Pour l'action droite et désintéressée, conforme au dharma, à l'ordre général du monde, dont nous sommes tous un reflet. Mais ce guide est en fait un enseignement complet, qui contient *le plus secret des savoirs*, la connaissance et la maîtrise de l'esprit. Un des versets (Chant 13, verset 27) dit ceci : *Tout ce qui existe, que ce soit mobile ou immobile, provient de l'union de Kshetra et de Kshetrajña.*

JA – Que veulent dire ces mots ?

JCC – Pendant longtemps, dès les premières traductions de la *Gita* en anglais et en français, au dix-huitième siècle, on a traduit par *la matière* et *l'esprit*. Ce qui était doublement absurde. On voit bien que les deux mots sanskrits sont le même mot, *Kshetra*, auquel, dans le second cas, on ajoute le suffixe *jña*, qui indique une connaissance, un savoir.

JA – La moindre des choses, dans une traduction, serait de respecter cette répétition du même mot.

JCC – Et de ne pas tomber dans le dualisme *matière-esprit*, qui n'a pas du tout le même sens, la même résonance pour un hindou. Pour lui l'esprit est à connaître, par exemple, tout autant que la matière. Le verset, dans cette traduction, n'avait donc aucun sens.

JA – Comment traduit-on aujourd'hui ?

JCC – On a cherché d'autres formules tout au long du dix-neuvième siècle, sans succès. On a même employé le mot *monade*, qui est incompréhensible à la fois pour les hindous et pour les Occidentaux. Et finalement, il y a vingt ou trente ans, alors que la révolution quantique commençait à entrer dans les mœurs, dans les mentalités, on a traduit correctement.

MC – C'est-à-dire ?

JCC – *Kshetra* veut dire champ, très simplement, le champ qu'on laboure, mais aussi le champ magnétique, et *Kshetrajña* celui qui connaît ce champ. On traduit généralement ainsi : *Tout ce qui existe, mobile ou immobile, provient de l'union du champ et du connaisseur du champ.*

JA – En anglais aussi ?

JCC – *The field, and the knower of the field.* Exactement la même chose. On voit comment cette traduction, aujourd'hui officielle, et qui nous permet enfin d'y voir à peu près clair dans ces quelques mots, est due à l'évolution de *notre* pensée scientifique.

MC – Juste retour des choses.

JCC – Cela dit, j'entends parler depuis longtemps de cette inséparabilité et de l'action que l'observateur exerce sur l'objet qu'il observe. Pouvez-vous m'en donner un exemple précis ?

## *Réalité et connaissance*

MC – Oui. Si tu veux observer un électron, tu dois l'« éclairer », et l'« éclairer » d'une certaine manière. Sinon tu ne le vois pas, tu ne peux pas dire qu'il existe.

JCC – Comme un tableau dans un musée, la nuit.

MC – En effet, en « éclairant » cet électron, tu le pousses, inévitablement. Tu lui donnes une certaine énergie. En le faisant apparaître, tu l'affectes.

JA – Par rapport à l'attitude de la physique classique, on peut dire que la réalité (sans pour cela énoncer tout le problème), ce n'est pas l'objet, c'est la connaissance que nous en avons. Notre inséparabilité n'est pas double, elle est triple : on ne peut pas séparer l'observateur, l'instrument qu'il utilise et l'objet observé.

MC – Ce qu'est l'objet hors de notre connaissance, rien ne nous permet de le dire.

JCC – Aussi loin qu'on pousse la ruse de l'investigation ?

MC – Aussi loin qu'on la pousse.

JCC – Dans le cas de la supernova de février 1987, vous l'avez observée cent soixante-dix mille ans après son explosion. Il y a donc une distance et un temps considérables entre l'événement et votre observation. Est-ce que, malgré ce délai, votre observation exerce une influence sur l'objet ?

MC – Pas sur l'objet lui-même, bien sûr. Nous sommes ici dans le domaine de l'infiniment grand, ce que nous appelons le macroscopique, où la mécanique quantique cède le pas à la mécanique classique. Mais cela dit, nous n'avons de cette étoile disparue depuis longtemps que les traces recueillies par notre connaissance attentive. Jamais nous ne connaîtrons l'objet lui-même.

JA – Quelle que soit la distance entre un objet et celui qui l'observe, l'objet-en-soi nous est inaccessible. Il n'est que ce que nous savons de lui.

MC – Notre mariée est morte. Cette supernova, par exemple, elle est morte il y a très longtemps, dans un ciel à jamais révolu. Mais en un sens elle est morte pour nous. Pour d'autres aussi peut-être (qui l'observent à partir d'autres astres), mais pour nous sûrement.

JA – Ce qui donne par instants un étrange sentiment d'intemporalité et presque d'immortalité. Dans cinq milliards d'années, je sais ce que va faire le Soleil. Et je peux te le dire. D'ailleurs, je te l'ai dit.

JCC – L'homme n'est grand que dans le temps. Nous pourrions relire ensemble la dernière page d'*A la recherche du temps perdu.*

JA – Mais jamais le temps lui-même, ce maître apparemment absolu, n'a connu un élargissement comparable. Nous travaillons sur un passé prodigieux.

JCC – Vous avez un rapport particulier avec le temps ?

*Naissance brûlante du temps*

JA – Notre temps se divise, ou plutôt nous le divisons, en trois régions. Il y a d'abord le temps visible, celui dans lequel nous vivons et mourons, quinze milliards d'années, à peu de choses près. Ce temps-là est fermé dans le passé par l'horizon cosmologique, en deçà duquel on ne voit rien. Cet horizon – le moment où l'univers cesse d'être opaque, devient transparent – se situe à la fin du premier million d'années.

MC – Rappel toujours utile de l'origine-mirage.

JCC – Donc la deuxième région, c'est le premier million d'années ?

JA – Exactement, cette période trouble et presque impénétrable, habitée par la soupe originelle. Nous en avons parlé.

MC – Désert des sens, mais connaissable.

JCC – Et la troisième région ?

JA – C'est la première seconde. Elle seule. J'y reviens une fois encore, car on n'en finit jamais avec elle. On peut parler de « seconde », mais pas de « première ». Disons le premier souffle, le tout début, l'élan premier. Là aussi les mots sont faibles. C'est l'instant où tout est possible, où les problèmes surgissent. Ce souffle, cette « seconde » (répétons-le) dure jusqu'à ce que la température soit inférieure à dix milliards de degrés.

JCC – Le temps, d'abord, c'est donc la chaleur ?

JA – Oui, c'est notre manière de qualifier le temps. Plus on remonte, plus il fait chaud. L'univers est né extrêmement dense et extrêmement chaud.

MC – L'émergence du temps est brûlante.

JCC – Cette naissance torride serait-elle inscrite en nous, à chaque instant ?

MC – Certainement. De plus, nos atomes ont été portés dans le ventre de l'étoile. Cette étoile avait un père, le nuage interstellaire. Ce nuage lui-même était un amas de matière, et la matière est fille de l'énergie.

JCC – Enfants de la lumière et de la chaleur ?

MC – Et de la violence. Car la violence originelle est créatrice. Elle se laisse décrire par un mouvement de divergence brutale qui paraît être mais qui n'est pas une explosion. Cette « explosion » a donné naissance au support matériel de toutes choses. Nous sommes cuits.

JA – Et cette matière initiale était tellement chaude qu'elle a dû se rafraîchir pour se structurer.

MC – Nous avons été calcinés avant de naître.

JA – Nous semblons reparler de l'origine de l'univers, mais en fait nous essayons d'en venir à l'origine du temps. Je fais une remarque pour Michel, à propos de l'emploi du mot « violence ». Il faut se garder de prêter des états d'âme à nos atomes. Personnifier chacun de nos atomes est une entreprise arbitraire.

MC – Mais il est tout aussi arbitraire de ne pas leur en prêter. Si je parle quelquefois de manière « lyrique » et métaphorique, c'est pour essayer de dire ce que les autres ne disent pas. La métaphore et le jeu font partie du langage. Un auteur espagnol disait qu'il mettait la raison partout pour pouvoir s'en éloigner. En réalité, qu'on accepte l'humain ou qu'on le rejette, nos deux attitudes sont anthropomorphiques.

JCC – Comment autrement ?

MC – L'agressivité originelle – que j'appelle violence – serait une constante cosmique, et par conséquent vitale. Nous garderions en nous de lointains souvenirs de cette incandescence. Pourquoi pas ? Mais le calme aussi peut être évoqué. Vus sous un certain angle, nous sommes un vase brisé dont chaque tesson a gardé l'étincelle.

JCC – Une étincelle d'infini ?

MC – Oui, l'univers a quelque chose d'infini en lui dès sa naissance, si l'on en croit la cosmologie.

JA – Personnellement, l'infini me gêne. L'infini physique n'existe pas.

MC – Dans ce cas, si tu admets que la température peut atteindre l'infini, tu es dans une situation logiquement inconfortable.

JA – Je n'ai jamais dit que la température peut atteindre l'infini. J'aime un infini raisonnable.

MC – Utopiste !

JA – Au temps presque zéro, la température est énorme. Elle n'est pas infinie. L'infini n'a pas de sens physique.

JCC – En revoyant nos notes, je retrouve un singulier lapsus de Jean : « Il y a quinze milliards de degrés, quelque chose s'est passé. »

MC – C'est évidemment quinze milliards d'années. Mais on peut exprimer le temps en température. C'est tout à fait licite. Le lapsus ne réside pas dans la phrase, mais dans le chiffre. Si on parlait de température, il faudrait dire au moins cent milliards de degrés, peut-être plus ; une température, là aussi, inconcevable, informulable.

JA – Mais qui n'est pas infinie.

## *Équivalence du Temps et de l'Espace*

JCC – Le temps est donc né avec l'univers ?

MC – Bien sûr, car il est la mesure du changement. Saint Augustin le disait déjà, et bien d'autres avec lui. Le temps est indissociable de l'univers, et vice versa, car toute tentative de connaissance, toute observation, toute expérience, tout sentiment du vivant, et finalement toute activité humaine s'inscrivent dans le temps. Le temps est l'inséparable par excellence.

JCC – Le temps, l'espace et la matière, vous l'avez dit, ne font presque qu'un. Cependant, le Temps (j'y mets, avec votre permission, une majuscule) nous paraît posséder des propriétés spécifiques. Impossible, quoi que vous en disiez, de le parcourir dans n'importe quelle direction.

MC – C'est bien pour cela qu'on ne connaît, qu'on n'utilise qu'une seule dimension de temps.

JA – Comme la vitesse de la lumière est constante, il y a stricte équivalence entre les distances qu'elle parcourt et le temps qui lui est nécessaire. C'est pourquoi nous utilisons l'année-lumière comme échelle de distance. C'est ainsi que la lumière nous parvient du Soleil en huit minutes et vingt secondes, de Sirius en un peu plus de huit ans, du centre de la Voie lactée en trente mille ans, du Grand Nuage de Magellan en cent soixante-dix mille ans. Elle met jusqu'à une douzaine de milliards d'années pour nous parvenir des galaxies les plus lointaines.

JCC – Distance et durée inconcevables, fantomatiques.

MC – Observer loin, c'est observer tôt. Répétons-le.

JA – Pour l'astronome il y a équivalence du temps et de l'espace. Toute vision globale de l'univers, à un instant donné, pour un observateur placé où que ce soit, est rigoureusement impossible, et cela à cause du caractère fini de la vitesse de la lumière. Aucune vision d'absolu n'est pensable, sauf par un poète au génie cosmique.

MC – L'espace et le temps s'interpénètrent. Toute particule de matière s'inscrit dans une histoire à la fois locale et temporelle. Horloges et compas sont des instruments de même nature.

JA – Lorsque nous parlons du temps, de ce temps-là, nous lui donnons un sens physique. Il est un repère, au même titre qu'une borne sur le chemin.

MC – La théorie de la relativité générale a permis d'effectuer un repérage de l'univers, d'en déterminer la géométrie. Nous devons cette théorie à l'esprit particulièrement inventif d'Albert Einstein, qui bouleversa notre vision du monde.

JCC – Pourquoi Newton n'a-t-il pas découvert la relativité ?

JA – Certains outils lui manquaient, comme la théorie de l'électromagnétisme, et aussi certains faits expérimentaux. Il avait aussi soif d'absolu, ce qui lui interdisait de porter ses pas sur le chemin de la relativité, que Galilée et Leibniz, par exemple, étaient plus enclins à emprunter.

MC – A vrai dire, c'est une question obscure. On ne peut pas y répondre. L'histoire des idées est complexe, pratiquement insaisissable.

JCC – Comme on dit, les esprits n'étaient pas prêts, sans doute ?

JA – Exactement. Pour qu'une découverte s'affirme, il faut des faits expérimentaux, un génie qui les intègre et une société qui l'accueille.

JCC – Peut-être vivons-nous une fin de siècle où les hésitations de la science deviennent secrètement perceptibles à la société qui nous enveloppe.

MC – Nous ne pouvons que l'espérer.

*Les relativités*

JA – Sous le nom de relativité, les physiciens désignent deux théories assez distinctes. La première, la relativité restreinte, ne s'attaque pas à la géométrie de l'univers. Elle se contente de tirer les conséquences du caractère fini de la vitesse de la lumière. La relativité générale va beaucoup plus loin. Elle établit que la distribution de la matière affecte la géométrie de l'univers.

JCC – Commençons par la restreinte.

JA – Le caractère fini de la vitesse de la lumière a des conséquences importantes et assez inattendues. Par exemple, lorsqu'un objet tend à se déplacer à la vitesse de la lumière, sa dimension propre se raccourcit dans la direction du mouvement, aux yeux d'un observateur extérieur et immobile, et sa masse totale (qui est la somme de sa masse au repos et de son énergie de mouvement) croît très fortement à mesure que l'objet approche cette vitesse limite.

MC – Pour cette raison, seules les particules de masse (au repos) nulle, comme le photon, notre grain subtil de lumière et peut-être l'angélique neutrino, peuvent effectivement se déplacer à la vitesse de la lumière.

JA – La relativité restreinte ne s'attaque pas encore à la géométrie de l'univers, qui reste prosaïquement euclidienne.

JCC – Les parallèles continuent à ne jamais se rencontrer ?

JA – Exactement.

MC – Mais la relativité restreinte, malgré son apparente

simplicité, conduit au moins à deux résultats importants, voire mystérieux. Le premier est devenu très classique. Déjà cité, c'est l'illustre $E = mc^2$.

JA – Cette formule exprime donc l'équivalence de la masse et de l'énergie. Dépenser de l'énergie, c'est dépenser de la masse. L'équation du siècle n'est rien d'autre que le reflet de l'incroyable énergie contenue dans nos noyaux d'atomes.

MC – Lorsque quatre noyaux d'hydrogène fusionnent pour donner naissance à un noyau d'hélium, ils perdent sept pour mille de leur masse totale, qui se transforme en énergie.

JA – Énergie qui peut se libérer brutalement dans l'explosion d'une bombe thermonucléaire ou, d'une façon plus « contrôlée », dans le centre ardent des étoiles.

JCC – Donc, sans $E = mc^2$, pas de vie sur la Terre ? Et pas de menace sur cette vie ?

JA – Sans cette équation, rien.

### *Les jumeaux de Langevin*

MC – La deuxième conséquence de la relativité restreinte est plus délicate à saisir. Elle irrite notre raison. Un peu d'imagination est nécessaire.

JA – Nombreux sont les auteurs de science-fiction qui l'ont utilisée, à tort et à travers. Et pourtant, expérimentalement, cette conséquence est très vérifiable.

MC – Il s'agit du « paradoxe des jumeaux de Langevin ». Imaginons des jumeaux. Ils ont vingt ans. L'un des deux reste sur la Terre, tandis que son frère accepte de faire partie d'une longue expédition spatiale, hors du système solaire. Cette expédition s'effectue à une vitesse proche de celle de la lumière. Imaginons que, pour le jumeau sédentaire, le voyage dure dix ans. Si le vaisseau spatial s'est déplacé à une vitesse de l'ordre de quatre-vingt-dix-neuf et demi pour cent de la vitesse de la lumière, le jumeau voyageur n'aura vieilli que d'un an. A son retour il aura vingt et un ans et son frère trente.

JCC – Il s'agit bien d'un fait scientifique, et non pas d'une fantaisie de romancier ?

JA – Il s'agit d'un fait observable. Pour un observateur extérieur au repos, le temps s'écoule beaucoup moins vite pour tout ce qui bouge à une vitesse élevée. Les physiciens qui traquent les particules les plus instables sur leurs clichés de chambres à bulles le savent bien : quand la vitesse d'une particule, même d'une durée de vie très courte, devient proche de celle de la lumière, le physicien constate un allongement de la durée de vie de cette particule.

JCC – Un allongement de la durée de vie ? Je croyais la matière immortelle !

JA – Oui, la matière est globalement immortelle. Mais nous aurions dû préciser que, parmi les particules, certaines sont quasiment indestructibles, comme l'électron, le photon, le proton, le neutrino tandis que d'autres sont instables. C'est le cas du neutron libre. A peine créé, il disparaît en une dizaine de minutes en se transformant en proton et en émettant un électron et un antineutrino. Il ne trouve sa stabilité qu'à l'intérieur d'un atome stable, ou dans une étoile à neutrons.

MC – Quant au paradoxe de Langevin, oui, il est prouvé. On a déjà embarqué des horloges atomiques dans des avions et des fusées et vérifié le phénomène.

JA – Qui du même coup n'est plus un paradoxe.

JCC – Le merveilleux s'est donc installé dans la physique, où la vitesse prolonge la vie.

MC – Le photon qui voyage naturellement à la vitesse de la lumière est immortel. Sauf accident. Et nous pourrions devenir immortels en voyageant en permanence à la vitesse de la lumière. En devenant photons.

JCC – Quoi de plus simple ?

JA – La physique devient merveilleuse mais reste exigeante. Et le temps s'écoule toujours depuis le passé vers le futur.

JCC – En passant par cet instant prodigieusement fugitif qu'est le présent. Un instant quasi inexistant, j'imagine ? Quasi nul ? Virtuel, peut-être ?

MC – Insaisissable.

JA – Et pourtant éternel, de notre point de vue. Puisque nous sommes en permanence dans le présent.

JCC – On parle sans cesse de l'infiniment petit. On ne parle jamais de l'infiniment bref.

MC – Qui est encore plus inconcevable.

JA – Et inatteignable. Nous ne voyons pas ce que pourrait être une « brique élémentaire » du temps. Une particule temporelle.

JCC – Et la relativité générale ?

JA – Avant d'y venir, il faut dire que la mécanique classique de Newton est tout entière contenue, absorbée, dans la relativité générale. Car lorsque la vitesse d'un corps est inférieure au dixième de la vitesse de la lumière, ce corps suit bien les lois de Newton.

MC – Et les trains arrivent à l'heure.

## *Relativité générale : l'univers courbe*

JA – Entrons dans un monde encore plus étrange. Ce n'est plus la droite, mais la courbe qui le domine. Jusqu'alors on considérait la géométrie de l'univers indépendamment de son contenu de matière (ou, ce qui revient au même, de son contenu d'énergie). La relativité générale tient compte de l'effet de cette matière sur la géométrie.

MC – On dit que la matière courbe l'univers. Les parallèles cessent d'être infiniment rectilignes et peuvent éventuellement se rencontrer. Elles subissent l'effet de la matière.

JCC – Les corps suivent toujours le chemin le plus court ?

MC – Oui, mais ce n'est plus la ligne droite.

JCC – Et la matière influence aussi le temps ?

MC – Bien sûr, car il est la quatrième dimension de notre univers.

JA – Cette influence de la matière sur l'univers a reçu une appellation : la Courbure de l'Espace-Temps.

JCC – Elle se manifeste expérimentalement ?

JA – De plusieurs manières. Nous pourrions nous intéresser, si tu le désires, aux perturbations relativistes du mouvement de Mercure sur son orbite, à l'envoi de signaux radar sur la surface de Vénus et au rôle que joue, sur ces signaux, la proximité ou l'éloignement du Soleil. Nous pourrions aussi parler des pulsars binaires, des quasars doubles et reparler un peu des trous noirs.

### *Le périhélie de Mercure*

JCC – On commence par Mercure ?

JA – Le mouvement de la planète Mercure sur son orbite subit des variations, qui portent le doux nom d'« avance du périhélie de Mercure ».

MC – Le périhélie, c'est tout simplement le point de l'orbite d'une planète qui se trouve le plus près du Soleil. Et ce point se déplace constamment par rapport au Soleil.

JA – En oubliant le détail des calculs, et en saluant au passage l'École française du Bureau des Longitudes et de l'Observatoire de Paris, une des plus brillantes du monde dans le domaine de la mécanique céleste, disons que jusqu'à la relativité générale on décrivait le mouvement de nos planètes dans le cadre, plus étroit, de la mécanique newtonienne.

MC – Les perturbations « classiques » provoquées par tous les corps du système solaire (planètes, astéroïdes...) qui agissent les uns sur les autres, avaient déjà remarquablement compliqué les calculs avant la relativité générale. Il fallut de nombreuses années de travail à Clairaut et Lalande, par exemple, pour prédire le retour de la comète de Halley, et à Le Verrier pour démontrer l'existence nécessaire de Neptune, au-delà de l'orbite d'Uranus.

JA – Cependant, les calculs classiques se trouvaient dans l'impossibilité de rendre compte, intégralement, de l'avance du périhélie de Mercure. Il restait une différence, une marge inexpliquée. Lorsqu'on applique les équations de la nouvelle dynamique, dérivées de la relativité générale, cette différence disparaît. Tout s'explique.

MC – Cet exemple, bien entendu, ne suffirait pas. Il faut un ensemble très concordant d'observations pour s'assurer que cette théorie est la seule qui rende compte, de façon très satisfaisante, des effets de la gravité sur l'univers.

JCC – Les physiciens se sont lancés dans d'autres mesures ?
MC – Ils n'arrêtent pas.

## *Les échos de Vénus*

JA – On envoie par exemple un faisceau électromagnétique qui va se réfléchir sur la surface de Vénus. On peut en mesurer l'écho, c'est-à-dire l'intervalle de temps qui s'écoule entre l'émission et la réception.

MC – Et les expérimentateurs ont remarqué que cet intervalle s'allongeait lorsque ce signal venait à passer à proximité du Soleil.

JA – Tout se passe comme si la présence d'une masse élevée non loin d'un rayon lumineux courbait sa trajectoire et par conséquent allongeait son temps de transit, de déplacement. Ce que prévoit, précisément, la théorie de la relativité générale.

JCC – N'a-t-on pas parlé, récemment, d'une découverte française dans ce domaine ?

MC – Si, en 1987. Il s'agit de l'arc de lumière de l'amas qui porte le numéro 670 dans le catalogue d'Abell.

JCC – On peut en parler ?

MC – On peut essayer.

## *Un mirage français*

JA – Cette découverte est due à trois chercheurs français de l'Observatoire de Toulouse, B. Fort, Y. Mellier et G. Soucail, qui ont travaillé au Chili, à l'European Southern Observatory.

MC – Mais les bases théoriques de cette découverte avaient été posées dès 1976 par une équipe de l'observatoire de Meudon.

JCC – De quoi s'agit-il ?

JA – On observait depuis longtemps un amas de galaxies très éloigné et, au-dessous, une sorte d'immense arc lumineux. Jusqu'à maintenant, toutes les observations situaient cet arc à peu près à la même distance que l'amas de galaxies.

MC – Or, il s'agissait d'un mirage. Les sources lumineuses qui nous apparaissaient sous la forme de cet arc sont en réalité situées dans l'espace beaucoup plus loin, à plus de cinq milliards d'années-lumière. Et la courbure de cet arc révèle la présence, devant l'amas de galaxies, d'une masse gigantesque de matière sombre.

JA – Matière sombre qui courbe la lumière au passage.

MC – Il s'agit d'un zoom cosmique. La masse de matière sombre, qui nous est évidemment cachée, joue le rôle d'une énorme lentille de l'espace.

JA – C'est même, jusqu'à ce jour, une des plus belles lentilles gravitationnelles qu'on connaisse. On la cherchait depuis longtemps. Son existence est maintenant démontrée.

JCC – Une fois de plus, l'invisible se manifeste.

MC – Oui. De la même façon qu'au cinéma on voit le fauteuil qui s'enfonce sous le poids de l'homme invisible quand il s'assied, ici la courbure de l'arc lumineux – un arc gigantesque, cosmique – révèle la présence de cet invisible tout-puissant, hors de toute mesure, rebelle à toute observation, qui détourne la lumière lointaine et fait de l'espace un trompe-l'œil.

JCC – Ces amas de galaxies, ces masses de matière sombre atteignent des dimensions qui échappent à notre esprit, à nos possibilités de mesure ?

JA – Seul le raisonnement physique permet de les approcher.

MC – Et peut-être aussi la rêverie.

JCC – Mais cela est-il vrai de toute matière ? Peut-on dire que chaque élément de matière présent dans l'univers agit, même de façon modeste, sur tout le reste ?

MC – Sans aucun doute.

JCC – La notion de vide paraît soudain privée de sens, car tout espace, toute partie de l'univers semble transporter l'action subie, ou exercée, par la matière, fût-ce par un grain de matière. Au lieu de dire « tout est dans tout », vous pourriez dire « tout agit sur tout ».

MC – Et réciproquement.

JA – Et cela à cause de l'effet à longue portée de la gravité.

C'est une force de peu d'intensité mais malicieusement insidieuse. Elle n'épargne rien.

### *Autre preuve : les pulsars doubles*

MC – Il y a d'autres arguments irrésistibles en faveur de la relativité générale. Par exemple, les astrophysiciens ont eu la chance d'observer plusieurs systèmes de pulsars doubles.

JA – Un pulsar est une étoile à neutrons, c'est-à-dire un astre extrêmement concentré, une masse solaire compressée dans un rayon de dix kilomètres, ou si l'on préfère un noyau d'atome de dix kilomètres de rayon. Un prodigieux rassemblement d'énergie.

JCC – Pourquoi appelle-t-on ce type d'étoiles un pulsar ?

MC – Parce qu'elle émet un pinceau de rayonnements électromagnétiques qui nous parvient comme la lumière d'un phare à un marin.

JCC – Et il y a des pulsars doubles ?

JA – Deux tiers (environ) des étoiles du firmament font partie de systèmes d'étoiles doubles. La mécanique classique permet de déterminer la forme elliptique de l'orbite de chaque étoile autour de son étoile compagne, ainsi que leur période de rotation. Mais dans le cas des pulsars doubles, la théorie classique est trop simpliste. Il faut faire intervenir la relativité générale.

MC – Les spécialistes des pulsars doubles comme notre ami Thibault Damour, de l'Institut des hautes études scientifiques de Bures-sur-Yvette, considèrent qu'ils constituent, aujourd'hui, les seules preuves tangibles de l'émission d'ondes gravitationnelles. Ces ondes ont d'ailleurs valu (et à juste titre) le prix Nobel de physique 1993 aux deux astronomes américains R. A. Hulse et J. H. Taylor, qui découvrirent en 1974 les variations de périodicité d'un pulsar binaire, dues à l'émission de ces ondes. D'autres physiciens, à la suite de J. C. Weber, de l'université de Maryland, ont imaginé des systèmes compliqués et coûteux pour détecter ces ondes particulièrement subtiles et n'ont pas réussi encore à en administrer une preuve péremptoire.

JA – Une fois de plus, la nature nous offre un objet idéal, un émetteur modèle.

JCC – Pourquoi est-il si difficile de détecter ces ondes ?

JA – N'oublie pas que la gravité est une force incroyablement faible, par rapport aux trois autres. Il faut la densité extraordinaire des étoiles à neutrons, des pulsars par exemple, et leur rayon très faible, par rapport à leur masse, pour qu'on assiste à l'émission d'ondes gravitationnelles susceptibles d'être détectées.

## *Le secret est au début*

JCC – Ainsi la matière agit constamment sur elle-même et sur ce qui l'entoure, ainsi l'espace-temps se courbe au contact de la matière, ainsi se déroule dans l'immensité un jeu d'une complexité inimaginable, auquel pourtant notre esprit n'hésite pas à prendre part – tout au moins comme observateur fasciné. J'ai une autre question : Qu'est-ce qui assure la validité d'une théorie comme la relativité générale ?

JA – On peut définir des domaines physiques dans lesquels telle ou telle théorie s'applique parfaitement et peut donc être considérée comme exacte. Une partie du travail scientifique est de définir les limites de ces domaines.

MC – Par exemple la mécanique classique s'applique parfaitement à la description d'objets macroscopiques qui se déplacent, loin de masses trop concentrées, à des vitesses très inférieures à la vitesse de la lumière.

JA – La relativité générale, elle, s'applique aux objets situés près de fortes concentrations de masse.

JCC – Quant à la mécanique quantique, à laquelle nous finirons bien par arriver, je suppose qu'elle domine le monde de l'infiniment petit ?

JA – Oui, mais pas seulement.

MC – Rappelons que l'union de la mécanique quantique et de la relativité générale n'est toujours pas réalisée. Les physiciens les plus doués s'essaient à quantifier la gravité et à rendre la mécanique quantique relativiste, au sens de la relativité générale.

JA – Le rêve du titulaire actuel de la chaire de physique théorique de Newton, Stephen Hawking, est d'appliquer la notion quantique de « fonction d'onde [1] » à l'univers dans son ensemble.

JCC – Verrons-nous un jour un nouvel Einstein-Newton imaginer une théorie nouvelle, qui réunira et dépassera celles qu'on utilise aujourd'hui ?

JA – C'est encore du domaine du rêve [2]. Mais une chose est presque certaine : ce futur génie, qui est peut-être déjà né, devra se pencher passionnément sur les premiers instants de l'univers, sur sa densité et sur sa chaleur. Le secret est là.

### *Retour aux trous noirs*

JCC – Les trous noirs, déjà évoqués, relèvent eux aussi de la relativité générale ?

JA – Ils en sont les illustrations exemplaires, car ils ne peuvent se comprendre que dans le cadre de cette théorie. L'astrophysicien allemand Karl Schwarzschild démontra, en 1915, pour les corps sphériques, l'existence d'un rayon critique, marquant leur horizon, qui est strictement proportionnel à la masse du corps. C'est le rayon de la sphère de non-retour. Si le corps sphérique considéré a un rayon supérieur à ce rayon critique, il a un comportement ordinaire. Si en revanche son rayon est inférieur au rayon critique, son champ de gravitation emprisonne littéralement toute particule et tout rayonnement électromagnétique qui auraient l'audace de s'aventurer dans cette région dangereuse.

MC – Pour une étoile comme le Soleil, le rayon critique de Schwarzschild se mesure en kilomètres. Autrement dit, il est à peine moins grand qu'une étoile à neutrons de masse cor-

1. Cf. J.-L. Basdevant, *Cours de mécanique quantique de l'École polytechnique*, pour les amateurs éclairés.
2. En ce moment, en 1995, un de nos collègues, Laurent Nottale, déjà cité, de l'Observatoire de Meudon, cherche à appliquer la théorie des fractales à l'univers dans son ensemble, pour concilier mécanique quantique et relativité générale. Ses premières affirmations sont stimulantes.

respondante. Il ne faudrait pas beaucoup contracter un pulsar pour que celui-ci disparaisse de notre champ de vision.

JA – Un paradoxe particulièrement important du trou noir est qu'il est d'autant plus dense qu'il est de faible masse. Et cela en application de la formule de Schwarzschild : la densité critique d'un trou noir est en effet inversement proportionnelle au carré de son rayon. Les mini-trous noirs peuvent avoir des densités extravagantes, pathologiques, alors que les méga-trous noirs peuvent avoir des densités tout à fait ordinaires.

JCC – Il y a des mini-trous noirs ?

JA – Peut-être. Il pourrait y en avoir partout, parfaitement invisibles à notre œil, dans cette pièce, dans ce placard.

JCC – Si on ne les voit pas, quelle que soit leur taille, s'ils capturent tout le rayonnement qu'ils contiennent, s'il n'y a aucun moyen de les déceler, ne perdent-ils pas leur statut scientifique, ne deviennent-ils pas des objets théoriques, des enfants de l'imaginaire ?

MC – La lumière n'est pas la seule à nous permettre de savoir. Si le Soleil se résorbait dans l'invisible, on pourrait déduire sa présence de ses effets gravitationnels en étudiant les trajectoires des planètes qui continueraient à évoluer autour de lui.

JA – Et d'autre part, le trou noir de masse comparable à une étoile (*a fortiori* à une galaxie) agit comme un gigantesque aspirateur cosmique. Cet effet de succion de la matière avoisinante par un trou noir, les physiciens l'appellent l'accrétion.

MC – L'accrétion est directement opposée à l'éjection. C'est de la matière qui tombe sur un corps. C'est par exemple ce qui se produit quand, dans un système d'étoiles doubles, l'une des deux se dilate pour devenir géante rouge. Son enveloppe, ses couches externes peuvent alors subir, de la part de l'étoile-compagne, une attraction plus forte que celle qu'exerce son propre centre. On dit alors que ces couches externes sont « accrétées » par l'étoile-compagne.

JCC – Aspirateur cosmique : le trou noir, donc, engloutit la matière qui l'enveloppe ?

JA – Oui, à cause de l'attraction gravitationnelle très élevée qu'il fait subir à cette matière. En raison de sa vitesse et des frictions qu'elle subit, la matière est très fortement échauffée. A forte température, elle peut émettre des rayonnements électromagnétiques durs, en particulier des rayons X. En tout état de cause, elle recèle une énergie thermique très importante. C'est ici que nous nous devons d'évoquer les candidats trous noirs de notre galaxie, candidats stellaires d'une dizaine de masses solaires. On se demande s'ils ne sont pas au centre des sources de rayons X les plus intenses qui se manifestent dans notre galaxie.

JCC – Toujours cette autre façon de « voir ».

JA – Plus fort encore : on connaît d'excellents candidats trous noirs au centre de galaxies tout à fait analogues à la nôtre. Le centre de la galaxie d'Andromède – sœur jumelle de notre galaxie – a de fortes chances de contenir un trou noir, et elle n'est pas la seule. Les trous noirs qui se trouveraient au centre des galaxies ont une masse égale à plusieurs millions de masses solaires. Leur volume égale celui du système solaire tout entier.

JCC – Comment sont-ils détectés ?

JA – Par la vitesse qu'ils impriment à la matière environnante.

MC – Ces trous noirs placés au centre des galaxies seraient à l'origine de ce qu'on appelle l'activité des noyaux de galaxies. C'est le centre des galaxies qui émet la plus grande partie de l'énergie galactique. Et c'est l'insatiable trou noir, lequel soumet les régions centrales à une permanente accrétion de la matière, qui serait à l'origine de cette débauche d'énergie.

JA – On explique ainsi l'incroyable émissivité des quasars, objets ponctuels que rien ne distingue en principe des étoiles, sauf deux points essentiels : d'abord une émissivité en rayonnement radio comparable à celle des galaxies, due (très probablement) à l'accrétion produite par le trou noir central. Seconde différence entre les quasars et les étoiles : un fort décalage vers le rouge de l'ensemble du rayonnement des quasars, qui fait de ces objets les astres les plus éloignés, et par conséquent les plus vieux que nous connaissions.

MC – Ils sont vieux puisqu'ils sont loin dans le passé, mais ils sont « jeunes » car ils représentent l'enfance des galaxies. Tout dépend du point de vue auquel on se place.

JCC – Source indirecte d'énergie, les trous noirs semblent vous être assez familiers, en fin de compte.

JA – Le trou noir pose moins de problèmes conceptuels que certains aspects de la mécanique quantique.

## *La cachette de la lumière*

JCC – Les pages précédentes ont été rudes, au moins pour moi. Je vous propose une courte pause. Voici un extrait d'un mythe haïda, peuple d'Amérique du Nord : *Car le monde en ce temps-là était tout entier dans le noir... S'il faisait si noir, c'est que le vieil homme avait dans sa maison un coffre qui contenait un coffre qui contenait un coffre qui contenait une infinité de coffrets, chacun d'eux contenant un coffret légèrement plus petit que lui jusqu'au dernier qui était si petit qu'il ne pouvait rien contenir d'autre que toute la lumière du monde*[1].

MC – Pourquoi la lumière, à l'origine, dans les mythes, est-elle presque toujours cachée ?

JA – Parce qu'elle est précieuse, j'imagine.

JCC – Pardonnez-moi de vous bombarder de citations, mais celle-ci tombe vraiment trop bien. Elle est de Lao-Tseu, dans le *Tao-te King* : *Tout être porte sur son dos l'obscurité et serre dans ses bras la lumière.*

MC – Nous la serrons parfois à l'étouffer.

## *Où l'on retrouve le temps*

JCC – Et le temps, pour tous les objets dont vous parlez ?

JA – Comme l'espace, il subit de fortes déformations dues

1. Cité dans *Le Dit du corbeau*, par Bill Reid et Robert Bringhurst, éditions Atelier alpha bleue, 1989, traduction Christiane Thiollier.

à la gravité. Le trou noir n'est pas seulement une singularité géométrique, il est une singularité temporelle.

JCC – Il est donc indescriptible ?

JA – D'une certaine manière. Ici, sur la planète Terre, dans notre système solaire, mon temps, mon espace et ma matière *ressemblent* à ce qu'ils sont ailleurs, mais à quelques différences près.

MC – Les relations physiques ne se comprennent qu'en termes de proximité, de propagation et de conservation de certaines quantités physiques. Un signal, une interaction ne se transmettent pas instantanément. La géométrie et l'observation de cette géométrie ne peuvent se définir indépendamment de l'objet considéré et de sa masse.

JCC – Encore un petit moment pour parler du temps. Annonçant saint Augustin, le précédant de plus d'un millénaire, je vous citerai une fois de plus l'*Atharvaveda,* dans la traduction de Louis Renou : *Le vaste Ciel est placé sur le temps... Dans le temps est la conscience, dans le temps le souffle, dans le temps est concentré le nom* [1]. L'impossibilité de penser en dehors du temps a été, dans le Véda, très profondément ressentie. On y trouve même cette phrase étrange, que Ronsard eût aimée : *Le temps ne vieillit pas.*

JA – Mais nous, nous vieillissons.

JCC – Une chose me frappe souvent : vous parlez du passé au présent.

JA – Parce que nous voyageons dans le temps. Nous n'arrêtons pas.

MC – Notre machine à remonter le temps, c'est la lumière. Et cette lumière est fidèle. Elle nous transmet sans la détruire l'instruction qu'elle a reçue.

JA – C'est vrai en général. Cependant, ces informations qu'elle nous transmet peuvent être détériorées si la lumière est tamisée, par exemple, par un nuage interstellaire. Mais en gros, oui, elle est fidèle.

JCC – Comment se produit cette détérioration ? Comment se trouble le message que nous apporte la lumière ?

---

1. *Hymnes spéculatifs du Véda,* trad. et notes de Louis Renou, Gallimard.

MC – Les paillettes interstellaires capturent la lumière au passage, et la restituent. A la sortie du nuage, les photons sont plus nombreux mais ils portent individuellement moins d'énergie car ils sont plus rouges.

JCC – Et leur vitesse ?

JA – Les photons se déplacent toujours à la vitesse de la lumière. Ils *sont* la lumière. Les paillettes interstellaires dont parle Michel, qu'on appelle aussi des grains de poussières, restituent l'énergie sous des formes différentes. On pourrait dire que ces grains ré-émettent la lumière.

MC – Exactement comme toi, comme ton corps. Tout être vivant émet des photons. En ce moment même, tu rayonnes de milliards de photons, qui sont émis par toi.

JA – Et qui en rougissent d'aise.

JCC – Encore une question sur le temps : On peut donc parler du temps de l'expansion de l'univers ? D'un temps universel ?

JA – Oui, de notre point de vue nous pouvons en parler. On peut même se rapprocher de l'idée d'un temps absolu. Le temps universel ressemble au temps absolu à s'y méprendre.

MC – Mais il ne l'est pas.

JA – Non. Le temps universel reste un temps relatif. Il est lié au monde. C'est difficile à admettre, encore plus à imaginer, mais c'est comme ça. La relativité du temps universel est un de nos concepts les plus impénétrables, car nous avons pris l'habitude de l'absolu. C'est un mot qu'on trempe dans tous les encriers. Notre esprit, ambitieux et arrogant par nature, a toujours tendance à confondre relatif et absolu.

MC – Et les penseurs les plus aigus s'y trompent parfois. Le temps est relatif au monde.

JA – Ainsi d'ailleurs que l'espace et l'énergie.

MC – C'est une attitude entièrement nouvelle, propre au vingtième siècle. Saint Augustin aujourd'hui serait astrophysicien.

JCC – Aristote également.

MC – Mais lui, il serait du côté d'Einstein.

JCC – Qui joue avec qui ? Peut-on imaginer une imagination non humaine ?

MC – A l'exception des esprits religieux – mais les dieux de tous les pays sont nés eux aussi de notre cerveau – à cette exception près, qui est de taille, le scientifique est le seul aujourd'hui à essayer de sortir de soi-même. Même si parfois il donne l'impression de vouloir s'élever de terre en tirant sur ses propres cheveux.

JA – Nous sommes capables de nous dédoubler, de jouer un instant avec le fait que la réalité est autre. C'est même devenu, pour nous, une sorte de gymnastique naturelle. C'est un exercice d'assouplissement de l'esprit, indispensable à qui veut aborder le brouillard quantique. Et nous avons aussi cet avantage, je crois : l'univers ne nous fait pas peur, pas plus que le sang ne fait peur au chirurgien.

MC – Mais comment le cerveau pourrait-il s'oublier lui-même ? Il peut, à la rigueur, faire comme s'il n'existait pas, jouer l'endormi, l'absent. Mais il sait bien que c'est un faux-semblant et que tout, finalement, lui revient.

### *Dans un miroir persan*

JCC – Constatation, là aussi, très ancienne. *La lettre et les paroles ne sont pas extérieures à l'esprit*, dit une maxime fameuse du zen. Quelle surprise, au terme de son long voyage, de voir la science contemporaine retrouver ces paroles anciennes !

MC – Surprise et réconfort.

JCC – Quitter son propre corps, voir avec d'autres yeux, quel bel et vieux désir. Délivrer l'esprit de son poids, inventer une force extérieure, une réalité transcendantale qui nous gouvernerait, qui nous dirigerait. De là sans doute ces dieux créés par nous, et ces regards des dieux sur nous et ces ordres donnés par les dieux. Nous avons inventé des milliers de sur-réalités non humaines. Platon ne pouvait même pas concevoir la philosophie sans l'existence, bien au-dessus des dieux, des essences, des idées éternelles, parfaitement incorruptibles. Pour vivre ici, il nous faut souvent un ailleurs. Mais en même temps, et depuis longtemps, une sagesse infiniment plus profonde et une voix infiniment plus intime nous disaient : ne vous arrêtez pas à ces fantasmes. Vous n'êtes pas encore sortis de votre esprit. Et rien n'est plus dur que d'en sortir.

JA – La science en arriverait-elle à ce même point ?

JCC – Oui, il me semble. Et c'est peut-être ce qui la rend si attirante. Des chemins très éloignés paraissent à certains endroits se rapprocher et même se rejoindre. A la fin d'un des plus beaux textes sur lesquels il m'ait été donné de travailler, le *Mantic Uttaïr* du poète persan Fariduddin Attar *(La Conférence des oiseaux),* une sorte d'ultime clarté, à la fin d'un voyage pénible et angoissant, est offerte aux oiseaux qui recherchaient leur roi. On leur présente un miroir et on leur dit que toute la vérité est dans ce miroir. Ce qu'ils cherchaient, ce roi fabuleux, c'était eux-mêmes.

MC – Ils sont donc seuls.

JCC – Oui, seuls. Sentiment le plus dur à admettre. Toutes les sagesses traditionnelles, sans exception, qui ont fait exploser les dogmes religieux, sont entrées en contact avec cette frontière de vertige où l'esprit aventureux, et souvent épuisé, arrive à l'extrémité de lui-même et ne voit plus autre chose que lui. *Vous avez fait un long voyage pour arriver au voyageur,* dit une phrase inoubliable. Et notre grand étonnement – réconfortant, comme dirait Michel, mais aussi très déconcertant – est de voir la science la plus sophistiquée en arriver au même point, expériences faites, et nous dire : Tout vient de nous, ou presque.

JA – De notre point de vue.

JCC – On en revient alors, pour ceux qui, insatiables, veulent aller toujours plus loin, à l'abandon de la pensée, au dépassement de l'esprit, au « penser-rien », qu'on traduit aussi quelquefois, quand il s'agit de textes japonais, par la « non-pensée ». Une littérature très imagée – on y parle très souvent de l'eau, de l'air, des métamorphoses – a essayé d'évoquer cette non-pensée, d'en ouvrir les portes étroites. Ne citons qu'une phrase indienne, reprise par les Japonais : *Si l'esprit ne s'arrête nulle part, alors apparaît le véritable esprit.*

JA – La science n'en est pas encore là. Elle est soumise, chaque jour, à la tentation d'arrêter l'esprit.

JCC – C'est ce qu'on appelle le savoir ?

JA – Exactement, le savoir. Comprendre l'univers, en donner la clé, la fixer dans une formule : c'est la tentation suprême.

JCC – Le piège, peut-être. Un des recueils de Paul Éluard s'appelle *Défense de savoir.*

MC – Oui, le piège. Car savoir, c'est cesser de chercher.

JA – Par bonheur, nous en sommes très loin.

JCC – Dire « nous en sommes très loin », c'est supposer que ce savoir existe, que la formule nous attend quelque part et qu'un jour sans faute nous l'atteindrons.

JA – C'est une façon de parler.

MC – Mais il nous faut bien une baleine blanche.

JCC – Au fond, pourquoi serait-il nécessaire de quitter notre point de vue ?

JA – Ce n'est pas nécessaire. C'est un désir.

MC – Un désir puissant. Donc nécessaire.

JCC – Mais nous connaissons un autre désir, le désir contraire, celui d'en rester là et de nous dire : Au fond, c'est très bien ainsi, cet univers d'où nous ne pouvons pas sortir, cet univers mystérieusement placé dans notre cerveau, et n'existant que là – il est en fin de compte très satisfaisant

MC – Il est presque parfait.

JA – Il satisfait même à notre besoin d'incompréhension.

MC – Pour le dire encore une fois, d'une autre façon : Le grand danger c'est la « réification ». Faire de l'univers une « chose », qui existerait en soi, en dehors de nous, sans nous.

JA – Le langage, là encore, est semé de traîtrises. On parle par exemple de « l'objet de nos études ». C'est très mal dit. Ce que nous étudions n'est pas un objet.

JCC – Qu'est-ce que c'est ?

JA – C'est un ensemble de relations entre nous-mêmes, ce que nous appelons l'objet, et les outils que nous utilisons.

MC – Mais ce n'est en aucun cas un objet extérieur à nous-mêmes.

JCC – Le bouddhiste Nagarjuna disait avec sérénité (j'imagine) : *Les choses tirent leur nature d'une mutuelle dépendance et ne sont rien en elles-mêmes.* En écho, une autre maxime bouddhiste : *L'objet est un événement.*

MC – Auquel nous sommes, à chaque instant, unis.

JCC – Peut-on dire que le ciel n'existe plus ?

MC – Au sens ancien du mot – « monter au ciel » – le ciel n'existe plus. Il échappe désormais à toute localisation, à toute configuration. Il a disparu.

JA – Il est devenu l'univers.

JCC – Iris, sur son arc-en-ciel, ne va plus du ciel à la terre, mais de la terre à la terre.

JA – Et ce n'est plus le ciel qu'il faut prier pour la pluie. C'est la terre.

JCC – Le ciel nous dominait, l'univers nous enveloppe ?

MC – Et il nous inclut.

### *Le refus de voir*

JCC – Où en est l'enseignement scientifique, en France ?

MC – Il pourrait être plus brillant. De toute manière, pour enseigner il faut savoir, ou prétendre savoir.

JCC – On ne peut pas enseigner l'incertitude.

MC – On devrait pourtant. On devrait au moins essayer. Mais enseigner, souvent, c'est réduire à la clarté, à l'explicable, et par conséquent c'est occulter.

JA – Quand un phénomène difficile se rencontre, on a tendance à le limer, à l'adoucir, à le rendre présentable. Il a fallu très longtemps pour introduire en France l'enseignement de la mécanique quantique.

MC – Et c'est pour ça que la physique française est assez souvent en retard.

JA – Il existe encore – et peut-être pour longtemps – des scientifiques réducteurs, assez nominalistes, qui réduisent toute action à un schéma et ne veulent pas en sortir. Pour eux, toutes les questions que nous nous posons sont superflues.

MC – Le phénomène, et rien de plus.

JA – Il y a danger à se pencher au-dehors.

MC – A plus forte raison au-dedans.

JA – Et c'est là que se tient le danger, précisément dans ce que tu viens de dire : se contenter de l'apparence. Refuser de voir au-delà. D'abord, c'est aller contre la science elle-même. Ensuite, c'est donner des arguments à ceux qui ne demandent qu'à fermer la fenêtre.

MC – Il est bien connu que, dans un train, ceux qui veulent fermer la fenêtre l'emportent toujours sur ceux qui voudraient la garder ouverte.

### *Le cinéma jouant avec le temps*

JA – Il existe un temps cinématographique ?

JCC – Un temps cinématographique, un temps romanesque, un temps théâtral. On pourrait les appeler « les petits temps », à l'intérieur du grand. Ils sont des temps utilitaires, des temps d'usage très différents les uns des autres. Quoi de plus simple, dans un roman, que d'écrire « le lendemain matin » ? Les mots vous emportent au jour suivant. Nous n'y prenons même pas garde. Au cinéma, quoi de plus difficile que de montrer que nous sommes *le lendemain* et *le matin* ? Une journée cinématographique peut sauter d'une journée réelle à une autre, qui se situe le lendemain ou trois mois plus tard. Rien ne nous l'indique. Le cinéma crée son propre « jour ». Sans parler des possibilités d'accélérer, de ralentir le mouvement, et même de remonter le temps. On n'avait jamais vu ça, avant le cinéma. Dans le début des années vingt, les premiers truquages, auxquels nous sommes aujourd'hui habitués, fascinaient les gens.

MC – Quels truquages ?

JCC – On voyait, grâce à la prise de vue image par image (une image par heure, ou par jour) une graine germer, la plante sortir de terre et croître en un mouvement continu. C'était vraiment miraculeux. L'apparition d'un nouvel invisible. On admirait des plongeurs qui ressortaient de la piscine et remontaient sur le plongeoir. Un critique américain d'avant-guerre, Levinson, qui voyait dans la caméra un moyen de transformer l'espace en temps, et vice versa, a même écrit à ce sujet : *Le cinéma est la plus grande surprise philosophique depuis Kant.*

JA – Le théâtre ne permet rien de ce genre ?

JCC – Si. Mais le jeu avec le temps, au théâtre, est plus subtil, plus discret. Dans certaines œuvres de Shakespeare, une scène commence, des personnages sont là, ils parlent, ils agissent, d'autres personnages interviennent, la scène se termine sans que les premiers personnages aient quitté notre regard, et pourtant cinq ans se sont écoulés. Nous en prenons soudain conscience. Ou mieux encore, personne ne s'en rend compte. Ça paraît naturel.

MC – L'intérêt de la scène l'a emporté ?

JCC – Oui. On dirait que le temps, que la logique du temps s'est inclinée devant la force de l'action dramatique, à ce moment-là. Nous avons travaillé de la même façon, à plusieurs reprises, avec Peter Brook. L'exercice est fascinant. C'est comme un autre temps qui se glisse dans le grand. Une sorte de fraude, une intrusion. Quand les critiques se penchent avec leurs microscopes sur la structure temporelle de la pièce – c'est le cas pour *Othello,* pour *Mesure pour mesure* – ils sont hagards, ils ne comprennent pas, et ils perdent leur vie dans des chicaneries. Ils disent même : « Shakespeare s'est trompé ! » Ils n'ont pas vu l'essentiel, la liberté suprême de Shakespeare, qui s'approprie le temps.

JA – Pour un moment.

JCC – Pour un moment, bien sûr. Théâtre et cinéma ne sont qu'un moment, qu'on espère plus fort, plus aigu que les autres. Il faut noter à ce propos une autre différence avec l'écriture romanesque. Il n'y a pas deux lecteurs au monde qui aient lu un roman *dans le même temps.* Ce qui fait de chaque lecture un moment singulier. Une pièce de théâtre ou un film, au contraire, imposent une même durée à un public – et un même lieu.

## *Le duel des westerns*

MC – Outre le ralenti, l'accéléré et le retour en arrière, qui sont au cinéma des moyens évidents, purement mécaniques, de jouer avec le temps, n'existe-t-il pas des formes plus raffinées ?

JCC – Si, et dans les deux sens. D'abord on peut raccourcir le temps, sans que le spectateur s'en rende compte. Un bon metteur en scène, par un découpage habile, peut par exemple montrer le déroulement d'un repas complet en quatre ou cinq minutes. Un personnage est en train d'avaler son potage. Il pose une question. On passe sur un autre personnage qui lui répond, sans attendre, mais qui est déjà en train de se servir de gigot. On passe ensuite, avec changement de plan (c'est indispensable) sur un troisième personnage qui s'introduit dans le dialogue précédent, mais qui est en train de manger sa salade. Et ainsi de suite. On arrive très vite au dessert, au café. C'est un exercice bien connu. Imperceptiblement, à demi dissimulé derrière le dialogue, le repas se déroule à toute vitesse, sans que nous remarquions cette anomalie. Sauf si c'est mal fait, si le dialogue n'a pas d'intérêt, si nous n'avons que le repas qui nous intéresse.

MC – Là aussi, l'action physique, inscrite dans une durée qui nous est pourtant familière, s'est inclinée devant l'action dramatique.

JA – Tu nous avais parlé des duels, dans les westerns ?

JCC – C'est le cas contraire. Le temps est ici dédoublé, et comme immobilisé. Un vieux monteur hollywoodien m'a démontré ce phénomène, un jour, dans une salle de montage. Tous les duels de westerns sont bâtis sur le même modèle. On montre généralement deux hommes qui s'avancent l'un vers l'autre, soit en plan d'ensemble (ils sont tous les deux dans le champ), soit l'un après l'autre. Jusque-là, rien d'anormal. Au moment fatidique, on passe, *toujours,* sur celui qui va mourir. C'est lui qu'on isole le premier. Il saisit brusquement son arme et l'élève jusqu'à sa hanche.

JA – On passe alors sur l'autre, celui qui va gagner ?

JCC – Exactement. Et le vainqueur refait le même mouvement. Il saisit brusquement son arme et tire. Mais qu'a fait le premier, pendant ce temps-là ?

MC – Il est resté planté, l'arme braquée, attendant la mort.

JCC – Il n'a pas tiré. Le temps, on le voit très bien dans une salle de montage, est parfaitement dédoublé sans que ça nous choque. Là encore, il faut ajouter : quand c'est bien fait. Les grands monteurs sont ceux qui parviennent à rallonger ce temps fictif au maximum – ça peut être une question de cinq ou six images, c'est-à-dire d'un sixième de seconde – sans que nous nous en étonnions.

## *Des films de l'époque romaine*

JA – Il faut dire aussi que le cinéma reconstitue le temps passé. Parfois avec beaucoup de soin. On s'y tromperait.

JCC – Surtout si la caméra est discrète. A ce propos, pour nous divertir un instant, c'est-à-dire pour nous détourner, une fois de plus...

MC – Quand on ne va nulle part, il n'y a pas de détour possible.

JCC – J'ai revu, il n'y a pas longtemps, un film de René Clair, *Un chapeau de paille d'Italie,* tiré de la pièce de Labiche. La pièce date du dix-neuvième siècle, René Clair a situé le film vers 1900 et l'a tourné en 1925, je crois. Trois époques se mêlent, auxquelles s'ajoute la nôtre, celle du spectateur. Quand René Clair a réalisé ce film, en 1925, il a dû faire une reconstitution historique. C'était pour lui un film d'époque (décors, costumes, fiacres), même si par rapport à l'époque de la pièce il avait rapproché l'histoire de lui. Aujourd'hui le film nous apparaît comme un film 1900, un film qui se passe en 1900, et qui a été fait en 1900. Les vingt-cinq années intermédiaires ont mystérieusement disparu.

MC – Le cinéma deviendrait-il relatif, lui aussi ?

JCC – C'est ce que je me demande. Prenons un film italien muet des années vingt, qui se passe dans la Rome antique, *Ben Hur* ou *Scipion l'Africain.* L'absence de sons, le noir et le blanc, l'allure saccadée, le grain de l'image, tout projette le film beaucoup plus loin de nous.

JA – Il se rapproche de la Rome antique.

JCC – A toute vitesse. Il ressemble de plus en plus à une bande d'actualités. Projetons-nous maintenant de quelques siècles, disons d'un millier d'années, dans le futur. Le temps qui sépare le film de la Rome antique va se relativiser et se rétrécir de plus en plus, de la même façon que nous prenons volontiers un manuscrit enluminé du quinzième siècle pour un tableau de la société carolingienne. Il faut être spécialiste, dans certains cas, pour faire la différence.

MC – Tu veux dire qu'un jour il existera des films romains ?

JCC – Pas pour tout le monde, peut-être. Mais les exceptions érudites comptent si peu dans une société... Un jour, dans quelques milliers d'années, il y aura, pour la mentalité collective, des films romains, égyptiens, assyriens. *La Passion de Jeanne d'Arc,* de Dreyer, sera un film du Moyen Age, et *Amadeus* un film du dix-huitième siècle. Comme le temps passé sans cesse se resserre, un jour Stendhal aura bavardé avec Gérard Philipe à propos du personnage de Julien Sorel, dans *Le Rouge et le Noir,* Gérard Depardieu aura vécu au seizième siècle pour y tourner *Le Retour de Martin Guerre* tandis qu'ailleurs, devant un autre public, il mourra la tête tranchée dans *Danton,* deux siècles plus tard.

MC – A ce point de chaos ?

JCC – C'est déjà le nôtre, quand nous parlons de notre passé. Et comme le passé s'allonge chaque jour, comme il laisse de plus en plus de traces, il devient du même coup plus complexe, et beaucoup plus confus. Le temps s'y perd. Et le cinéma se perd dans le temps, devient le temps. A quoi s'ajoute l'infirmité fondamentale du cinéma, qui lui pose aujourd'hui tant de problèmes de renouvellement de *forme.*

MC – Quelle infirmité ?

JCC – Tu disais, rappelle-toi, que notre œil a été façonné par le Soleil.

MC – Exactement. Nous ne voyons que ce que le Soleil a « décidé » que nous verrions. Et des myriades d'images possibles nous restent cachées.

JCC – Eh bien le cinéma est prisonnier de notre regard. Il est prisonnier de ce phénomène physiologique qui lui a donné naissance et qui s'appelle (incorrectement, mais peu importe) la persistance rétinienne. Il est soumis à l'œil. A une certaine fonction de l'œil. Si la succession des images est trop lente (à la prise de vues), le mouvement s'accélère à l'extrême et l'image devient invisible, un chaos frénétique et insupportable que l'œil rejette. Si la succession des images est trop rapide (toujours à la prise de vues), le mouvement visible se ralentit jusqu'à frôler l'immobilité.

JA – Qui est le contraire du cinéma.

MC – Par définition.

JCC – Le cinéma évolue donc entre deux dangers, qui sont l'invisible et l'immobile. Il a un *champ,* dont il ne peut pas sortir, et ce mot magique (toujours le *Kshetra* sanskrit) est un de ceux que nous employons le plus souvent, comme vous. Ce champ est délimité par notre œil. L'observateur établit les limites de l'observé. Du même coup, ces limites techniques imposent des limites du même ordre à l'imagination et à l'expression. C'est le rapport avec le regard, origine et tyran de la forme, qui commande, encore aujourd'hui – et sans doute pour longtemps – ce que le cinéma peut nous faire voir.

## *L'univers est-il une énigme?*

MC – Je reviens un instant à l'univers – si j'ose dire, puisque nous ne pouvons pas en sortir. Il semble que l'univers soit né sous le glaive des lois auxquelles il est tenu d'obéir. Dans la pensée classique, et en particulier dans l'idée d'une création divine, ces lois existent avant toutes choses, et l'univers qui va apparaître doit s'y conformer. Descartes parle des *lois que Dieu a mises dans la Nature.* Or, il semble maintenant que l'univers s'est sans doute armé de ces lois au tout début, en une fraction de seconde.

JA – Certains dieux naissent ainsi tout armés.

MC – Et nous avons longuement parlé, déjà, de la possibilité qu'il fût autre.

JCC – L'univers est-il une énigme à déchiffrer?

MC – Cela dépend de notre attitude.

JA – L'énigme est une notion humaine.

MC – Nous procédons comme des détectives. Cela ne veut pas dire que l'univers soit une énigme.

JA – La science, longtemps, l'a considéré comme tel. Non sans résultats. La méthode scientifique, aujourd'hui, est celle qui réussit le moins mal à décrire cette « énigme » et même, dans un nombre assez restreint de cas, à l'expliquer.

JCC – Rappelons cette méthode.

JA – Elle est très simple, au fond. D'abord on regarde, on observe, on expérimente – l'expérience n'étant qu'une forme privilégiée du regard. Ensuite on essaie d'établir des relations entre différents faits d'observation. Par exemple : le Soleil brille parce qu'il libère de l'énergie.

MC – La Terre tourne autour du Soleil, et ce mouvement est fonction de la masse et de l'éloignement moyen des deux corps.

JA – L'atome libère ou absorbe de l'énergie de rayonnement lorsqu'un de ses électrons saute d'une orbite à l'autre. Ainsi apparaissent deux caractéristiques essentielles. D'abord la science est, avant tout, sensorielle. Mais, dans beaucoup de cas, elle doit aussi décrire ce qu'elle ne voit pas. Elle peut imaginer l'invisible, mais il lui faut d'abord passer par les sens. Ensuite, on peut dire qu'elle procède toujours par des méthodes relativement simples. Elle constate par exemple la conservation globale de la masse, de l'énergie, de la rotation, de la charge électrique. Ainsi, un corps qui tombe perd de son énergie potentielle mais gagne – en quantités égales – de l'énergie cinétique.

JCC – Voici donc une de ces lois, qui jaillirent au tout premier instant ?

JA – De même le fait que la charge électrique globale d'un objet isolé reste constante. Et tout un bouquet d'autres lois. Finalement, sensorielle et simple (ne nous laissons pas égarer par la complexité apparente du formalisme mathématique), la science me semble une démarche assez humble, qui tire sa puissance, précisément, de sa simplicité.

MC – Oui, sans doute, mais au royaume de l'infime (même si notre point de vue sur l'énigme a changé, car nous sommes comme un détective qui ne pourrait observer aucun indice sans le troubler), toute connaissance pure nous est clairement interdite.

JA – La limite de la science est aussi sa force, car elle connaît maintenant son impuissance. Elle sait ce qu'elle ne peut pas savoir. On peut même dire qu'il n'existerait pas de science sans cette limite. Une science illimitée est scientifiquement inconcevable.

MC – L'indicible et l'inconcevable font partie d'elle.

## *L'univers Shakespeare*

JCC – Parler d'une énigme – ce qui suppose un coupable, ou quelque mystérieux organisateur – c'est donc appauvrir votre démarche ?

MC – C'est la qualifier, c'est donc la réduire.

JCC – Nous voici là encore dans un territoire commun. Nous avons nous aussi nos énigmes appauvrissantes.

MC – Par exemple ?

JCC – Disons – on l'a souvent dit – que Shakespeare est un univers. Il n'est pas pour cela une énigme. Des milliers de livres ont été écrits pour tenter d'expliciter son œuvre, ils n'ont pas rajouté le plus léger frisson à l'émotion qui surgit de ses pièces. La glose est froide, elle n'intéresse souvent que les esprits froids. Les « clés » de Marcel Proust, ou les « lois » qui régissent son monde n'aident en aucune manière à l'aimer, à jouir de lui.

MC – Au contraire, peut-être. Car ces clés limitent toute lecture.

JCC – C'est bien parce que Shakespeare est indéchiffrable qu'il est prodigieux. Il dépasse et annule la pensée. Il n'y a pas un Shakespeare, que l'on pourrait un jour mettre à plat et « comprendre », mais des millions de Shakespeare, un par lecteur, ou par spectateur. De même, il n'y a pas un univers – peut-être – mais des millions d'univers.

JA – Avec de grandes franges communes.

JCC – Qu'avez-vous en commun ?

MC – Le logos. Nous faisons de la cosmologie.

JA – Chacun de nous garde son point de vue sur l'univers, ce qui revient à dire que chaque univers est différent, mais nous avons une méthode commune pour approcher ces univers multiples.

JCC – Avec aussi des points de vue différents sur cette méthode commune ?

MC – Bien entendu. Et ces questions de méthodologie, ou de discours sur la méthode, sont sources de discussions ardentes et parfois même de querelles parfaitement désordonnées.

## *Autres questions sur le réel*

JCC – Le temps passe, les pages s'amassent et j'ai tant de questions à vous poser.

MC – Et nous avons si peu de réponses à te faire.

JCC – Les réponses sont parfois plus faciles que les questions. On cite souvent cet ermite à demi nu qui courait dans le désert en criant : « J'ai une réponse ! J'ai une réponse ! Qui a une question ? »

JA – Nous connaissons de nombreux ermites de ce genre.

JCC – Alors, voici une question. Niels Bohr, au retour de Chine, a fait mettre sur son blason *Contraria sunt complementaria* (Les contraires sont complémentaires). Le sentiment de l'unité du monde est très ancien et très diversement approché. De votre point de vue, hommes de tous les espaces, des plus réduits comme des plus amples, l'unité l'emporte-t-elle sur la diversité ? L'univers n'est-il qu'un ?

MC – Cela fait deux questions au lieu d'une.

JCC – Prenez la dernière.

JA – Essayons de savoir de quoi nous parlons : des particules élémentaires ? Du rapport atome-noyau de l'atome ? De nous-mêmes, c'est-à-dire d'objets complexes ? De l'univers dans son ensemble ? On ne peut parler de tout à la fois.

JCC – Commençons par les particules.

JA – Plus la masse d'une particule est faible, plus il est facile de lui associer une onde. Une particule, un photon par exemple, est une sorte de Janus, à l'aspect double, à la fois onde et grain de matière.

JCC – Et nous? Sommes-nous doubles?

JA – En principe, rien ne nous interdit de nous décrire par une onde associée. Mais étant donné notre masse élevée par rapport à celle d'un seul atome, cette rigueur de principe n'a aucune utilité. Nous sommes néanmoins des êtres quantiques.

JCC – Voilà une phrase qui peut vous sembler évidente, et que je ne comprends pas.

JA – Il faudrait en effet plusieurs pages de développements physiques et malheureusement quelques équations pour te l'expliquer. Nous sommes traversés, nous sommes peuplés de multiples rayonnements et de particules. Ces rayonnements, ces particules sont *à la fois,* selon notre façon de les observer, onde et particule.

MC – Ce fut la grande découverte de Louis de Broglie, dont nous avons appris la mort, en 1987, rappelle-toi, en travaillant précisément sur ce passage.

JA – Une question se pose immédiatement : comment définir une longueur d'onde? La physique classique a établi une équation très simple, qui fait intervenir la vitesse et la fréquence d'une onde. Une onde dont la pulsation, la fréquence, est très rapide, a nécessairement une longueur d'onde très faible.

JCC – C'est clair.

JA – Ces physiciens ont établi une autre équation, qui fait intervenir la masse (la masse totale, c'est-à-dire la masse plus l'énergie, car le photon, par exemple, n'a pas de masse au repos), et aussi une autre constante de la nature qu'on appelle la constante de Planck. Cette constante est un minimum d'action (énergie multipliée par temps). Cette constante permet de relier la longueur d'onde, propriété ondulatoire de la matière à la masse multipliée par sa vitesse (propriété corpusculaire). Plus précisément cette longueur d'onde s'écrit comme le rapport de la constante de Planck à ce produit.

MC – Il faut donc savoir que cette constante est minuscule, et que plus la masse s'élève, plus la longueur d'onde s'amenuise jusqu'à devenir négligeable. A notre niveau de masse, notre longueur d'onde, théoriquement concevable, est proche de zéro. Elle est plus petite que la dimension d'un noyau d'atome. Une autre façon de réfléchir à cette question est de nous dire : nous sommes tous formés des mêmes noyaux, qui ont été formés dans les mêmes étoiles. Nous avons, chacun de nous, des millions de noyaux qui sont partis en fumée avec Jeanne d'Arc (des millions, à notre échelle, ce n'est rien), d'autres millions qui ont été le bois de son bûcher, d'autres qui ont gagné la bataille d'Austerlitz...

JCC – ... d'autres qui l'ont perdue...

JA – ... d'autres qui ont fait l'amour avec Gabrielle d'Estrées, d'autres qui étaient les draps de son lit. A chaque phrase nous respirons cinquante molécules du dernier souffle de Jules César. Mais cela ne nous avance guère sur la voie de l'unité.

JCC – Je sais bien. Mais vous avez parlé si chaleureusement de ces milliards de neutrinos qui nous traversent à chaque instant, et aussi de tous ces rayonnements dont l'espace est fertile, qu'on ne peut que s'interroger. Sommes-nous vraiment reliés les uns aux autres ? Et aussi au reste du monde ? La part d'unité qui est en nous l'emporte-t-elle – serait-ce à notre insu – sur la multiplicité apparente des êtres ?

JA – Dans tous ces territoires de brouillard, qui vont de la télépathie à la réincarnation, en passant par l'astrologie, la géomancie, le spiritisme et que sais-je encore, aucun indice ferme ne nous apparaît.

MC – C'est notre différence, notre singularité, qui est frappante. Et la possibilité que des milliards de milliards de noyaux d'atomes, séparés par la mort d'un individu, se retrouvent pour former un autre individu, dans une autre vie, cette possibilité est mathématiquement invraisemblable.

JA – On monte en épingle quelques expériences assez peu concluantes de transmission de pensée, mais le contraire est tout aussi vrai : je peux me trouver près de personnes que j'aime et ne pas savoir à quoi elles pensent, ne rien sentir de ce qu'elles éprouvent.

MC – C'est ce qui arrive le plus souvent.

JCC – Notre manque d'attention y est peut-être pour quelque chose.

JA – Une particule élémentaire est, en elle-même, un être compliqué, mais qui réagit néanmoins de façon assez simple aux sollicitations de tout ou partie des quatre forces. Lorsque nous tentons de décrire un phénomène comme la pensée, il est bon de nous rappeler que nous sommes formés, en moyenne, de 3 à $4 \times 10^{28}$ particules élémentaires.

JCC – Chiffre prodigieux.

MC – Inimaginable. Mais on en connaît de plus grands.

JA – J'ai pris, évidemment, un point de vue extrême. On peut aussi admirer les progrès de la biologie, et même de la psychologie. Il existe une approche scientifique passionnante à des questions comme les attractions sexuelles, les rêves, le désir d'autodestruction, le plaisir, la pulsion de mort. Des liens peuvent devenir de plus en plus profonds entre nous, c'est vrai. Mais de vastes domaines resteront de l'ordre de l'intime.

MC – D'ailleurs, faut-il souhaiter qu'ils deviennent communs ?

JCC – Murmurons au passage quatre vers de William Blake :

*Voici un univers dans un grain de sable*
*Et un paradis dans une fleur sauvage*
*Tenir l'infini dans la paume de sa main*
*Et l'éternité dans une heure.*

MC – Les poètes ont souvent raison, car leur parole est singulière.

JCC – Au hasard d'une lecture, j'ai récemment trouvé, dans un vieux texte chinois, les *Légendes des Immortels,* quatre vers que je trouve d'autant plus beaux qu'ils sont anonymes. L'auteur d'un conte montre un personnage qui marche dans une rue. Ce personnage rencontre un homme qui écrit des vers sur un mur, un poète sans visage et sans nom, qu'on ne reverra plus. On lit sur le mur, au passage :

*Assis ou couché, je ne quitte pas ma coupe de vin.*
*Sans le secours de mes yeux, je connais les cités des étoiles,*
*Sans lui donner un nom je sais la grandeur de l'univers,*
*Parmi la multitude innombrable, je ne suis qu'un homme*[1].

MC – Cet homme, qui écrivait sur un mur, était déjà un astronome de l'invisible.

*Dans un couloir d'ambiguïté*

JCC – Plus nous avançons – à supposer que nous ne tournions pas en rond – plus il me semble que la « culture », cette qualité indéfinissable, est le contraire d'un objet de placard.

JA – On ne peut la ranger sur aucune étagère ?

JCC – Car on ne sait pas ce qu'elle est : le goût, le savoir, l'érudition (« un homme cultivé »), l'expression artistique ?

MC – Elle n'est là que pour nous aider à vivre. Elle ne peut en aucune manière conduire à l'établissement d'un ordre, qui serait stérile et artificiel.

JCC – Non seulement elle est inclassable, mais elle est même ce qui résiste au changement. Elle aime l'impression, le sans-frontière, le presque oublié, le vaguement quelque part. Toute culture individuelle est un désordre. Et c'est dans la mesure où la science elle-même, que l'on croyait depuis longtemps le domaine du bien rangé, découvre à son tour ces zones nouvelles, ces terrains vagues, qu'elle rejoint naturellement la culture.

JA – Il était temps.

MC – Et comme elle aime à tout prouver, elle prouve aussi son brouillard.

JCC – C'est à se demander si la connaissance, et même tout simplement les connaissances, sont délimitables et étiquetables.

MC – Le simple fait de détacher un mince brin de connais-

1. Louis Laloy, *Légendes des Immortels,* Paris, 1922.

sance et de l'étiqueter, de le ranger dans un tiroir, le pervertit définitivement.

JA – Reste à trouver cette frange de brume, ce couloir d'ambiguïté, qui est comme un besoin vital du réel.

MC – Reste aussi à ne pas trembler dans les courants d'air du couloir.

JCC – Avec votre permission, seconde pause Henri Michaux. C'est un extrait de *Poteaux d'angle* [1]: *Nouvelles de la planète des agités : avec un fil à la patte, ils filent vers la lune, avec mille fils plutôt, ils y sont, ils alunissent et déjà ils sont à plus loin, plus loin, à des milliers de fois plus loin, attirés par le désir nouveau qui n'aura plus de fin, dans un ciel de plus en plus élargi. Cependant, sans s'arrêter, des masses immenses dans les nuages tournent à toute vitesse, s'écartent, se fuient, s'attirent, s'équilibrent, orbitent, muent, géantes de matière au paroxysme, jusqu'à explosion, jusqu'à implosion, luttant, enragées d'existence, l'existence pour l'existence, pour pendant des milliards d'années continuer à exister, étoiles de toute sorte et galaxies, elles aussi entraînées à exister. Mais pourquoi donc ? Pourquoi ?*

### *Questions sans réponse*

MC – J'apprécie ce « désir nouveau qui n'aura plus de fin ».

JA – Oui, c'est le nôtre. Mais sans les derniers mots, sans la dernière question, sans le « pourquoi ».

JCC – Toute question-pourquoi s'inscrit nécessairement dans le temps. Elle est rigoureusement prisonnière d'une pensée soumise au temps. Soumission mal perçue, qui est une faiblesse de l'esprit (faiblesse, infirmité, malédiction, tous ces mots se complètent). Notre limite est de toujours demander pourquoi, sans nous rendre compte que notre faiblesse, précisément, est de toujours poser cette même question.

MC – L'interrogation sur les fins, la question-pourquoi, que les végétaux et les animaux (apparemment) ne se posent

1. Gallimard, 1981.

pas, a toujours été considérée comme le privilège absolu de l'esprit humain.

JCC – Comme la suprême faveur des dieux qui distinguait l'homme, le seul questionneur, restant silencieux de la nature. Mais si ce privilège était un esclavage ? Au fur et à mesure que la connaissance avance, se diversifie, divague, s'égare et s'obscurcit, cette question-pourquoi, si insistante, comme un insecte acharné, n'apparaît-elle pas comme une paralysie maligne, qui interdit à l'esprit la quête véritable, qui est peut-être celle du comment ?

JA – Si la question-pourquoi est une faiblesse, c'est parce qu'elle présuppose l'existence d'une réponse. Sinon, elle ne se poserait pas.

MC – La question-comment, au contraire, permet une quête plus large et plus libre à laquelle on ne peut cependant apporter aucune réponse de bronze.

JCC – Ce sont sans doute les maîtres japonais du zen qui ont le mieux senti cette faiblesse. A preuve les fameuses questions qu'ils posent (comme, dans le cas du tireur à l'arc, « qu'est-ce qui vise en moi ? »), questions très évidemment sans réponse, mais qui, par le simple fait qu'on les pose, attirent aussitôt toute l'attention de l'esprit, aiguisent les sens et le cœur, autrement dit animent notre être tout entier, un instant réuni et totalement réveillé par la question qui n'a pas de réponse.

MC – Et qui ne commence pas par « pourquoi ».

JCC – Cependant, dans les immensités galactiques, une infime particule de l'univers, prodigieusement dérisoire, continue à dresser la tête vers les étoiles et à crier : « Mais pourquoi suis-je ici ? Pourquoi ? Quel est le sens de mon existence ? Quel est le but de tout ceci ? »

MC – Et la particule se donne à elle-même des réponses toujours changeantes, dans l'indifférence majestueuse du cosmos.

JCC – A supposer que quelqu'un, là-bas, nous entende un jour, on peut imaginer quel éclat de rire nous soulèverions dans les étoiles.

MC – A moins que le rire lui-même ne soit qu'une de nos trouvailles.

JCC – Ce rire que les humoristes utilisent pour éviter de répondre, et même parfois d'interroger.

MC – Qui sait si les étoiles rient ?

JCC – Les dieux rieurs sont rares, et ne vivent qu'en Orient.

4

# SOURIANTS DANS LA BRUME

## *La mécanique quantique : un changement en profondeur*

JCC – Tout au long de ces conversations, vous avez évoqué à plusieurs reprises la mécanique quantique. Mais ces deux termes accolés, que nos oreilles entendent assez souvent, gardent pour la plupart d'entre nous (les non-scientifiques) une obscurité persistante. Voici venu le moment, sans doute, d'essayer de répondre à cette question : la mécanique quantique, qu'est-ce que c'est ?

JA – Il nous faut un préalable.

JCC – Va.

JA – A une époque imprécise, peu à peu, dans le cours de l'évolution, l'expérience du monde a gravé dans l'esprit humain les notions d'espace et de temps. L'homme, en tous lieux de la Terre, apprit à se repérer, et à repérer les objets par le lieu et la date.

MC – Et la description du monde physique a évolué profondément à travers les âges.

JA – Les géomètres grecs, par exemple, raisonnaient principalement sur les *objets en tant que tels,* un triangle, ou un cube, étudiés sans référence aucune à leur environnement.

MC – Le système de Ptolémée en est l'exemple ultime. Serait-ce un rêve d'horloger ? Les corps célestes paradent alors autour de la Terre, rigidement obligés de suivre des trajectoires circulaires.

JA – Ce n'est qu'à partir de Descartes que les objets font partie de l'espace, et qu'on étudie cet espace même.

JCC – Descartes est si important que ça?

JA – Comme philosophe, je ne peux pas dire. Mais il a transformé la physique, car il préside à la naissance de l'espace mathématique. A partir de Descartes, on se met à étudier les propriétés de l'espace, en établissant des relations entre les objets. Galilée et Newton, dans cet espace nouveau, font naître la science des forces, qui permet de prédire l'évolution mécanique du monde observable à partir de quelques principes premiers.

JCC – La mécanique quantique, au vingtième siècle, fut une surprise?

MC – Oui, mais une surprise de l'expérience. Elle n'est pas née d'une déduction logique, d'une hypothèse. Elle n'est pas une invention, elle est un constat.

JA – Et cette surprise a été confirmée par les faits. Le Soleil brille, les transistors bavardent, les bombes H explosent, les lasers volatilisent des cibles volantes. Tous ces phénomènes sont quantiques.

MC – La mécanique quantique est efficace, et cette efficacité suffit à justifier son existence. Nous devons respecter les faits, quelque étrangers qu'ils puissent paraître et quelque sacrifice que la philosophie doive consentir.

JCC – Où donc est le débat?

MC – Il est dans l'esprit, dans l'attitude de l'esprit devant des faits indiscutables. Si l'on s'en tient à une attitude étroitement réaliste, attachée à l'existence d'une réalité extérieure à nous-mêmes et que l'on prétend atteindre, connaître, par l'expérience et la logique classiques, alors l'esprit vacille devant des paradoxes insurmontables.

JCC – La mécanique quantique ne peut s'accommoder d'aucun *a priori* métaphysique, ou philosophique?

MC – Elle ne peut s'accommoder d'aucune idéologie, d'aucun corset de l'esprit, d'aucune cage de la pensée. Elle n'est que le miroir de l'expérience, d'une expérience précise et constamment renouvelée. Elle interdit à l'esprit de se reposer sur un oreiller de vérité préalable, quel qu'il soit, ou sur une logique traditionnelle, ou même sur une image. Elle recolore les notions de lois, de déterminisme, d'objet, de sujet. Elle débusque la métaphysique cachée. Elle utilise de vieux concepts, comme le mouvement, comme l'énergie, mais elle les métamorphose. Il ne reste que l'esprit devant les faits, sans armure, sans béquilles, obligé à la rigueur et à l'éveil.

JA – Sur la mécanique quantique, on éprouve quelque peine à tenir un discours cohérent. La preuve est là. Nous avons du mal à parler d'elle.

MC – On nous a forcé la main et l'esprit. Pour être simple : je ne la *comprends* pas. Impossible de ramener à nos concepts habituels le comportement de l'infiniment petit, qui nous apparaît *erratique.* Comme disait Richard Feynman en parlant des particules : « Elles sont toutes dingues. » Et personne, pourtant, ne les comprenait mieux que lui.

JCC – J'insiste : qu'est-ce que la mécanique quantique ?

MC – C'est une étude plus fine de la nature, de la matière. C'est la physique du subtil et de l'impénétrable, c'est un changement en profondeur qui pose problème à la pensée.

JA – Je préfère dire « la physique quantique ». Elle est la physique de l'infiniment petit, pour le dire très simplement. Elle est aujourd'hui la seule manière d'aborder les structures atomiques et subatomiques. Elle révolutionne notre conception traditionnelle de la réalité matérielle.

JCC – Pourquoi le mot « quantique » ?

JA – A cause de « quantité », très simplement. Tout ce qui est quantitatif s'exprime en nombres. La mécanique quantique s'applique donc à ce qui ne peut prendre que des valeurs numériques précises, multiples d'une certaine unité.

MC – Le discontinu remplace le continu. L'énergie, sous forme de particules, s'émet et se transmet en quantités précises, multiples de la même unité. Au plan incliné uniforme de la mécanique classique, la mécanique quantique substitue une sorte d'échelle, des avancées par sauts, par paquets, par quanta. L'énergie prend donc des valeurs discontinues et on peut donner à ces quanta des valeurs numériques extrêmement précises.

JCC – Quels furent vos premiers contacts avec cette discipline nouvelle ?

MC – On me l'enseigna à l'Université. Et je n'y ai alors rien compris.

JA – Moi non plus, à cette époque. Mais peu à peu, de recherche en recherche, ce terrain difficile nous est devenu plus familier.

MC – C'est une pratique au premier abord très déconcertante. Elle force l'esprit à une révision conceptuelle, qui pour beaucoup fut déchirante. Nous devons renoncer à un certain nombre d'idées qui nous paraissent évidentes et nous exercer, longuement, à une véritable gymnastique quantique, qui exige à la fois de bien connaître les faits expérimentaux qui révèlent la nature inattendue de l'infiniment petit, et de maîtriser un langage mathématique complexe.

JA – On peut, si l'on préfère, s'y accoutumer en douceur et dire aux étudiants : Vous n'allez pas comprendre tout de suite, mais ça viendra, patience, c'est comme la conduite d'une voiture, on s'y fait. Il se trouve malheureusement, et c'est naturel, qu'un chercheur veut des résultats rapides, et que parfois il s'impatiente.

MC – Je peux dire que j'ai appris la physique quantique et passé mes examens sans rien comprendre. Les jeunes ont aujourd'hui beaucoup d'ouvrages à leur disposition sur la mécanique quantique. Elle entre, petit à petit, nous l'espérons, dans les habitudes de pensée.

JA – A l'École polytechnique, le cours le mieux suivi est celui de Jean-Louis Basdevant, qui porte justement sur la mécanique quantique.

MC – A vrai dire, cette discipline, j'ai essayé de l'oublier.

JCC – C'est possible ?

JA – La plupart du temps, on peut se contenter de prendre les formules et de les appliquer, sans interrogation personnelle.

JCC – Comme de la magie ?

MC – Exactement. Une passation du secret par la formule. Ceux qui ont élaboré ces formules ont longuement travaillé, et souvent peiné. Par la suite il suffisait de les appliquer sans réfléchir, ce que font le plus grand nombre des scientifiques.

JA – Comme le fait remarquer Jean-Louis Basdevant, les

physiciens quantiques ont appliqué très largement un principe énoncé par Kierkegaard : Tout champ expérimental nouveau nécessite des concepts et un langage qui lui sont propres. L'utilisation, sur un territoire nouveau, d'un langage préexistant, ne peut conduire qu'à l'erreur.

JCC – Donc, des physiciens comme vous se contentaient d'appliquer les formules ?

JA – Nous ne nous penchions ni au-dedans ni au-dehors.

MC – Nous branchons notre télévision sans vraiment savoir comment elle marche. De même, nous exercions une pratique magique de la mécanique quantique. C'est ce que j'ai fait, comme beaucoup d'autres.

JCC – Jusqu'au jour où ?

MC – Jusqu'au jour où j'ai lu et relu certains livres, comme ceux de Bernard d'Espagnat, qui lui n'a jamais cessé de s'interroger sur les fondements de la mécanique quantique [1]. Rares sont ceux qui, comme lui, se permettent le luxe indispensable de la méditation : méditer longuement sur les obstacles qu'on croit avoir franchis et qu'on n'a fait que contourner.

JCC – La méditation est donc un luxe ?

JA – Un luxe que ne peuvent s'offrir que certains individus et certains peuples, mais un luxe indispensable. Le chercheur a tendance à avancer à tout prix, car sa vie est courte, comme toute vie. Il est toujours menacé par la facilité et, à l'inverse, par la stérilité.

MC – Ce sont les deux dangers : se dissiper dans le trop facile, où on ne progresse qu'en apparence, ou s'égarer dans le trop compliqué, où on se perd sans résultat. Nous l'avons déjà dit, je crois.

JCC – A propos de cette méditation, luxe nécessaire, une phrase de Julien Gracq : *Tant de mains pour transformer ce monde, et si peu de regards pour le contempler* [2].

MC – Autrefois, on contemplait le ciel. Aujourd'hui, on en fait l'inventaire.

---

1. Un ouvrage très accessible de Bernard d'Espagnat est A *la recherche du réel,* Gauthier-Villars. On peut lire aussi *Le Réel voilé*, Fayard.
2. Julien Gracq, *Lettrines,* José Corti.

JCC – On rencontre deux attitudes contradictoires au sujet de la mécanique quantique. Certains semblent s'en accommoder assez facilement, comme Jean, acceptent une zone d'incertitude et n'y voient qu'une théorie nouvelle à laquelle ils s'habitueront. Pour d'autres, pour toi Michel, par exemple, c'est une remise en question fondamentale.

MC – C'est peut-être la plus grande révolution intellectuelle de tous les temps.

JA – Fichtre !

MC – Dans notre siècle, en tout cas, rien n'a été plus surprenant et plus radical dans notre rapport avec le réel.

JA – Elle a ouvert un domaine de recherche et d'activité particulier. Dans les atomes, les électrons gravitent autour des noyaux, mais selon des lois totalement différentes de celles de la mécanique céleste. Notre esprit peine à se représenter cette différence de comportement, que l'observation l'oblige à admettre.

JCC – Il n'aime pas ça ?

MC – Il n'est pas préparé à ça. Toute une éducation lui est nécessaire.

JCC – Il me semble tout de même que la fin du monde magique et l'apparition de ce que vous appelez la Science, avec un grand S (ou plutôt, comme disait Jarry, avec une grande Scie), marque vers le début du dix-septième siècle une métamorphose de l'esprit plus radicale. Toute une conception du monde change. Dans *La Tempête,* une des dernières pièces de Shakespeare, Prospero renvoie ses serviteurs surnaturels, se sépare d'Ariel et noie son livre magique. Ces gestes définitifs lui sont indispensables pour pardonner et retourner vivre parmi les fragiles humains, dans ce que sa fille Miranda appelle le « *brave new world* », où vient d'apparaître ce monstre inconcevable, le plus stupéfiant sans doute de tous ceux que Shakespeare a vus naître, et qu'il appelle liberté. Le mot *free* est le dernier mot de la pièce, le dernier mot, peut-être, que Shakespeare ait écrit. Quand il meurt, en 1616, Descartes a vingt ans. Les grandes synthèses du monde, mythiques, religieuses ou magiques (ou les trois ensemble) vacillent et vont s'effondrer. Le temps de l'analyse prudente approche. Allons-y doucement, dira Descartes, petit bout par petit bout. Et nous en sommes toujours là. On peut penser que cette grande « bascule » a été plus décisive que la mécanique quantique.

JA – Les deux « révolutions » ne sont pas comparables. Magie et science sont deux activités radicalement différentes, qui s'excluent mutuellement. Il faut en effet noyer son grimoire, si on veut passer de l'une à l'autre. Ce n'est pas vrai de la mécanique classique et de la mécanique quantique. La première a un territoire de validité bien connu et continue à enregistrer chaque jour des succès remarquables. Oui, les trains arrivent toujours à l'heure, si l'horaire de départ et la vitesse sont respectés. Mais il est indiscutable que l'avènement de la mécanique quantique, cette « bascule de l'esprit », est peut-être la plus grande ouverture de la pensée moderne.

MC – Pour le dire autrement : la science est la pensée de l'ordinaire. Tout est ordinaire dans l'observation. La mécanique quantique, véritable mise en vertige de la pensée, dépasse sans aucun doute la simple science.

JCC – Cela dit, c'est important, la science.

JA – Et pas seulement pour les scientifiques.

## *Une coïncidence*

JCC – A ceux qui disent que notre esprit est figé et qu'il ne peut en aucune manière modifier sa façon de « voir », on peut citer l'exemple du cinéma, qui est apparu, à peu d'années près, au même moment que la mécanique quantique.

JA – Qu'a-t-il modifié dans notre esprit ?

JCC – Une structure de perception, et cela de façon très nette, par l'apparition, dans l'histoire de l'expression, du découpage et du montage, de la division du film en plans. Je prends un exemple simple : dans les débuts du cinéma, tous les plans étaient fixes et généraux. Les acteurs entraient dans le champ et en sortaient comme on le fait sur une scène de théâtre. Ensuite, par une sorte de logique technique, un perfectionnement qu'on appelle un progrès, est apparu le découpage. On a filmé un homme qui s'approchait d'une fenêtre et qui regardait la rue. Puis on coupait et on filmait la rue, ce que l'homme voyait dans la rue, son point de vue. Après quoi on coupait encore et on revenait sur son visage, pour montrer ses réactions.

MC – Cette façon de découper un film nous paraît aujourd'hui très ordinaire, très normale.

JCC – Oui, mais dans les premières années les spectateurs ne pouvaient pas la suivre, la comprendre. Il leur était impossible d'établir un rapport entre l'homme et ce qu'il regardait dans la rue. Ce procédé de montage, qui est la véritable originalité du cinéma, était alors comme une langue inconnue. Dans certains cas, les directeurs de salles faisaient appel à un commentateur qui, debout près de l'écran, armé d'une longue baguette, expliquait au public le nouveau rapport entre les plans : « L'homme regarde par la fenêtre – Dans la rue, il voit sa femme avec son amant – Il se met en colère à cette vue, etc. » Buñuel se souvenait d'avoir vu ce genre de personnage dans son enfance. On l'appelait, en Espagne, *el explicador.*

JA – Peu à peu, nos sens et notre esprit se sont habitués.

JCC – Ça n'a pas été facile. Des prisonniers, qui n'avaient pas vu de films pendant des années, à leur sortie de prison, vers le début des années 1930, ne pouvaient plus comprendre les nouveaux récits. Ils étaient perdus. Vous parliez de gymnastique mentale en ce qui concerne la mécanique quantique : le cinéma a imposé une gymnastique populaire du même type à laquelle personne, aujourd'hui, ne prête plus la moindre attention.

## *Le cadi quantique*

MC – Pourquoi accorder tant d'importance à la mécanique quantique ? D'abord, bien entendu, parce qu'elle est efficace, mais aussi parce qu'elle influe sur notre vision du réel, sur le rapport de notre esprit avec la « réalité ». Dans les époques classiques, cette réalité, à laquelle on ne mettait pas encore de guillemets, était conçue comme existant en soi, en dehors de nous, parfaitement connaissable et prédictible. Ces présupposés sont entièrement remis en question dans les territoires de l'invisible. Le strict déterminisme a craqué. La mécanique quantique introduit un élément de hasard, d'incertitude, qui est définitivement irréductible.

JCC – On ne peut pas dire qu'un être quantique est réel ? Un électron, par exemple ?

MC – On ne peut parler de lui qu'en termes de « probabilité de présence ». Il est partout, avant que je l'observe, avec des chances calculables d'être ici ou là.

JA – Il suffit qu'on l'observe, qu'on entre en interaction avec lui par l'intermédiaire d'un instrument de mesure, pour qu'il se révèle et se localise.

MC – Ces phrases, bien que correctes, construites selon les bonnes règles du vocabulaire et de l'expression, ne cessent pas de me troubler. Au fond de moi-même, après tant de preuves, je reste incrédule.

JCC – Si ces phrases te troublent, c'est peut-être que tu n'as pas, au fond, l'esprit quantique. Parce que tu continues à demander pourquoi, et que le pourquoi est nécessairement déterministe. Plus détendu, plus souriant, et ne se posant pas les questions avec la même insistance que toi, Jean est peut-être le quantique véritable ; autrement dit le sage, qui accepte le flou, l'inexplicable et les contraires.

MC – C'est tout à fait exact. Jean est finalement plus quantique que moi. Voilà encore une constatation inattendue. Il accepte le flou, le mystère, il est d'accord et il sourit.

JCC – Comme le cadi de l'histoire.

MC – Quel cadi ?

JCC – Un cadi reçoit deux plaideurs qui lui racontent la même histoire, mais chacun rejette la faute sur l'autre. Il écoute attentivement le premier et lui dit : « Tu as raison. » Puis il écoute attentivement le second (qui dit le contraire) et lui dit également : « Tu as raison. » Alors l'assistant du cadi se penche à l'oreille de son maître et lui dit : « Mais enfin, ces deux hommes t'ont raconté des histoires totalement contradictoires, et à chacun d'eux tu as dit : « Tu as raison. » Ce n'est pas logique ! Ce n'est pas possible ! » Alors le cadi se retourne vers son assistant et lui dit : « Tu as raison. »

MC – C'est une histoire parfaitement quantique. Elle pourrait s'appliquer non seulement à Jean, mais aussi à une particule élémentaire, à un électron, à un neutrino.

JCC – L'humain est trouble, c'est assez bien connu. Peut-être est-ce le moment de glisser ici ces courtes et étonnantes phrases d'un écrivain japonais du quatorzième siècle, qui s'appelait No Kanegoshi : « Seule une personne de compréhension réduite désire arranger les choses en séries complètes. C'est l'incomplétude qui est désirable... Dans les palais d'autrefois, on laissait toujours un bâtiment inachevé, obligatoirement... »

JA – C'est le *jardin imparfait* de Montaigne.

JCC – Plus raffiné, et plus autoritaire.

MC – L'imperfection serait le point extrême de la science ?

JA – De la science ou de la réalité ?

JCC – Elle irait au-delà de notre désir, de notre volonté de mettre un peu partout de l'ordre ? D'une calme compréhension des choses et de nous-mêmes ? L'imperfection serait le dernier mot ?

JA – Au moins le dernier pas de notre démarche terrestre.

## *Du certain au probable*

MC – Dans la mécanique quantique, le possible devient réel sous l'œil inquisiteur de l'expérimentateur, c'est tout. Voici une phrase de Dirac : *Nous devons réviser nos idées sur la causalité. La causalité ne s'applique qu'à un système qui reste non perturbé.*

JCC – Ce qui veut dire ?

MC – En apparence anodine, cette phrase est un vrai brûlot. Elle revient à dire qu'un système mesuré, et par conséquent perturbé, n'est plus causal ; que la chaîne de la causalité est brisée par la mesure, car la mesure, comme toute forme d'interaction avec le fragile paysage quantique, amène une perturbation incontrôlable. La mesure brise le déterminisme pour introduire un élément fondamentalement aléatoire.

JA – Et par ailleurs irréversible.

MC – Oui, elle donne prise au temps. Avant la mesure, le système avait à sa disposition toute une variété d'états, de manières d'être. On pouvait dire exactement lesquels et calculer les possibilités de les voir advenir. La mesure en a réalisé un, et un seul. Après la mesure, l'état du système est unique et spécifique.

JA – On voit que le terme apparemment innocent de « mesure » est lourd de conséquences.

MC – La mesure est l'acte qui réduit l'éventail du possible à l'unique réel. Tous les états du système disparaissent, sauf un : l'état qui s'est « réalisé ».

JCC – Mais pourquoi l'action – dans ce cas-là l'observation – a-t-elle un statut différent de la non-action ?

MC – On n'en sait rien et c'est une des grandes faiblesses de la théorie. En quelques mots, disons que la mécanique quantique ne saurait autoriser une compréhension intuitive de la réalité. C'est une représentation du monde en termes de probabilités.

JA – Pourtant cette représentation explique et prédit mieux que toute autre.

MC – J'ajoute une seconde citation, de Wolfgang Pauli, cette fois : *Dans un état donné d'un système (objet), on peut, en général, faire seulement des prédictions statistiques (probabilités primordiales) sur les résultats de futures observations. Le résultat d'une seule observation, en revanche, n'est déterminé par aucune loi et par conséquent il est sans cause.*

JA – Les assertions de Dirac et de Pauli manifestent, pour qui sait les lire, un changement radical vis-à-vis de ce que l'on peut ou ne peut pas connaître. Pour reprendre un terme de philosophe, c'est une rupture épistémologique profonde.

MC – Rupture qui passionne certains philosophes.

JCC – Mais comment peut-il exister une science sans causalité ?

JA – La causalité persiste dans la macro-physique, sans aucune faille. Mais quand on descend dans la matière, quand on pénètre dans l'infiniment petit, c'est vrai, le déterminisme strict se dilue et finalement disparaît, pour laisser place à un probabilisme. La science ne peut que l'admettre, même s'il lui en coûte un peu de superbe.

MC – L'esprit ne commande plus aux faits. C'est le fait qui change l'esprit.

JA – Bon gré, mal gré.

JCC – La science voit ses grands principes fondateurs se dissiper : vous pourriez adresser un autre clin d'œil aux philosophes et leur dire que chez vous aussi, à ce niveau-là, l'existence précède l'essence.

JA – Mais une clarté nouvelle peut apparaître. Comme aimait à le dire Heisenberg, la prétendue réalité matérielle s'est diluée dans la clarté des symboles mathématiques.

MC – Le certain est remplacé par le probable. La matière, au niveau des particules, s'est dissipée en une distribution diffuse de probabilités.

JCC – Est-il vrai qu'une des tendances dominantes, dans la science contemporaine, en biologie, en biochimie, est de privilégier le discontinu, la brisure ?

JA – La rupture de symétrie permet d'observer. La science admet enfin qu'elle ne peut aller de l'avant qu'à coups de différences, d'originalités, d'exceptions.

MC – L'aberration, la marge, l'exception, l'incertitude, tous ces mots qu'autrefois on appelait des erreurs, sont en effet à l'ordre du jour.

JCC – L'erreur, aussi ?

MC – C'est la bonne nouvelle. L'erreur bien maîtrisée nous apparaît féconde.

JCC – On dit qu'il faut faire avancer la vérité. Mais si la vérité est la vérité, elle est fixe et immobile. Ce n'est donc que l'erreur qui avance ?

MC – Disons que quand nous avançons, nous nous déplaçons d'une erreur à l'autre. L'essentiel est de le savoir.

JCC – *L'esprit est pour l'esprit un cheval incomparable à chevaucher,* disait Milarepa.

MC – Un cheval qui ne se distingue pas du cavalier, car ils vont au même galop.

JCC – Et quelquefois font la culbute ensemble.

*Le roman de l'esprit brisé*

JA – La mécanique quantique, c'est avant tout la nouvelle science de l'infiniment petit, mais elle s'applique aussi à des objets célestes imposants, comme les étoiles à neutrons. Et elle prend part, depuis longtemps déjà, à notre vie quotidienne. Les transistors, l'électronique, de multiples techniques médicales et industrielles la font intervenir.

JCC – On ne va pas en redire l'histoire, pleine de stupéfactions et de querelles. Plusieurs bons ouvrages l'ont racontée [1]. Mais nous pourrions en rappeler les grandes étapes.

MC – C'est donc une analyse en profondeur. Elle s'applique aux mêmes objets, mais les examine plus finement. A force de pousser la matière dans ses derniers retranchements, elle rencontre son contraire, l'onde.

JA – Et là, ça devient flou.

MC – Exactement. Nos appareils n'arrivent pas à faire le point. Historiquement c'est Planck, d'abord, qui s'est aperçu que l'énergie ne se libérait pas d'une manière continue, égale, mais par petits paquets, par quanta. Einstein, concevant l'importance de cette découverte, et méditant sur l'effet photo-électrique, affirma que la lumière est composée de « grains ». Il pressentit la dualité onde-particule. Niels Bohr, dès 1913, émit l'hypothèse des sauts discontinus d'énergie, il imagina que l'électron saute « sans raison » d'une orbite à l'autre.

JA – Louis de Broglie a réconcilié l'onde et la particule, et sa théorie, confirmée par Davidson et Germer, montra que les électrons, qui sont notoirement des corpuscules, manifestent un comportement ondulatoire.

MC – Viennent ensuite, parmi les grandes découvertes, le principe d'incertitude de Heisenberg, le principe d'exclusion de Pauli, l'existence du neutrino, postulée également par Pauli, la découverte du neutron par Chadwik. Puis vint Dirac,

1. En particulier *Le Cantique des quantiques,* de Sven Ortoli et Jean-Pierre Pharabod (La Découverte), et l'excellent (mais plus difficile) *Quantique*, de Jean-Marc Lévy-Leblond et Françoise Balibar (Interéditions).

qui a subodoré le positon, l'antimatière, laquelle fut révélée par Carl Anderson. Tout cela conduisit à la théorie quantique des champs de Feynman, et à bien d'autres aventures. C'est un roman passionnant et complexe, tantôt relevant de l'énigme policière, tantôt du drame psychologique, tantôt de la dispute hermétique, où rien d'humain n'est négligé.

JCC – Avec des querelles ?

MC – Considérables. La plus fameuse est celle qui opposa pendant longtemps Einstein et Niels Bohr. Einstein croyait déceler quelque chose d'incomplet dans la mécanique quantique. Il affirmait qu'il y avait, là derrière, un ordre, un principe caché.

JA – Il ne pouvait pas admettre, en physique, l'incertitude et le flou.

MC – Bohr, lui, était doué d'un véritable génie sémantique qui l'amenait à se mouvoir à son aise dans une obscurité grandissante, où seuls ses disciples pouvaient le suivre. Les expériences actuelles semblent lui donner raison. Désormais la mécanique quantique se suffit à elle-même. Aucun principe supérieur caché, aucun ordre secret ne se manifeste.

JCC – Ce principe d'explication caché, Einstein pensait qu'on le découvrirait un jour ?

JA – Il l'a pensé, apparemment, jusqu'à la fin.

JCC – Ce débat entre Einstein, qui espère et considère que la nature est ordonnée, sujette à un déterminisme implacable, et Niels Bohr, qui pense que la microphysique est incertaine par essence, constitue sans doute la querelle la plus importante de notre temps ?

MC – Elle laisse loin derrière le ronron de certains philosophes. En réalité, toute réflexion contemporaine devrait commencer par là. Bohr disait que nous devons nous habituer aux ombres. Il y a dans la mécanique quantique de l'inconnu définitif.

JCC – D'ailleurs d'autres philosophes prennent aujourd'hui cette incertitude comme support de toute réflexion.

MC – Le débat entre la matière et l'esprit, débat cartésien par excellence, est ancien et fourni. Une importante tradition philosophique, à vrai dire assez peu française, s'est passionnée pour le sens et la nature de la réalité. On y retrouve des noms célèbres, Hume, Berkeley, Russell, Popper. De nos jours, les textes épistémologiques sont nombreux [1]. Avec des bagages dissemblables, nous suivons des routes voisines, et qui quelquefois se confondent.

JA – Cet inconnu définitif ne me perturbe pas vraiment. Je l'accepte comme un simple fait d'expérience. Je suis sans doute du côté de Bohr.

MC – Et moi du côté d'Einstein, ce qui me trouble de plus en plus.

JCC – Supposer un principe caché, auquel on s'attache par toutes les forces de son esprit, c'est peut-être en effet tout aussi métaphysique et irrationnel que d'affirmer l'incertitude comme premier et dernier mot du monde.

JA – Einstein était troublé tandis que Bohr a laissé le souvenir d'un homme serein; certain de ses incertitudes.

MC – Je me croyais du côté de Bohr et c'est le contraire. Quel étonnement!

## *Le réel nous échappe*

JA – Michel a parlé d'esprit, de pensée, de philosophie. On va nous dire : Voilà des notions non scientifiques.

JCC – Évidemment. De quoi vous mêlez-vous?

JA – Malgré ma réserve, je suis bien forcé de l'admettre. La science devient perméable, aventureuse, elle s'ouvre à d'autres formes de réflexion. Et il est difficile – même d'un simple point de vue scientifique – d'échapper à cette ouverture.

MC – Nombreux sont les scientifiques qui la refusent. Mais la science est une symphonie inachevée. Elle a besoin d'un souffle d'air dans son hautbois.

JA – C'est même une surprenante revanche de la pensée non scientifique, que nous avons trop négligée.

---

1. Voir en particulier *Philosophie efficace,* de Popkin, Sholl et Feler, Zelos éd.

JCC – Comme les philosophes ignoraient la science.

JA – La science dont rêvait Einstein se voulait trop parfaite. La science de l'infiniment petit, livrée aux incertitudes et aux ombres, est tout simplement trop humaine, peut-être.

MC – L'homme n'a pas cessé d'être, au moins pour lui-même (mais pour qui d'autre le serait-il ?), la mesure de tout ce qui existe et même de ce qui n'existe pas. Protagoras disait que *de toutes choses l'homme est la mesure : de celles qui sont, qu'elles sont ; et de celles qui ne sont pas, qu'elles ne sont pas.*

JCC – Et même Socrate lui trouvait peu à redire.

MC – L'homme jugeait ainsi, souverainement, de l'existence et du néant. Il était la mesure de l'être et du non-être. Ambition prodigieuse, et très certainement durable. Inscrite en nous, au plus profond.

JA – Et nous avons toujours tendance à oublier, car elle est inconsciente, cette position dominante, cet égocentrisme.

JCC – Que s'est-il passé ?

MC – Le scientifique, de spectateur, d'observateur qu'il était, un beau jour est monté sur scène. Il est devenu acteur.

JCC – Et il a bouleversé la pièce ?

MC – Évidemment. Tout acteur interprète, transforme et trouble. Avant d'être observée, la particule élémentaire n'existe pas, ou pour le dire autrement elle existe partout, elle est entre l'être et le non-être, elle est même les deux à la fois. Elle attend son révélateur. Quand nous la découvrons, l'observons, la localisons, elle se met à exister. Elle existe par nous et pour nous, nécessairement affectée par notre regard.

JCC – Sortir de soi : toujours une impossibilité scientifique ?

MC – Totale. Quels que soient nos instruments et notre finesse d'observation, nous ramenons tout à nous-mêmes. Nous construisons ces instruments, nous analysons des résultats. Le réel en soi nous échappe et apparemment pour toujours ; ce qui, avant d'être quantique, est kantien.

JA – Je ne peux pas tout savoir, mais ça me dérange modérément.

MC – Et je voudrais tout savoir, ou du moins savoir ce qui

est vrai en dehors de mes pensées. Le nécessaire aveu d'impuissance me coûte. Peut-être n'est-il que provisoire. Mais je dois admettre que les conclusions de Bohr et des autres résistent depuis cinquante ans. Chaque nouvelle expérience nous éloigne d'Einstein et de son principe caché. Chaque nouvelle expérience renforce la malédiction de la mécanique quantique : tu ne sauras point, ou tu ne sauras qu'à moitié.

JCC – Petit détour par la morale. Que penser aujourd'hui de la parole fameuse : *Science sans conscience n'est que ruine de l'âme* ?

MC – Science sans conscience est de toute manière impossible. La science est conscience. Peut-être même n'est-elle que cela.

JA – La conscience au sens ancien du mot voulait dire bonne conscience, conscience morale. En ce sens, la phrase reste vraie. Tout au moins, je l'espère.

MC – Il n'y a pas de science pure, indifférente et glacée. Ça n'existe pas. Une telle science est scientifiquement inconcevable.

JCC – Ce qu'on rencontre un peu partout, aujourd'hui comme hier, c'est la conscience sans science. On voit de tous les côtés se lever de farouches prêcheurs qui nous disent, en brandissant une idéologie ou un credo, comment nous devons vivre, et qui ignorent tout, absolument tout, des recherches de la science.

JA – Non seulement ils les ignorent, mais ils se flattent de les ignorer.

MC – Cette conscience sans science n'est qu'une stérile perte de temps.

JA – Une facilité dangereuse, comme toute facilité.

## *Quelques expériences d'incertitude*

JCC – Revenons sur quelques effets quantiques, que vous évoquez à tout moment. L'effet tunnel, par exemple, qu'est-ce que c'est ?

MC – Une particule passe une barrière énergétique qu'elle ne devrait pas franchir. C'est une barrière qui est faite pour l'arrêter, un empêchement radical. Et pourtant, de temps en temps, une particule la franchit.

JCC – Un peu comme si un homme traversait un mur ?

MC – Oui, mais répétons-le : cette incertitude, cette permissivité ne se manifeste qu'au niveau de l'infiniment petit, des particules.

JCC – A notre niveau, nous nous cassons toujours le nez contre les portes ?

JA – Et pour longtemps.

MC – Cette barrière énergétique, qui vient de la répulsion électrique, doit *nécessairement* repousser ou faire rebondir la particule qu'on lance contre elle. C'est en principe obligatoire. Et pourtant, à certains instants, la particule se retrouve comme par miracle de l'autre côté de la barrière.

JA – Et c'est pourquoi le Soleil brille toujours.

MC – Il brille parce que des protons, qui se repoussent, transgressent quelquefois l'interdiction classique et parviennent à se rejoindre.

JA – On ne saurait évoquer la mécanique quantique sans évoquer la fameuse expérience des trous de Young.

MC – Cette expérience, aujourd'hui classique, a plongé de nombreux physiciens dans la perplexité. On la trouve expliquée dans tous les bons livres, je me contente de la rappeler. On éclaire deux fentes par une même source lumineuse, et cela *photon par photon.*

JA – Sous certaines conditions.

MC – Bien sûr. Il s'agit d'une expérience précise, dont le protocole doit être respecté si on veut la réussir. Cette lumière, qui passe par les deux fentes, compose, sur l'écran qui la reçoit, une série de franges d'interférences. Quand on bouche l'une des fentes, ces franges disparaissent.

JA – Toujours sous certaines conditions, bien entendu. Il faut préciser qu'il s'agit d'une lumière monochromatique, c'est-à-dire dont la longueur d'onde est bien précise.

MC – Cette lumière, quand les deux fentes sont ouvertes, compose donc sur l'écran une série de franges d'interférences, c'est-à-dire une alternance d'ombre et de lumière. L'existence de ces franges prouve – si besoin était – qu'il s'agit bien d'un phénomène ondulatoire. En effet, lumière plus lumière, par endroits, cela donne de l'ombre. Ce phénomène n'est possible que s'il s'agit d'ondes, d'ondulations, car les creux des unes ajoutés aux crêtes des autres se compensent, et l'ombre en résulte.

JA – En même temps, nous savons que la lumière est composée de grains minuscules, de photons. Elle répond à la fois aux deux noms d'onde et de particule.

MC – Quelques précautions de langage : ici, il n'est plus question de lumière, ou en tout cas de « rayons lumineux ». Le mot *rayon* suppose un parcours. Or, dans cette expérience, c'est la trajectoire des grains de lumière qui semble abolie. Là encore, notre vocabulaire donne des signes évidents d'impuissance. Comment qualifier *ce qui passe* par les deux fentes ? Si on bouche l'une des deux, les franges disparaissent, et cela même si la « lumière » est dispensée photon par photon.

JCC – Chaque photon passe par les deux trous ?

MC – Si l'on ose dire.

JA – Et chaque photon, pourtant, est indivisible.

MC – Si on envoyait dix mille photons à la fois (ou cent mille, ou des milliards), on pourrait dire que la moitié est passée par une fente et la moitié par l'autre – et ont interféré par la suite. Mais on constate le même phénomène – la formation des franges – si l'on procède photon par photon.

JA – Et chaque photon marque un impact. Nous en sommes sûrs. Pour que la frange se constitue, il faut attendre plus longtemps, c'est tout. Il faut multiplier les impacts successifs.

JCC – Le problème est-il dans le phénomène ou dans notre esprit qui le perçoit ?

MC – Le phénomène, apparemment, se moque bien de notre esprit.

JA – De toute manière, il ne s'en distingue pas.

JCC – Alors, c'est un problème de langage ? De simple clarté ? D'une impossibilité à dire l'obscur ?

JA – En fait, c'est d'abord un problème de méthode scientifique.

*Une ignorance irréductible*

MC – Quand nous énonçons une proposition, nous devons nous soucier de savoir si elle est vérifiable ou non. Les propositions invérifiables n'ont aucun sens pour le physicien, par exemple : « Sur une tête d'épingle on peut placer à cloche-pied huit cent cinquante et un anges de sexe féminin. »

JCC – C'est peut-être vrai.

MC – Mais ce n'est pas vérifiable. En revanche, si je dis : « Chaque centimètre carré de notre peau est traversé à chaque instant par soixante milliards de neutrinos », cette phrase a un sens. Une proportion infime, mais connue, des neutrinos qui nous parviennent du Soleil a laissé une trace dans des détecteurs appropriés.

JCC – Et si je dis : « La lumière est passée par les deux trous à la fois. » C'est une proposition invérifiable ?

MC – Oui, car si on cherche à déterminer le chemin emprunté en bouchant l'une des fentes, par exemple, on détruit du même coup l'interférence, c'est-à-dire le phénomène qu'on cherche à comprendre. La proposition n'a donc aucun sens.

JCC – Ni pour les grains ni pour les ondes ?

MC – Ni pour les uns ni pour les autres. Il faudrait dire, mais il ne s'agit que d'approximations, de tâtonnements verbaux : Ce qui passe par les deux fentes, c'est la probabilité de passage, c'est une virtualité, ou bien comprenne qui pourra !

JA – Continuons à mettre la « lumière » entre guillemets. Disons qu'elle est passée, mais on ne sait pas par où.

MC – Un état d'inconnaissance est donc admis. Le phénomène s'est produit. Je renonce à savoir et pourquoi et comment. Je renonce à la notion même de trajectoire. J'admets mon non-savoir.

JA – Quel photon passe par quel trou ? C'est ce que je ne saurai jamais. Encore une fois, quand on bouche l'un des deux trous, on force la lumière à passer par une seule fente, on trouble l'expérience, la frange disparaît et le phénomène qu'on voulait étudier s'évanouit.

MC – De même si j'éclaire la « lumière » pour voir par quel trou passent les photons : dans ce cas-là aussi je détruis les franges, le phénomène que je voulais observer.

JCC – Si je veux savoir, je tue ce que je veux savoir ?

MC – Exact. Je connais l'avant et l'après. Le début – l'émission de la « lumière » – est précis et contrôlé. L'arrivée, sur l'écran, est facilement observable. Mais entre les deux s'étend un territoire de mystère. On ne saura jamais ce qui se passe. Il faut choisir entre le trajet de la « lumière » et la frange d'interférences. Impossible de disposer des deux à la fois. C'est une limitation imposée à la connaissance, et cette limitation relève, on peut le montrer, des relations d'incertitude de Heisenberg. La mécanique quantique apparaît d'abord comme une théorie où on commence par se demander si ce qu'on dit a un sens, s'il existe des phénomènes dont on ne peut pas clairement parler. Un certain renoncement s'impose, dans l'invisible, aux démarches de notre esprit. C'est véritablement frustrant. La pensée ne peut plus avancer, face à une impossibilité majeure de parler. Il y a là de l'inconnu flagrant, et qui est pourtant fructueux. Cet inconnu est irréductible. Le parcours, la trajectoire sont des concepts qui ici n'ont plus cours. La pensée a perdu sa conduite et les choses, dans l'infiniment petit, paraissent accepter de se passer d'explication.

JCC – Je ne vous étonnerai pas en vous rappelant au passage le mystère de la Sainte Trinité. D'ailleurs, vous venez vous-mêmes de prononcer le mot *mystère.* Dieu est un et trois. Un photon indivisible passe à la fois par les deux fentes. Dans les deux cas, une limite de l'esprit est atteinte, et l'obscur a le dernier mot.

MC – Avec deux différences considérables. D'abord la Sainte Trinité est une décision conciliaire. Elle est le résultat d'un vote. Des hommes ont décidé, à la majorité, de la nature de Dieu. Elle n'est en aucun cas un fait d'expérience.

JCC – D'expérience mystique, peut-être ? Mais c'est peu probable, dans ce cas-là.

JA – Et la deuxième différence, c'est que nous n'en concluons pas, loin de là, que cette barrière de l'esprit impose du même coup la certitude d'une transcendance.

MC – Nos colloques ne sont pas des conciles. Nous ne votons pas. Nous nous interdisons toute spéculation de cet ordre.

JCC – On peut tout de même y voir une catastrophe conceptuelle. La science en est arrivée à proclamer une ignorance irréductible. Ça ne vous étonne pas ?

JA – Ça m'étonne, ça ne me dérange pas. Nous commençons à savoir que notre perception n'est pas directe et innocente, que nos concepts n'ont pas été posés à l'origine, qu'ils ont surgi en cours de route, péniblement, parfois douloureusement, et qu'il faut les remettre en question, les abandonner.

JCC – Travailler sans concepts, peut-être ?

JA – Non, ce n'est pas concevable. Mais il faut sans doute en chercher d'autres.

MC – Niels Bohr était passé maître dans cet exercice, mais au prix d'une extraordinaire torsion du langage. N'essayez pas de vous interroger indéfiniment, semblait-il dire.

JCC – S'agirait-il d'une interdiction ? De la fin de la physique ? Qu'est-ce qu'une science qui ne s'interroge plus ?

JA – Einstein n'a jamais accepté cette interdiction. D'ailleurs le match n'est peut-être pas terminé.

MC – Et il ne s'agit pas du tout d'une simple insuffisance technique. Depuis la querelle Einstein-Bohr, la technique a fait des avancées considérables. L'expérience des trous de Young peut se faire avec des électrons, par exemple, avec un courant électronique. Mais la technique n'a nullement remis en cause le nuage d'inconnaissance. Aujourd'hui, cinquante ans plus tard, Bohr a encore raison. Cette limite à la connaissance semble inhérente à la nature. Indépassable.

### *Un inconfort très agréable*

JCC – Un physicien au milieu de ses particules est comme un anthropologue parmi les peuples qu'il étudie. Il ne saura jamais comment elles se comportent en son absence.

JA – La science s'est engagée dans une aventure inattendue. Elle ne se conçoit plus sans sa propre limite.

JCC – L'expression artistique l'a admis depuis longtemps, depuis la fin du dix-neuvième siècle, avec des impasses, des irritations, des révoltes. Mais bon gré, mal gré, il faut bien se soumettre. Comme dit Godard : « Difficile de faire un film qui ne soit pas du cinéma. » Les scientifiques, à leur tour, doivent-ils apprendre l'inconfort ?

JA – Oui, mais c'est une chance.

MC – La mécanique quantique n'a pas donné naissance à une vision philosophiquement cohérente et compacte du monde. Mais le monde devrait-il être cohérent ? Qui le prétend, à part nous ?

JA – Elle aide à établir des recettes qui marchent, mais dont on ne comprend pas les fondements.

MC – A notre confusion, une forme de magie subsiste. Heurtés par cette contradiction, troublés par l'affirmation répétée de Niels Bohr selon laquelle il ne faut pas réduire cette contradiction, obligés de reconnaître que ceux qui ont accepté la limitation ont gagné, certains physiciens se sont mis à méditer, et même à rêver. Et je trouve ça très bien.

JA – Tu as une vision angélique des choses. Une science qui ne ferait que réfléchir sur elle-même ne serait plus une science. Si nous vivions dans une forêt de théories, nous n'avancerions plus. Et d'ailleurs, dans le domaine théorique, nous n'avançons guère. 1927 a marqué la dernière révolution de l'esprit.

MC – Tout ce qui a été « découvert », certes, n'a servi qu'à renforcer la mécanique quantique. Nous sommes toujours sur cette étonnante lancée.

JCC – Tout se passe souvent dans une explosion. Toutes les tendances, sans exception, de ce qu'on appelle l'art moderne se sont clairement manifestées avant 1914. Et je dois dire que sans la mécanique quantique – à supposer que nous puissions imaginer ce phénomène – la science me semblerait retomber dans l'ennui d'autrefois. L'ennui de la certitude somnolente et oppressive.

MC – Oui, imaginons : Einstein a gagné, on a rejeté la

mécanique quantique dans l'enfer, par décision politique autoritaire. Du même coup, la physique nucléaire est impossible.

JCC – Qui la regretterait ?

MC – Il faut ajouter : pas de transistors, pas d'électronique, aucune recherche possible dans tout ce qui touche à l'infiniment petit. Il faut savoir que la mécanique quantique a envahi notre vie quotidienne, froidement, implacablement, totalement débarrassée de toute hantise métaphysique, se contentant de l'observable.

JA – C'est ce qui fait ma joie, au fond.

JCC – Le triomphe d'une théorie pessimiste, qui affirme les limites de notre esprit, conduit à des raffinements techniques prodigieux et à la joie de Jean. A mon tour de m'interroger, de ne pas « comprendre ». Jean, serais-tu à la fois positiviste et joueur ? Ami de l'observable et amoureux du mystérieux ?

JA – Oui, pourquoi pas ?

MC – Jean Audouze est une dualité. Il y a en lui de l'onde et de la particule. Nous voilà forcés de l'admettre.

JCC – On ne peut pas prévoir à la fois l'impulsion de Jean Audouze et sa place sur la trajectoire.

MC – Jean Audouze est un être quantique.

JCC – Il fallait s'y attendre.

JA – Mais encore une fois cette limitation, cet impossible saut hors de nous-mêmes, cette vérité suprême qui nous semble à jamais inatteignable, toutes ces restrictions à l'idéal ancien ne font pas de moi un scientifique maudit. Toi, Michel, tu aimes l'obscurité et tu as des nostalgies d'ordre et de clarté. Moi, j'aime qu'on me rassure, j'aime y voir clair et pourtant je me sens plutôt heureux dans le brouillard. C'est ainsi. Il n'y a pas deux physiciens d'accord sur la mécanique quantique. Ces controverses, cette agitation, ces querelles, ces pierres dans notre jardin imparfait me ravissent. Je ne suis pas sûr qu'il s'agisse d'une faiblesse de l'esprit. C'est peut-être un simple appel à une plus grande force.

*Pas tout le monde sur le pont*

JCC – Toute vérité dramatique, à supposer que ces deux mots fassent bon ménage, est aussi complexe et contradictoire. Voilà peut-être notre chance de nous croiser dans le couloir.

MC – Et je me demande si la technologie galopante, qu'on prend souvent pour de la science, n'occulte pas le vrai débat.

JCC – Comme la communication occulte l'expression.

JA – Beaucoup reste à faire dans le domaine de l'enseignement. On enseigne toujours d'une manière solennelle, souvent rébarbative, avec un seul but : sélectionner les intelligences par les matières les plus théoriques, comme les mathématiques, et rejeter toutes celles qui ne peuvent les maîtriser. Former des chefs et des soutiers. C'est mauvais, très mauvais. C'est n'admettre sur le pont du bateau qu'une seule forme d'intelligence, qui est la forme abstraite.

JCC – Et dominatrice.

MC – On parle de l'égalité des chances, mais c'est faux. Il est plus facile de noter un problème de mathématiques qu'une dissertation, tout le monde le sait. Les notes données à la même dissertation par différents examinateurs sont souvent très variables. C'est le contraire pour le problème de mathématiques.

JA – En fait, le problème de mathématiques, qui comporte une solution indiscutable, donne à l'examinateur une fausse assurance, porteuse de danger.

JCC – On vante quelquefois le système américain, mais je vais souvent aux États-Unis et je suis frappé par l'ignorance moyenne. Il me semble même qu'elle va s'aggravant.

JA – C'est possible. Le système américain est totalement différent du nôtre. La sélection s'effectue souvent par l'argent et une initiative individuelle, à un certain niveau, est indispensable. Mais, au moins dans le territoire scientifique, il laisse une vraie place au jeu, à l'imagination.

MC – Ici nous souffrons toujours du carcan napoléonien et des diktats d'Auguste Comte. Tout vient d'en haut. C'est un enseignement de droit divin, une vérité révélée, et par conséquent dogmatique.

JA – Au moment même où la révélation se perd dans la brume de l'expérience.

## *Un autre invisible : le champ*

MC – Je voudrais faire une nouvelle tentative. La plus aventureuse, peut-être.

JCC – Laquelle ?

MC – Sans entrer dans le détail savant, sans équations complexes, sans langage cryptique, je voudrais évoquer, avec l'aide de Jean, quelques notions aussi indispensables que délicates. Et d'abord parler du champ, ce mot sur lequel tout repose.

JCC – Ce mot qui nous est commun, l'avons-nous hérité du dix-neuvième siècle ?

MC – Oui. Faraday est le père du champ, du champ électrique, que Maxwell précisa. Le champ est une propriété, ou pour mieux dire une qualification de l'espace. A tout point de l'espace, à tout moment, on peut associer quelque chose, un nombre, un vecteur, un être mathématique. C'est une notion flexible et multiforme. Prenons un fleuve, par exemple : à chaque point de ce fleuve on associe une vitesse, on obtient un champ vectoriel. Et ainsi de suite. Il me semble que le champ est une conception de travail, c'est tout. Faraday a étendu de la limaille de fer sur une plaque, il a placé un aimant au-dessous et appelé *champ magnétique* la disposition des lignes de force ainsi obtenues dans la limaille. *Champ* veut dire avant tout *continu.* C'est une idée élémentaire.

JCC – Le champ est là mais on ne le voit pas ?

MC – Pour le voir, il faut y placer quelque chose.

JCC – Encore un invisible ?

MC – Par exemple, si on lui associe la particule qui lui est adéquate, il génère la force, il devient un champ de force.

JCC – Il est antérieur à toute forme ? Est-ce un élément premier ?

MC – Pour certains esprits, il est antérieur à tous les êtres physiques. C'est la notion première, qu'on ne peut rattacher à une autre notion. Il précède à la fois l'être et le non-être. Il n'est ni l'un ni l'autre. Il est invisible, omniprésent et on ne peut le connaître que par ses modalités, qui sont les particules. La particule est une excitation du champ. Là aussi, je suis obligé de procéder par approximations, au petit ou au grand bonheur.

JCC – Qu'appelle-t-on la quantification du champ ?

MC – Quelques mots, avant d'essayer de te répondre. A certains moments de l'expérience, tu l'as vu, nous sommes amenés à dire que certaines particules – je supprime à dessein la première partie de la négation – *sont nulle part.* Un atome absorbe un photon et s'excite. Où est le photon après l'absorption ? Il *est nulle part.* Ou bien au contraire : un atome excité opère une transition en émettant un photon. Où se trouvait ce photon avant d'être émis ?

JCC – Nulle part.

MC – Il a été « créé » dans l'acte même de transition. Autre exemple : à un certain moment, qui est imprévisible, un noyau radioactif se décompose en un autre noyau, un électron et un neutrino. Où étaient l'électron et le neutrino avant cette transmutation ?

JCC – Nulle part.

MC – Ils ont été « créés » par l'acte de désintégration.

JA – Tu dois bien comprendre que ces apparents caprices de la matière conduisent nécessairement les scientifiques au malaise. C'est pourquoi ils ont imaginé un cadre théorique pour décrire comment les particules parviennent à exister et comment, dans d'autres cas, elles disparaissent.

JCC – C'est la théorie quantique des champs ?

MC – Exactement. C'est un langage, une technique qui sert à calculer les probabilités de création, d'annihilation et de déviation de toutes sortes de particules. C'est une cage théorique qui emprunte tout à la fois à la relativité restreinte et à la mécanique quantique, et qui est pour l'instant le cadre le mieux adapté pour décrire les processus élémentaires subis par la matière et essayer de les comprendre à travers une définition particulière du vide. Le vide est plein de possibles [1]. L'espace libre n'est plus identifiable au néant. Il est conçu maintenant comme un océan de particules virtuelles, qui porte en lui toutes les naissances, mais potentielles. Le vide est l'état latent de la réalité, la matérialité en est l'état manifeste, et le champ est soudain *quantifié* quand la particule apparaît. Quantifié, c'est dire qu'il ne peut prendre que des valeurs très précises. Un *quantum* est un élément auquel on associe une énergie donnée. On peut dire en ce sens que les particules sont les quanta des champs.

JA – Et chaque particule relève d'un champ différent. Mais la notion de champ est sous-jacente à celle de matière. Rien de plus fondamental que le champ.

JCC – Tu disais, Jean, que Dieu le Père te paraissait être la matière. Alors, est-ce la matière ou le champ ?

JA – Cette notion d'antériorité est particulièrement arbitraire. Je crois que le champ n'a pas de sens sans la matière.

MC – A l'inverse, on pourrait dire que conceptuellement, théoriquement, le champ est antérieur.

JA – Mais pas dans la nature. Tu as raison sur le concept : rien sans le champ des virtualités. Mais en physique stricte tu outrepasses tes droits. L'univers sans matière n'est pas l'univers. Sans la matière, rien.

JCC – Pas de concept ?

JA – D'où viendrait-il ?

### *Vide stérile et vide fleuri*

JCC – Michel, allons plus loin. Sois plus précis.

MC – Prenons deux corps dans l'espace, la Terre et le Soleil par exemple.

JCC – La taille des objets joue un rôle ?

JA – Non. La notion de champ ne dépend nullement de la taille.

MC – Pour décrire et expliquer les relations entre ces deux corps (ou entre deux charges électriques, ou entre deux parti-

1. Voir, de Michel Cassé, *Vide et création*, Odile Jacob, 1994.

cules), deux interprétations ont été proposées au cours de l'histoire de la physique. La première soutient que toute relation, toute interaction serait inexistante sans la présence simultanée des deux objets. Pour cette théorie, la force est le concept essentiel. L'espace n'est qu'un lieu vide et nu dans lequel les corps suivent des trajectoires gouvernées par les forces qui s'exercent sur eux.

JCC – C'est la pensée physique classique ?

MC – Exactement. Le vide qui s'attache à cette vision est désespérément creux. Il est stérile, et toute la force est dans les objets.

JCC – Le nouveau vide est riche de potentialités ?

MC – C'est un vide plein. On imagine aujourd'hui que chaque objet matériel, qu'il soit seul ou en présence d'autres objets, modifie la structure de l'espace qui l'entoure, non seulement géométriquement, mais intrinsèquement.

JCC – Pourquoi ?

MC – Parce que chaque point de l'espace est apte à communiquer une force qui n'attend, pour s'exercer, que la présence d'une particule. La force ne s'exerce que dès qu'un intrus la révèle, mais on en conçoit l'existence avant même qu'elle se manifeste. Elle est potentielle.

JA – C'est ce que dit la théorie des champs.

MC – Cette théorie interprète les phénomènes physiques comme le résultat des interactions qui se propagent à travers l'espace. Le vide géométrique, où les parallèles ne se rejoignent jamais, le vide absolu et divinisé, transcendant, parfaitement indifférent et apathique, ce vide-là est cédé aux mathématiciens. Il a fait place à un milieu « vivant » et « fleuri », un vide sympathique et vibrant où se manifeste l'action, ou mieux encore une structure qui est déterminée par les propriétés de la matière qu'elle accueille, comme un village par ses habitants, comme une guitare par les doigts qui l'animent. C'est un vide malléable et influençable, plus accessible, plus humain.

JA – La relativité générale, qui inflige une courbure à l'espace-temps, présente avec ce point de vue une remarquable similitude.

MC – Rien d'étonnant, puisqu'il s'agit d'une théorie du champ gravitationnel.

JCC – Le champ est là pour relier les choses, selon des lois précises, qui sont des contraintes. Mais il faut bien que les choses existent ?

JA – C'est l'éternel problème de la poule et de l'œuf. Les choses d'abord, ou les relations ?

MC – Problème insoluble.

JCC – Mais que veut dire *d'abord* ? Que veut dire *le premier* ?

JA – En fait, les deux théories dont parlait Michel représentent toutes les deux la réalité. Les deux perceptions sont possibles.

JCC – On peut envisager une infinité de champs ?

MC – Si j'appelle *champ* tout ce qui se manifeste, bien sûr, on peut en imaginer un nombre sans fin. Les champs sont aussi nombreux que les relations. Le champ est la possibilité, à l'intérieur d'un système, d'établir des relations. Mais, on peut aussi isoler chaque champ, le champ électromagnétique par exemple, et l'étudier.

JA – Dans le corpus de la physique, ce nombre sans fin se réduit en fait à quatre champs, relatifs aux quatre forces. Au-delà rôde toujours, harcelant, obsédant, le spectre de l'unification, la hantise de réduire les quatre forces à une force, et les quatre champs à un champ.

MC – C'est notre désir fondamental. La théorie de l'unification dit qu'il n'existe qu'un seul champ, un champ synthétique en quelque sorte.

JCC – Un super-invisible enveloppant les invisibles ?

MC – Quelque chose comme ça. Le champ est la forme la plus cachée, la plus secrète, la plus attirante. Un immense et puissant fantôme, là-bas.

JCC – Toutes les grandes cultures, ou grandes pensées, semblent toujours tendre les bras vers cette forme insaisissable.

MC – Mais quand on unifie, à tout prix, dans quelque domaine qu'on opère, à force de simplification et d'autorité, on affronte d'autres problèmes. Quand le Un existe sous nos yeux, ou sous nos doigts, on ne peut plus en parler, car il faut être deux pour parler. Le danger de l'unification, c'est l'indicible. Les difficultés s'amoncellent quand on s'approche de l'indicible.

JCC – Vous connaissez la parabole des papillons ?

JA – Raconte.

*Le désir des papillons*

JCC – Elle a été racontée par Fariduddin Attar, dans le *Mantic Uttaïr,* déjà cité, auquel j'emprunte ce passage : *Un jour les papillons se réunirent, tourmentés par le désir de s'unir à la bougie. Un premier papillon alla jusqu'au château lointain et il aperçut à l'intérieur la lumière d'une bougie. Il revint, raconta ce qu'il avait vu. Mais le sage papillon qui présidait la réunion dit que cela ne les avançait guère.*

*Un deuxième papillon alla plus près de la bougie. Il toucha de ses ailes la flamme et la bougie fut victorieuse.*

*Il revint, les ailes brûlées, et raconta son voyage. Mais le sage papillon lui dit : « Ton explication n'est pas plus exacte. »*

*Alors un troisième papillon se leva, ivre d'amour. Il s'élança sur ses pattes de derrière et se jeta violemment sur la flamme. Ses membres devinrent rouges comme le feu. Il s'identifia avec la flamme. Alors le sage papillon – qui avait regardé de loin – dit aux autres : « Il a appris ce qu'il voulait savoir. Mais lui seul le comprend, et voilà tout. »*

MC – Que dire de plus ?

JA – Nous ne pourrons jamais nous satisfaire, hélas, du silence mystique, de la connaissance intime et secrète. Il est à craindre que nous parlions toujours.

MC – Que nous parlions sans cesse de ce moment où nous ne parlerons plus.

JA – De ce moment où la physique même perdra sens.

MC – Où nous brûlerons tous dans la flamme unique.

JCC – Encore quelques mots. Je ne peux pas me lasser de cette rêverie sur des terres mouvantes. Les mots eux-mêmes me semblent papillons, tournant autour de la bougie et parfois s'y brûlant les ailes. Le vide, donc, est plein de champs. Et dès qu'il y a de la matière, il n'y a plus de vide autour.

JA – Même là où la matière n'est pas, elle est, car elle se prolonge par les relations qu'elle implique.

JCC – Voilà encore une phrase grammaticalement correcte, et apparemment claire, mais que signifie-t-elle vraiment ?

MC – Elle a un sens scientifique précis, qu'une longue réflexion peut seule faire apparaître.

JA – On peut prendre la notion de *relation* de différents points de vue. On peut dire que Michel n'est qu'un avatar de la relation, ou au contraire qu'il crée la relation. Et là-dessus les théoriciens peuvent argumenter des nuits entières.

### *Un orchestre infini*

MC – Ce qui est radicalement nouveau, il faut le répéter, c'est la quantification du champ, c'est-à-dire l'incarnation du champ en particules. Une particule produit un champ qui transporte de l'énergie et de l'impulsion à travers l'espace environnant, et qui entre en interaction avec les particules voisines. La mécanique quantique des champs dit que cette énergie et cette impulsion s'échangent en quantités discrètes, en *quanta,* et les interactions entre particules sont expliquées par l'échange d'autres particules. La mécanique quantique nous montre que nous ne pouvons connaître à la fois l'énergie et la durée d'un échange entre particules. Nos incertitudes, dans ces deux domaines, sont inversement proportionnelles l'une à l'autre.

JA – Mieux nous connaissons l'énergie, moins nous en savons la durée. Et vice versa.

MC – Il s'ensuit que, dans la théorie quantique des champs, la portée de la force est inversement proportionnelle à la masse de la particule échangée. Par exemple, les interactions électromagnétiques et gravitationnelles, qui sont de portée infinie, sont véhiculées par des particules de masse (au repos) nulle, le photon (si familier) et l'hypothétique graviton. L'interaction faible, en revanche, dont la portée est la plus courte, est transmise par des particules de masse élevée.

JCC – Einstein admettait le champ ?

MC – Le champ est à la fois cartésien, einsteinien et bohrien. Pour Einstein, le champ était irréductiblement continu. Mais Bohr et les autres, Dirac, Pauli, Heisenberg ont réussi à le quantifier.

JCC – Et le vide n'existe plus.

MC – Le vide-vide n'existe plus. C'est une notion désormais abandonnée qui est laissée aux mathématiques, comme le zéro.

JA – Comme l'infini, autre objet mathématique. Il n'y a pas de zéro en physique, ni de temps infini. La physique est une discipline plus contraignante que les mathématiques. Il vaudrait mieux dire que l'univers est a-fini, et non infini. Certains peuples savent compter jusqu'à six, et vivent très bien ainsi. Ils ne connaissent pas le sept. Les physiciens sont un peu dans leur cas.

MC – Je revendique l'infini une dernière fois, pour essayer de dire que nous pouvons aujourd'hui nous figurer le vide comme un orchestre infini, comme un réseau tridimensionnel peuplé de minimusiciens innombrables, un cristal illimité de violons infiniment petits attendant un archet, en silence. C'est l'espace en absence de matière. Chaque instrument possède sa fréquence propre et ne vibre que dans des conditions très spécifiques. Il faut qu'il soit sollicité d'une manière particulière si on veut en extraire une note, si on veut arracher au champ une particule.

JCC – Quand on trouve l'archet, quand on caresse le violon, cette note qu'on entend, c'est la particule réelle et claire ?

MC – Oui, et jamais violon ne viendra à manquer. Il y en a partout. Le chant est généralisé. Cependant, en raison du principe d'incertitude quantique, nous ne pouvons jamais être sûrs qu'un de ces violons est parfaitement silencieux. Le violon le plus silencieux laisse échapper un murmure. Il ne s'agit pas d'une note claire et distincte – comme celle que ferait jaillir une particule réelle. Il s'agit d'un silence peuplé de vibrations imperceptibles, d'un murmure qui accompagne l'éclosion et l'extinction des particules virtuelles. Pagels les nomme « les vagues de l'océan du vide [1] ».

JCC – Nous voici de nouveau dans le quasi-réel.

MC – Ces êtres quantiques virtuels, chers à Dirac, cessent en effet d'apparaître comme des expédients exotiques, des intermédiaires irréels, fantastiques. Ils deviennent des particules quasi réelles, sur le point d'exister, modestement utiles à la compréhension du monde. Le grand champ est ondulant. Reste à savoir quelle est la brise.

JA – Cela me rappelle ce que tu disais de l'origine des choses, Jean-Claude, dans la mythologie hindoue, de ces vibrations sonores qui s'échauffèrent lentement avant l'apparition soudaine de l'œuf de Brahma, dont l'explosion allait créer la matière.

JCC – Cette matière déchirée, éclatée, toujours harcelée par une force qui veut la réunifier, et qui s'appelle, là-bas, l'amour. Il me revient aussi, comme un écho à vos nombreuses paroles, ces quelques mots secrets de Tchang Tsai : *La forme est vide, et le vide est vraiment forme. Le vide n'est pas différent de la forme, la forme n'est pas différente du vide. Ce qui est forme, c'est le vide. Ce qui est vide, c'est la forme.* Ces maximes bouddhistes, venues d'un autre monde, et qui longtemps nous parurent absurdes, nous commençons peut-être à nous en approcher.

MC – Nous commençons à avoir des idées claires sur l'obscurité.

JA – Je ne dirais pas « claires », je dirais « vérifiées ».

JCC – Dans cet orchestre dont parlait Michel, votre archet personnel, j'imagine, c'est l'accélérateur de particules ?

JA – Bien entendu. Les notes de matière émergent quand on les caresse d'énergie. Les particules se font réelles.

1. Heinz Pagels, *L'Univers quantique*, Interéditions.

*Un dernier rêve d'élégance*

MC – Il faut aussi dire un mot de la symétrie. C'est une notion géométrique, et même esthétique, dont la bonne fortune en physique est notoire. Elle se situe au-delà du champ, certains vont jusqu'à dire qu'elle précède le champ. Principe fructueux, elle porte en elle un rêve profond d'harmonie. Si ce mot quelquefois ne nous faisait frémir d'horreur, nous dirions un besoin d'ordre.

JCC – Qu'est-ce que c'est la symétrie, pour un physicien ?

MC – C'est une opération au terme de laquelle un être physique se retrouve semblable à lui-même.

JA – C'est un principe d'interchangeabilité. Ce mot est affreux, j'en conviens. C'est une transformation qui ne transforme rien, une rotation, un chassé-croisé.

MC – Une translation dans l'espace. Je suis comme Jean, je cherche mes mots. Les théoriciens cisèlent des équations qui puissent satisfaire les exigences d'un haut degré de symétrie mathématique. Et ils espèrent en secret – ils ne le disent pas toujours – que leurs équations seront comme le reflet des réalités sous-jacentes de la nature.

JCC – Comme si un calcul rendait compte du monde ?

MC – Comme s'il « existait » un superbe principe, qu'on appelle la symétrie, qui sous-tendrait l'univers et la connaissance que nous en avons. La brisure de cette symétrie permettrait, et j'insiste, l'émergence de la diversité et donc de la connaissance.

JCC – Explique-moi.

MC – Cet état équilibré et insensible au chassé-croisé des particules ne nous apprend rien. Si je multiplie par 1, mon nombre reste identique. La symétrie est un masque trompeur, une marque d'ignorance fondamentale. Dans un univers où tous les composants se répondent, sans jamais varier, on ne voit rien. L'harmonie est stérile. La perfection ne nous apprend rien. Pour voir, il faut briser cette invariance.

JA – C'est le changement qui nous apprend quelque chose, c'est l'apparition d'une différence. Mais si dans une brisure de la symétrie quelque chose se conserve, c'est une bénédiction pour le physicien. Par exemple : si dans une équation je change la droite en gauche ou j'inverse le temps, est-ce que l'équation reste la même ? Expérience passionnante, qui peut nous apprendre beaucoup. C'est un des territoires aventureux, mais prometteurs, où s'engagent aujourd'hui les chercheurs.

MC – Ajoutons que cette recherche tend également à simplifier les équations, à réduire le nombre des « objets » fondamentaux de la théorie. Ce qui n'est pas plus mal. Cette nouvelle approche, volontiers esthétisante et – pourrait-on dire – platonicienne, connaît un tel succès qu'elle prend presque rang de méthodologie. Emi Noether a même formulé le premier théorème qui définit la relation entre l'opération mathématique proprement dite (invariance, symétrie) et le monde « réel » de la physique.

JCC – Pour une fois, on donne un théorème ?

MC – Il dit qu'à certaine symétrie mathématique correspond une loi de conservation, et inversement. Plus précisément : à chaque symétrie de la théorie (invariance) par rapport à une transformation donnée opérant sur les équations, correspond une loi de conservation d'une quantité réelle.

JA – C'est à peu près ça, et cette invariance est féconde.

JCC – On ne peut pas toucher aux équations sans toucher au monde ?

MC – C'est vertigineux. Les théoriciens de la symétrie, en se laissant guider par des principes esthétiques, ont fait une percée spectaculaire. Faisons tourner un carré sur lui-même, il restera toujours un carré. Quel est ce mouvement qui ne fait rien bouger ? Cette transformation qui ne transforme rien ? Pourquoi l'énergie totale d'un système isolé reste-t-elle constante ? Sur quoi reposent ces lois, qu'on appelle lois de conservation, et que nous constatons partout ?

JA – On ne peut qu'évoquer ces questions. Pour les développer, nous devrions traiter de « l'espace interne », et de la conception contemporaine de « l'invariance », qui est une conséquence de la symétrie. Il faudrait aussi parler des « super-cordes », des structures dissociatives, des fractales, des supra-conducteurs.

JCC – Une autre fois.

JA – Dans une autre conversation, peut-être.

MC – Avec la notion de symétrie, belle et simple à la fois, et qui est à la base des forces, on retrouve avec étonnement l'étrange puissance de la beauté. Mais il faut le dire encore : il ne s'agit pas de rêveries, ou de songes creux. Nous sommes dans un territoire fidèlement scientifique.

JCC – Pourrait-on dire, en paraphrasant Spinoza : *Tout ce qui est, est dans le champ, et rien, sans le champ, ne peut ni être, ni être conçu ?*

MC – Jean n'aime pas qu'on assimile le champ à Dieu. Et il a raison. Le champ est la substance unique. Peut-être l'univers tout entier n'est-il qu'une modalité de ce vide, désormais connaissable, qui ne contient que ce qui est.

JCC – Mais peut-on en parler ?

MC – Parménide l'interdit. On ne peut pas parler du Un. Peut-être pourrait-on distinguer deux grandes familles d'esprits : Parménide et Aristote voient avant tout le permanent. Comme Newton, comme Einstein, ils cherchent ce qui ne change pas. Lao-Tseu, Héraclite et Niels Bohr sont au contraire sensibles au fluide, à ce qui passe, à ce qui change.

JCC – Les premiers disent : le désordre est un ordre caché. Et les seconds, tout simplement : le désordre est.

MC – Le désordre est, mais il connaît des lois. C'est un désordre corseté.

JCC – Le chaos fait-il aujourd'hui partie de la recherche scientifique ?

MC – Il est au centre de toute recherche. C'est même un problème majeur [1].

JA – Au même titre que l'irrationnel. Il n'y a plus de science naïve.

1. Voir par exemple, James Gleick, *La Théorie du chaos*, Champs-Flammarion.

*L'écho de saint Bonaventure*

JCC – C'est à se demander si la science ne va pas, un de ces jours, réconcilier saint Bonaventure avec lui-même.

JA – Comment cela ?

JCC – Il a dit une phrase qui fut longtemps tenue pour définitive : *Il y a deux façons de regarder les choses, comme des objets ou comme des signes.* Et ces deux points de vue traditionnels (le monde est ce qu'il est, le monde est plus que ce qu'il est) ont longtemps animé les discussions humaines.

MC – Et les animent encore.

JCC – Quelquefois, en vous écoutant, surtout quand vous parliez du champ et de la symétrie, je me disais que le grand désir de la science, de votre science, est peut-être de résoudre cette contradiction, et de considérer les choses à la fois comme des objets et comme des signes.

JA – Comme des objets, sans aucun doute.

JCC – Et comme des signes complexes : signes, non pas d'un dieu caché, ou d'une autre vie, ou de lois suprêmes, mais signes d'autres êtres physiques qui nous restent imperceptibles...

JA – ... comme la matière non nucléaire...

JCC – ... signes de relations entre les choses, qui seules permettent à ces choses d'exister à notre connaissance, et signes enfin de notre esprit, toujours et totalement présent, participant, inséparable.

MC – Que le Grand Champ t'entende.

*Promenade en illusion*

JCC – Encore un petit moment avec Bonaventure. En fait, nombreuses sont les traditions qui nous disent : Nous vivons dans une illusion, le monde n'est pas tel que nous le croyons. Ces traditions sont souvent interprétées d'un point de vue religieux, spiritualiste, comme pour nous dire : La vraie vie sera dans une autre vie, notre passage sur cette terre n'est qu'une brève et sordide aventure parmi les spectres, un autre monde existe, un monde transcendant, que nos sens ne peuvent atteindre, le monde des idées, des essences, des noumènes, où, dans la plupart des cas, Dieu réside, et nous observe, et nous attend.

MC – C'est la pensée magique, ou plutôt théologique.

JCC – On parle avec un rien de condescendance de ces constructions religieuses ou métaphysiques qui seraient plus illusoires que les illusions qu'elles dénoncent. Mais si notre attitude arrogante, qui paraît juste, dissimulait une courte vue ?

JA – Car c'est la vérité, nous vivons dans une illusion.

MC – Nos sens nous trompent avec insistance. Le monde n'est pas tel que nous le voyons. La science, jour après jour, et depuis longtemps, dissipe l'illusion et redresse le monde.

JA – Par exemple, nous nous croyons immobiles, et nous sommes en mouvement. C'est une illusion fondamentale, et très tenace, car rien dans notre corps, ni dans nos sens, ni dans notre esprit, ne nous permet de percevoir ce mouvement.

MC – On pourrait citer d'autres illusions. Gardons celle-là. Un beau jour la science nous apprend – et nous sommes bien obligés de l'admettre – que la Terre tourne autour du Soleil. Très bien. La preuve est bientôt faite. Est-ce la fin de l'illusion ? Pas encore. Car cette première illusion en cachait une autre, le mouvement du Soleil autour du centre de la galaxie. Parfait. Ce second voile est déchiré ! Est-ce la fin ? Mais non, car voici maintenant qu'un troisième mouvement, tout aussi imperceptible que les autres, nous entraîne. C'est le mouvement de dilution de l'univers, qui emporte les galaxies vers on ne sait quel infini.

JCC – Illusion qui ne nous lâche guère si nous nous tournons vers l'infiniment petit. Si nous nous éloignons du ciel, si nous regardons notre main, que nous croyons différente d'une souche d'arbre, si nous pénétrons dans cette main par les moyens que vous savez, aussitôt se manifeste un autre cortège d'illusions et cette *too, too solid flesh,* cette masse de muscles, de nerfs, de sang, d'os, nous apparaît, quand nous nous enfonçons dans le tout petit, pleine d'étranges vides.

MC – L'objet cesse d'être la main que tu croyais.

JCC – Sans que pour cela je parvienne à une autre certitude. La science, là encore, ne serait-elle qu'une réponse, de plus en plus subtile et étonnée, à ces intuitions primordiales que d'autres interprétations dogmatiques, en cours de route, auraient tout simplement dénaturées ?

JA – Elle est plutôt une interrogation, un réseau sans fin de questions.

MC – Elle est peut-être une tentative pour faire oublier l'antinomie question-réponse. Pour que s'efface peu à peu l'antique distinction entre l'incertitude et l'assuré, entre l'angoisse et l'orgueil, entre la question et la réponse.

## *Dans le filet de la Maya*

JCC – Je reviens un instant, mais prudemment, sur la pointe des pieds, à cette sensation fondamentale que nous vivons dans une illusion. Toutes les écoles de pensée se sont approchées de ce vertige mais aucune n'est allée aussi loin que la tradition indienne, là encore ; si loin que, depuis longtemps, un nom a été donné à cette absence de réalité.

JA – C'est la Maya ?

JCC – Oui, c'est la fameuse Maya. Il faut un vrai culot, et un certain goût de l'à-peu-près, évidemment, pour en parler. C'est encore plus difficile que pour le champ. La Maya, qui est au cœur même de toute pensée hindouïste, est une structure d'illusion édifiée entre la réalité et nous-mêmes. C'est une notion architecturale, notre demeure principale, dont nous ne voyons ni le plan ni les limites. Nous sommes étroitement mêlés à cette structure, comme un insecte qui, empêtré dans une toile d'araignée, croirait voler. La Maya nous enveloppe et pénètre jusqu'à la perception que nous avons de nous-mêmes. Elle est une construction, comme le dit Madeleine Biardeau, *un édifice à dimension cosmique,* d'où nous ne pouvons pas sortir, un univers qui s'agite en permanence, sans ordre apparent ni raison visible [1]. Maya est aussi le nom

1. M. Biardeau, *Le Mahâbhârata,* Flammarion.

de l'architecte par excellence, le grand prince de l'illusion, un magicien incomparable, capable de bâtir des palais où « les pensées peuvent prendre corps ». L'*Atharvaveda* l'appelle « la maison d'imagination ».

MC – Impossible de sortir de cette structure, et de voir la réalité telle qu'elle est ?

JCC – Quasi impossible, à cause de la faiblesse constitutive de notre esprit. Et pourtant le sage, l'homme éveillé dont la fonction est de connaître, doit mettre toute son application, et consacrer toute sa vie, à essayer de percer la structure et d'atteindre directement l'essence des choses, le vrai réel, qui se confond dans le vocabulaire avec l'être universel, la divinité.

MC – C'est ça, le nirvana ?

JCC – Peut-être. C'est en tout cas le contact accepté, c'est la libération totale. Dans la *Bhagavad-Gita,* Krishna indique à son ami Arjuna les grandes lignes du chemin, qui est très long et très ardu – si ardu que la tradition indienne n'accorde qu'à quelques dizaines de sages, au fil des siècles, la connaissance intime de ce nirvana.

JA – On y parvient par diverses méthodes ?

JCC – En principe, oui. Certaines sont longues et studieuses. Parmi celles-ci, toutes celles qui se rattachent à la tradition du yoga. Mais on connaît aussi des bouffées soudaines, des trouées brutales et aveuglantes, avant de revenir dans le château d'illusion. On peut aussi atteindre le nirvana en fin de vie, comme le Bouddha, et s'allonger doucement dans la réalité pour y mourir avec le sourire.

JA – Sans pousser le rapprochement jusqu'à l'absurde, on peut voir dans la Maya une première esquisse de la grande et obsédante interrogation qui est la nôtre aujourd'hui : est-ce que le réel existe en dehors de la perception que nous en avons ?

MC – Et, s'il existe, obéit-il objectivement aux lois que nous mettons en lumière, que nous énonçons, que nous vérifions, mais dont nous ne sommes pas sûrs qu'elles « existent » en dehors du fonctionnement insatiable de notre esprit ?

JA – A y réfléchir, le mot *illusion* me gêne un peu. On

dirait qu'il suppose un illusionniste. La fragmentarité de notre regard n'est pas forcément une illusion. Il est vrai que nous ne sentons rien, ni le tumulte des électrons autour des noyaux d'atomes, ni les mouvements des corps célestes. Mais ce que j'ignore, puis-je l'appeler une illusion ?

JCC – Cela ne veut pas dire que quelqu'un nous a plongés dans l'illusion, mais que nous prenons une apparence pour une réalité. Que nous ne savons pas vraiment voir.

MC – En fait, nous vivons en aveugles parmi les merveilles du ciel. Mais personne ne nous a crevé les yeux. C'est ainsi. L'illusion est notre vêtement naturel.

JA – Et de temps en temps un éclair nous perce. Oui, peut-être faudrait-il définir le mot *illusion.* L'illusion existe, sans aucun doute. Mais si, au fond, elle nous était utile ?

JCC – Descartes, au temps où l'univers n'était qu'une énigme à déchiffrer, dont l'existence, sous sa forme perceptible, n'était à aucun moment remise en cause, Descartes et les penseurs classiques cherchaient simplement ces fameuses lois. Aujourd'hui, vous dites que les violations des lois sont aussi importantes que le respect de ces mêmes lois. Alors, sans nous interdire de nous amuser, nous pourrions, d'un certain point de vue oriental, retourner le vieux cogito et dire : « Je pense donc je ne suis pas », c'est-à-dire : Je suis imparfaitement, je ne suis pas accompli, je suis encore limité par ma pensée.

JA – Descartes serait réellement stupéfait de nous entendre.

JCC – Comme l'a été Einstein devant le brouillard quantique. Rappelez-vous ce qu'il a écrit : *C'était comme si le sol s'était dérobé sous mes pieds...*

MC – Oui, une vraie stupeur. Et il est resté pétrifié dans cette vallée de la stupeur. Il a refusé jusqu'à la fin de sa vie d'aller plus avant, d'accepter les conséquences de ce qu'il avait lui-même découvert, ou aidé à découvrir. Pauli et Heisenberg, les deux disciples de Bohr, l'ont attaqué très sèchement, mais sans parvenir à l'amener avec eux dans les territoires nouveaux, qui lui semblaient inadmissibles.

JA – Heisenberg se demandait s'il est possible que la nature soit absurde.

MC – Et l'impossibilité de parler clairement de ce brouillard est à l'origine de fréquents désarrois.

JCC – Appelons encore une fois les anciens à la rescousse. Eux aussi, ils ont senti cette incapacité de dire. Et ils l'ont dit. *A l'instant où vous parlez d'une chose, elle vous échappe*, dit un texte zen, qui compare par ailleurs la réalité au fond percé d'un seau. De son côté, et non sans humour, Tchouang-Tseu remarque : *Si l'on pouvait parler, chacun l'aurait dit à son frère,* tandis que la *Kena Upanishad* semble murmurer à Jean, avant qu'il commence à donner son cours :

*Là ne va pas l'œil,*
*Ni la parole, ni l'esprit*
*Nous ne la connaissons pas, nous ne la comprenons pas*
*Comment pourrait-on l'enseigner ?*

## *Oublier la pensée ?*

MC – Il est vrai que la Maya, par l'absence de centre, évoque la relativité générale, et par l'absence d'une raison infaillible, par la difficulté même d'en parler, la mécanique quantique. Comment peut-on y échapper ? C'est une question véritablement passionnante.

JCC – Les lois que formulent les scientifiques, qu'ils vérifient avec des instruments de leur fabrication, si raffinés soient-ils, n'échappent en aucune manière à la Maya. Cette structure d'illusion est plus complexe que toutes les prouesses de notre sublime imagination (c'est-à-dire : que nous, nous trouvons sublime). A vrai dire, elle dépasse la pensée.

JA – Pour s'en libérer, il faudrait donc oublier la pensée ?

JCC – Tu viens de le dire. Voici peut-être une des différences fondamentales entre l'attitude indienne et la nôtre. Rien dans notre démarche, dans nos discussions, dans ce livre par exemple, qui est une expérience comme une autre, rien n'échappe à notre pensée. Absolument rien.

MC – Et comme notre pensée se confond avec la Maya, même et surtout lorsqu'elle se pense elle-même, elle ne sort pas de l'illusion. L'illusion est-elle un attribut de l'esprit ?

JCC – Si l'on revient maintenant à ces quelques dizaines de sages, hommes et femmes, dont parle la tradition indienne, on voit qu'ils n'ont pu percer la structure qu'en abandonnant la pensée. Ils ont dû, au prix d'un effort sans exemple, atteindre l'état de penser-rien, le vide de l'esprit, vide nécessaire à la manifestation de ce que les textes anciens, en particulier, la *Gita,* appellent *intelligence pure.* Il ne faut pas se méprendre sur ce mot, qui est un compromis de traduction. Cette intelligence-là n'est nullement une compréhension, une activité de l'esprit. Elle est au contraire une sensation vécue et presque indescriptible, qui naît dans le vide de la pensée. Le corps tout entier y joue son rôle, traversé d'influences multiples. C'est un au-delà de l'esprit, qui permet à l'individu d'accéder à un autre niveau, de franchir les dernières embûches du vaste piège et de parvenir au contact suprême.

MC – On en revient au papillon.

JCC – Bien sûr. Il connaît la flamme en s'y jetant et il ne peut plus en parler. Il a atteint le nirvana, d'où il est tentant – et facile, car on est tout près de la mort – de ne plus jamais revenir.

JA – Mais dis-moi : les rares papillons brûlés qui sont revenus de l'expérience, qu'ont-ils dit ? Quel est leur message ? Est-ce que le réel existe en dehors de la Maya, c'est-à-dire en dehors de nous ? Quelle est leur réponse ?

JCC – Hélas, Jean, cette réponse n'est pas constante. Pas d'unanimité dans la sagesse : il fallait s'y attendre. Étrangement, la réponse dépend souvent des individus et des milieux auxquels ils appartiennent, de ce que nous appelons aujourd'hui, assez tristement, « l'environnement culturel ». Généralement, dans cet univers représenté avec persévérance comme une roue qui tourne (car personne, jamais, n'a nié le tout-puissant mouvement), les hindouistes, les brahmanistes s'accordent à reconnaître au monde une sorte de réalité. Oui, disent-ils, cette roue a un moyeu. Et la découverte de l'illusion, de la Maya, n'est pas source de désespoir, bien au contraire. Le vrai sage hindouiste est joyeux. Éclairé sur le peu de réalité de la toile d'araignée, il cesse de se débattre, il admire l'absurde complexité de cet univers incompréhensible

– mais qui existe – et il va jusqu'à se mêler au jeu sans règles du grand dieu souriant. Rassuré sur l'existence de « quelque chose » et sur la solidité de la roue, il s'abandonne avec confiance à l'être universel, il savoure le mouvement secret des mondes et la volupté de l'obscur.

### *Vivre dans une bulle*

MC – Tu sais que nous vivons peut-être dans du champagne ?

JCC – J'aime assez l'idée. C'est-à-dire ?

MC – C'est la dernière image à la mode : l'univers-champagne. Nous sommes dans une des bulles. Mais chaque bulle est un univers causal, une entité régie par les lois, présentant trois dimensions d'espace et une de temps.

JCC – Et la matière noire ? Elle est dans chaque bulle ?

MC – Dans la nôtre en tout cas. Et les neutrinos, et le vide. Imaginons aussi d'autres bulles, des milliards d'autres bulles, hors, pour l'instant, de notre connaissance. Nous voici devant un autre infini : un infini de possibilités.

JA – Le meilleur infini possible.

JCC – Le sentiment de l'infini, ou des infinis, serait-il aussi vieux que nous ? Voici un extrait du *Brahmavaivarta Purâna*, qui date sans doute du premier millénaire avant notre ère : *Mais qui estimera le nombre des univers ?... Au-delà de la plus lointaine vision, au-delà de tout espace imaginable, les univers naissent et s'épanouissent indéfiniment. Comme des vaisseaux légers, ces univers flottent sur l'eau pure et sans fond qui forme le corps de Vishnu. De chaque pore de ce corps, un univers monte un instant et éclate. Auriez-vous la présomption de les compter ?*

### *Science et silence*

JA – On pourrait dire que les dieux hindous jouent aux dés ?

JCC – Ils ne font que ça. Shiva, surtout, car on ne peut pas dire que Vishnu soit particulièrement joueur. Il dort, la plupart du temps. Mais Shiva mène la danse. Et il joue, un jeu parfois merveilleux et souvent terrible, dont les règles nous sont à jamais inconnues, d'autant plus qu'il n'est pas sûr que Shiva les connaisse lui-même. En tout cas, il peut en changer à sa guise. Il peut même jouer à qui perd gagne. La pointe aiguë de la sagesse, pour l'homme, est de s'abandonner avec délice, le temps d'une ou de plusieurs vies, à cette partie mystérieuse, de jouer de son mieux, en toute confiance, de s'en remettre aux mains finalement meurtrières du maître du jeu.

JA – Et les bouddhistes ?

JCC – Il faudrait une quinzaine d'années d'études pour oser parler du bouddhisme. Où les trouver ? Tout ce que je crois savoir, c'est que les bouddhistes, ou tout au moins certains bouddhistes, disent avec obstination que cette roue tourne sans moyeu, sans support. La vérité suprême est le rien. D'ailleurs, par tradition, la mère du Bouddha s'appelle Maya. Le dieu créateur est absent. Et personne ne saura jamais pourquoi cette immense et subtile machine s'est mise en forme, nous plongeant à jamais dans la souffrance de vivre, et par là même dans la perplexité. Le combat du Bouddha, seul contre le filet inexplicable, fut de trouver dans ce rien douloureux où l'homme vieillit, souffre et meurt, non pas une raison, mais une façon de vivre.

MC – Il est impensable que la science puisse un jour abandonner la pensée.

JA – Elle ne pourrait le faire qu'en utilisant la pensée. Par conséquent – toujours selon nos lois logiques – c'est impossible. A moins que...

MC – On peut rêver...

JCC – Oui, c'est ça. Rêvons un moment à un déplacement de la pensée, au corps soudain merveilleux du scientifique, ou bien alors à une « intelligence pure » qu'une machine pourrait atteindre à notre place, mais avec laquelle il nous serait toujours impossible de communiquer ; de telle sorte que ces machines, vieilles terreurs de la science-fiction, prolongeraient une exploration de la Maya de laquelle nous serions exclus. Elles parviendraient enfin au nirvana des machines et s'y réjouiraient en notre absence.

MC – J'aime autant ne pas être admis dans le nirvana des machines.

JCC – Bien sûr. Notre Maya est si attirante, si séduisante. Comme si le monde était là pour nous fasciner.

MC – Pour nous épouvanter aussi.

JA – Pour nous décevoir.

JCC – Je vous pose une question. Je crois qu'il est impossible d'y répondre.

MC – C'est le propre des bonnes questions.

JCC – Est-ce qu'il ne faudrait pas arrêter de parler ?

JA – C'est-à-dire ?

JCC – Le langage est réducteur, comme tout système explicatif. Or, jusqu'à présent tout phénomène scientifique, même le plus troublant, le plus vertigineux, doit nécessairement trouver à s'exprimer, d'une manière littéraire ou mathématique. On peut considérer cette nécessité comme un esclavage. On peut même se demander : Et si les scientifiques de demain, parvenus, comme les sages intrépides, *de l'autre côté de l'esprit,* ne pouvaient plus, ne voulaient plus parler ? Si l'on voyait soudain notre ami Hubert Reeves, dans une de ces émissions de télévision où il se montre le plus souvent brillant et clair, renoncer tout à coup à expliquer par des mots l'inexplicable, sauter sur la table et se mettre à danser ? Ou bien saisir un violon, pour essayer d'aller avec la musique là où les mots ne peuvent pas aller ?

JA – Pourquoi pas ?

MC – Et si la science de demain était guettée par le silence ?

JCC – Ça me rappelle une belle phrase, je ne sais plus où je l'ai entendue : « Toutes les religions sont des hérésies du silence. »

MC – Il en est de la science comme des autres activités humaines, la littérature, la peinture, le cinéma. On ne peut plus faire de la science sans s'interroger sur la science.

JA – On ne peut plus faire sans savoir qu'on fait.

JCC – Ce qui est vrai aussi pour la littérature, pour le cinéma, pour presque tout.

MC – Si la science était restée le grand mouvement dogmatique, et parfaitement isolé, qu'elle menaçait d'être à la fin du siècle dernier, elle n'aurait aujourd'hui comme fruits que les conséquences techniques, spectaculaires et parfois dramatiques que nous voyons autour de nous. Elle serait en fait une super technique impénétrable, dangereuse, froide, et sans doute violemment secouée par les tourbillons hérétiques qui accompagnent tous les dogmes. Elle n'aurait aucune chance, strictement aucune, d'améliorer notre intelligence et de changer un jour, si peu que ce soit, notre être tout entier.

JCC – Il va sans dire que, dans ce cas, nous n'aurions aucun motif d'écrire ce livre. Je ne serais à vos yeux qu'un saltimbanque marginal, amusant quelquefois dans les dîners en ville mais fondamentalement ignorant, et jamais vous ne m'auriez ouvert les portes de vos bureaux, de vos laboratoires, jamais vous n'auriez passé tout ce temps à parler de choses et d'autres avec moi. Toute sagesse, les sages le disent, est faite de rigueur et d'ambiguïté. La rigueur, les scientifiques l'ont choisie pour méthode première. Ils sont formés à la sévérité de l'expérience et à la froideur de la déduction. Cette rigueur est leur chemin, le seul possible, celui qu'ils ont choisi depuis longtemps et sur lequel, avec vigilance et persévérance, ils s'avancent.

MC – L'ambiguïté ne fait pas partie de leur premier choix. Au contraire. Pendant longtemps, ils avaient prétendu l'éliminer. Ils la désignaient même comme ennemie, et ils croyaient lutter contre elle. Par un étrange détour, au vingtième siècle c'est la rigueur elle-même, à l'intérieur de l'expérience, qui leur apprend à respecter l'ambiguïté.

JA – Au début ce fut une belle surprise, qui n'alla pas sans trouble et sans querelle. Aujourd'hui, surtout dans le brouillard quantique de l'infiniment petit, cette ambiguïté insistante fait partie très étroitement de leur travail et de leur vie. Les scientifiques la reconnaissent, certains la saluent, tous s'y habituent. Corrigeant, avec la réalité, des rapports anciens qu'on avait crus simples, ils parlent d'incertitudes et de paradoxes, et même de subjectivité. Passion de la certitude et sens de l'ambiguïté : c'est à cette double exigence qu'on reconnaît, selon Merleau-Ponty, le philosophe. On doit dire aujourd'hui la même chose du savant.

MC – A supposer que le mot « savant » ait encore un sens. Un savant, c'est celui qui sait. Mais qui sait quoi ? Le savoir, sait-on ce que c'est ?

JA – Le savoir, non ; mais la science, oui. Un jour on saura ce qu'aujourd'hui nous ne savons pas, et nos erreurs, ici ou là, seront peu à peu corrigées.

JCC – Au profit d'autres erreurs ?

JA – Sans doute. Un savoir universel, immobile et glacé, serait une image de la mort. Il est inconcevable. Nous sommes un moment de l'interrogation, qui sera suivi d'autres moments. On nous oubliera, on se moquera de nous peut-être, mais nous aurons fait notre travail. Si délicieuses que soient les images de la Maya et les griseries de l'ambiguïté, nous ne devons pas en rester là. Notre chemin ne se termine pas dans un brouillard ineffaçable. D'autres clartés viendront.

JCC – Et d'autres brouillards.

MC – Oui, mais de brouillard en clarté, de certitude en illusion, la science avance. En tout cas, elle va. Elle accroît son trésor, elle élargit son champ. On aimerait que, dans cette marche incessante et dans cet élargissement difficile – mais nécessaire – de l'esprit, la science soit une juste image de la vie : mouvement, passage et ardeur.

JCC – Métamorphose.

JA – Jamais nous ne pourrons nous satisfaire d'être englués pour toujours dans la Maya. Personne ne peut s'en satisfaire. D'illusion en incertitude, l'ancienne passion subsiste, cette très tenace curiosité qui nous pousse à chercher, à perdre, à chercher encore.

MC – Quatre grands physiciens sont morts, entre 1986 et 1988, pendant que nous travaillions sur la première édition de ce livre : le Français Louis de Broglie, l'Anglais Paul Adrien Maurice Dirac, le Soviétique Ya B. Zeldovich et l'Américain Richard P. Feynman. Mais la science n'est pas morte. La physique et la mécanique quantique, et l'astrophysique, et toutes les autres sciences, vivent et travaillent. Et c'est dans ce mouvement que la science et la vie – toujours abattues et toujours recommencées, l'une et l'autre – pourraient se rejoindre, quelque part entre la certitude présomptueuse et l'ignorance inacceptable ; dans le mouvement même.

JCC – Me reviennent quatre vers de la *Ishâ Upanishad* dans la traduction de Jean Varenne. C'est un vieux cri d'alarme, une parole extraordinaire :

*Qui fait confiance au non-savoir*
*Entre dans la ténèbre aveugle,*
*Et dans ténèbre plus épaisse*
*Celui-là qui fait confiance au savoir.*

JA – En quoi donc aurons-nous confiance ?

JCC – En nous-mêmes, et c'est tout ; en notre remise en question, rigoureuse, incessante, systématique même ; en notre ardeur aussi, comme vous le disiez.

MC – Réchauffée par d'autres ardeurs.

JCC – Recommençons par le commencement. Au cours de cette longue promenade, au moins avons-nous fait quelque peu connaissance. Ce que j'ai reçu de vous, je ne l'oublierai plus. J'essaierai, en tout cas, de ne plus l'oublier.

MC – Nous nous poserons ensemble d'autres questions, nous nous demanderons enfin non pas à quoi nous servons, mais à qui.

JCC – Et c'est la vraie bonne question. Dans leur langage, signe maladroit de la pensée, les scientifiques qui s'interrogent ainsi rejoignent inévitablement d'autres voyageurs, qui s'avançaient depuis longtemps sur d'autres chemins. Car l'obscurité est notre domaine, et le trouble, et la confusion. Nous avons maintenant quelques mots en commun, c'est-à-dire quelques sentiments, peut-être même quelques idées. Nous ne sommes plus le tiers exclu.

MC – De là ces rencontres multipliées, dont nous ne donnons qu'un exemple.

JA – Rencontres dans la brume...

JCC – ... que nous connaissions avant vous. Sans chercher refuge, comme tant d'autres, dans la chimère contemporaine appelée communication, défiants devant l'utopie, perpétuellement en alerte contre les baratins des charlatans, qui sont eux aussi du voyage, et sachant déjà par expérience que toute connaissance, toute émotion, toute intuition se partage d'autant plus facilement qu'elle est personnelle et profonde, c'est sans doute dans la présence familière de l'ambiguïté, dans les embarras du vocabulaire, dans l'absence de centre et dans le changement subtil et incessant des perspectives que nous trouvons d'abord notre terre commune.

MC – C'est là que de nouvelles semences peuvent sans doute être risquées.

JCC – C'est là surtout que la science peut enfin trouver, dans le brouillard et la lumière, une façon de nous aider.

# TABLE DES MATIÈRES

1

## FAIRE CONNAISSANCE

## 2
## IL N'ÉTAIT QU'UNE FOIS

## 3

## LES CHEMINS SE COURBENT

## 4

## SOURIANTS DANS LA BRUME

## DES MÊMES AUTEURS

*Ouvrages récents de Jean-Claude Carrière*

*Les Mots et la chose*, Le Pré aux clercs, 1991.
*Le Mahabhârâta*, Belfond, 1989.
*La Controverse de Valladolid*, Le Pré aux clercs, 1992.
*C'était la guerre*, Plon, 1992.
*Simon le Mage*, Plon, 1993.
*Le Dictionnaire de la bêtise et le Livre des bizarres* (en collaboration avec Guy Bechtel), Robert Laffont, coll. « Bouquins », 1992.
*La Force du bouddhisme*, avec SS le Dalaï-Lama, Robert Laffont, 1994.
*Regards sur le visible* (en collaboration avec Jean Audouze), Plon, 1996.

*Ouvrages de Michel Cassé*

*Nostalgie de la lumière*, Belfond, 1987.
*Du vide et de la création*, Odile Jacob, 1994.

*Ouvrages de Jean Audouze*

*L'Astrophysique nucléaire* (en collaboration avec S. Vauclair), Presses Universitaires de France, coll. « Que sais-je ? » n° 1473, 1re éd. 1972, 3e éd. 1995.

*Aujourd'hui l'univers,* Belfond, 1re éd. 1981, 2e éd. 1989.

*Le Grand Atlas d'astronomie* (en collaboration avec G. Israël), Encyclopædia Universalis, 1re éd. 1983.

*Enquête sur l'univers* (en collaboration avec J.-P. Chièze), Nathan, 1990.

*Les Particules de l'univers* (en collaboration avec P. Musset et M. Paty), Presses Universitaires de France, 1990.

*Regards sur le visible* (en collaboration avec Jean-Claude Carrière), Plon, 1996.

Cet ouvrage a été réalisé par la
SOCIÉTÉ NOUVELLE FIRMIN-DIDOT (Mesnil-sur-l'Estrée)
pour le compte de LA LIBRAIRIE PLON

Achevé d'imprimer en février 1996

*Imprimé en France*
Dépôt légal : janvier 1996
N° d'édition : 12596 - N° d'impression : 33727